木造住宅
構法（第三版）

伝統的構法から現代的構法へ

坂本功 編著

松留愼一郎・片岡泰子 著

市ケ谷出版社

ま え が き

　日本は歴史的に木造建築の国である。社寺をはじめ民家に至るまで，ほとんどすべての建物は，木造で作られてきた。明治以降，西洋の文物がどっと日本に入ってきたが，建物に関しても例外ではなかった。社寺は別として，木造住宅は多かれ少なかれ洋風化してきた。それに加えて，明治以降の建築技術の発展や，生活様式の変化があり，それらに伴って木造住宅の作り方，すなわち構法も変わってきたし，また現在も変わりつつある。

　このように変化しつつあり，しかもその結果として多様化しつつある木造住宅の構法を，教科書的にまとめるのは，はなはだ難しい。特に，大工をはじめとする職人の腕に頼る精緻な工作を前提としていた昔の構法から，工場生産による部品を現場で組み合わせるだけという現代的な構法への変化において，どちらを記載すべきかということは，難問である。前者に限れば現実の役に立ちがたいし，後者だけにすればその部品が開発されてきた技術的な経緯がわからなくなる。

　そこで本書ではまず，現在はもうほとんど行われなくなっている昔の構法でも，その部位は本来このように作られており，それにはこのような理由があったということが理解できるような構法を示すことにした。そのうえで，現在広く行われている現代的な構法を例示することにした。

　このように本書は，在来構法を中心とした木造住宅構法について，本来の姿と現在の形の両面を示したものである。したがって，本書は大学における教科書・参考書としてはもちろん，木造住宅の設計・施工の実務にたずさわる人にとっても有用であると思う。

本書は，タイトルのとおり，「木造住宅構法」の第3版である。本書の初版は，飯塚五郎蔵・山室滋両先生の共著で，1988年に出版された。それを私どもで改定し，新版として2003年に出版した。そのときは，13章と14章を追加したほか，文章に全面的に手を加え，図表類の多くを差し替えた。

今回の第3版の改定にあたっては，文章や図表類を見直し，現時点における構法に関わる知識を盛り込むよう努めつつ，初版以来の貴重な図を残すよう心がけた。

この本の刊行にあたり，改定の機会を与えてくださり，編集・レイアウトに多大の労をとってくださった市ヶ谷出版社に感謝する。

平成30年10月

編著者　坂本　功

目　次

第1章　木造建築の概要

1·1　木造建築の特徴 ……………………	1
·1　木と木造建築 ……………………	1
·2　構造耐力 ……………………	2
·3　防・耐火性と耐久性 ……………	3

1·2　木造建築の構法 ……………………	4

1·3　現代木造住宅の構法 ……………	6
·1　伝統構法 ……………………	6
·2　在来軸組構法 ……………………	7
·3　ツーバイフォー（2×4）構法 ……	7
·4　木質系パネル式プレハブ構法 ……	8
·5　校倉構法 ……………………	9
·6　集成材構造 ……………………	9

1·4　建築基準・規準と材料規格 …………	10
·1　材料規格 ……………………	10
·2　建築基準・規準 ……………	11

1·5　基本設計図 ……………………	12

第2章　基礎・地業

2·1　基礎の構成 ……………………	16

2·2　地盤 ……………………	16
·1　地盤と土 ……………………	16
·2　地盤の構成と強さ ……………	17

2·3　地盤調査 ……………………	17

2·4　地業 ……………………	19
·1　縄張り ……………………	19
·2　基準位置の設定 ……………	19
·3　割ぐり地業 ……………………	20
·4　砂利地業 ……………………	21
·5　杭地業 ……………………	21
·6　地盤改良 ……………………	22

2·5　基礎 ……………………	22
·1　布基礎 ……………………	22
·2　独立基礎 ……………………	23
·3　べた基礎 ……………………	23
·4　特殊な基礎 ……………………	23
·5　コンクリート ……………………	23
·6　鉄筋 ……………………	25

2·6　基礎の設計 ……………………	25
·1　基礎の選定 ……………………	25
·2　布基礎の配置・形状寸法 …………	25
·3　べた基礎の配置・形状寸法 ………	27
·4　独立基礎・束石の配置・形状寸法 ··	28
·5　テラス・ポーチなど ……………	28
·6　2階建住宅の基礎伏図 ……………	29

iv　目　次

第3章　木材とその接合

3·1　建築用木材 …………………… 31
　·1　木材の長所と短所 …………… 31
　·2　木材の種類と木目 …………… 31
　·3　製材の規格 ………………… 35
　·4　木材の乾燥と収縮 …………… 36
　·5　強度と弾性 ………………… 38
　·6　耐火性と耐久性 …………… 39

3·2　木質材料 …………………… 40
　·1　合板 ………………………… 40
　·2　集成材 ……………………… 41
　·3　LVL（単板積層材） ………… 42
　·4　CLT（直交集成材） ………… 42
　·5　建築用ボード ……………… 42

3·3　接合法と金物 ……………… 43
　·1　伝統的な継手仕口 ………… 43
　·2　くぎ接合 …………………… 46
　·3　ボルト接合 ………………… 47
　·4　接合金物 …………………… 48

第4章　軸　組

4·1　軸組の構成 ………………… 51

4·2　土台・火打土台 …………… 52

4·3　柱 …………………………… 55

4·4　桁・胴差 …………………… 57

　·1　桁 …………………………… 57
　·2　胴差 ………………………… 59

4·5　筋かい ……………………… 60

4·6　貫・間柱 …………………… 63
　·1　貫 …………………………… 63
　·2　間柱 ………………………… 64

4·7　窓台・窓まぐさ・方立 …… 66

4·8　軸組の設計例 ……………… 67
　·1　土台・大引・火打土台 …… 67
　·2　柱・軸組 …………………… 68

第5章　小屋組

5·1　屋根と小屋組 ……………… 71

5·2　和風小屋組 ………………… 73
　·1　概説 ………………………… 73
　·2　屋根勾配と小屋組 ………… 73
　·3　和風小屋組の構造 ………… 74
　·4　京呂組と折置組 …………… 75
　·5　隅の構造 …………………… 76

5·3　洋風小屋組 ………………… 78
　·1　概説 ………………………… 78
　·2　トラス ……………………… 78

5·4　小屋組の設計例 …………… 81

第6章　床　組

6・1　床組の構成 …………………… 83

6・2　1階床組 ……………………… 84
　・1　束立て床組 ………………… 84
　・2　押入・廊下の床 …………… 86
　・3　転ばし床 …………………… 86

6・3　2階床組 ……………………… 87
　・1　根太床 ……………………… 87
　・2　梁床 ………………………… 88
　・3　組床 ………………………… 91

6・4　床組の設計例 ………………… 92
　・1　1階床組 …………………… 92
　・2　2階床組 …………………… 93

第7章　階　段

7・1　概説 …………………………… 96
　・1　種類 ………………………… 96
　・2　各部とその寸法 …………… 97

7・2　階段の構造 …………………… 98
　・1　側桁階段 …………………… 98
　・2　ささら桁階段 ……………… 100
　・3　箱階段 ……………………… 101
　・4　ユニット（プレカット）階段 …… 101

7・3　階段の設計 …………………… 102
　・1　階段回りの構造と階段の割付け …… 102
　・2　折れ階段の例 ……………… 103

　・3　踊り場のある階段 ………… 104

第8章　開口部

8・1　概説 …………………………… 106
　・1　開口部の大きさ …………… 106
　・2　建具の開閉形式 …………… 106
　・3　開口部の用材・仕上げ …… 107

8・2　外部開口部 …………………… 108
　・1　アルミ製サッシ …………… 108
　・2　アルミ製ドア ……………… 109

8・3　木製開口部 …………………… 110
　・1　真壁造の開口部 …………… 110
　・2　大壁造の開口部 …………… 117
　・3　出窓 ………………………… 122
　・4　戸袋 ………………………… 123
　・5　木製建具 …………………… 123
　・6　建具金物 …………………… 127

8・4　開口部の設計 ………………… 128
　・1　外部回りの開口部 ………… 129
　・2　サッシの規格寸法と取付方法 …… 129
　・3　開口部上部高さの決め方 … 129

第9章　外部仕上げ

9・1　屋根 …………………………… 131
　・1　屋根下地の構造 …………… 132
　・2　軒天井 ……………………… 132

vi 目 次

9・2 ひさし …………………………… 136
　・1 洋風ひさし ……………………… 136
　・2 和風ひさし ……………………… 138

9・3 屋根のふき方 ………………… 139
　・1 瓦ぶき ………………………… 139
　・2 金属板ぶき …………………… 141
　・3 住宅屋根用化粧スレートぶき …… 143

9・4 樋 ……………………………… 144

9・5 外壁 …………………………… 145
　・1 板壁 …………………………… 145
　・2 窯業系サイディング・金属サイディング … 146
　・3 塗壁 …………………………… 147
9・6 バルコニー …………………… 148

第10章　内部仕上げ

10・1 床 …………………………… 149
　・1 床下地板張り ………………… 149
　・2 板床 …………………………… 150
　・3 張付仕上床 …………………… 151
　・4 畳敷き床・カーペット敷き床 …… 151
　・5 塗床・タイル床 ……………… 152

10・2 内壁 ………………………… 153
　・1 洋室の造作 …………………… 153
　・2 和室の造作 …………………… 156
　・3 内壁 …………………………… 158

10・3 天井 ………………………… 160

　・1 天井の高さ …………………… 160
　・2 天井骨組 ……………………… 161
　・3 洋風天井 ……………………… 162
　・4 和風天井 ……………………… 163
　・5 内壁仕上げの設計例 ………… 166

10・4 床の間，床脇，書院 ………… 167
　・1 床の間 ………………………… 167
　・2 床の間の構成・各部の取付け …… 168
　・3 床脇 …………………………… 169
　・4 書院 …………………………… 170

10・5 押入 ………………………… 170

第11章　縁側・ポーチ

11・1 縁側 ………………………… 171

11・2 ぬれ縁 ……………………… 172

11・3 ポーチ ……………………… 172

第12章　住宅の設備

12・1 電気設備 …………………… 173
　・1 木造住宅用配線 ……………… 173
　・2 照明器具の種類と取合い …… 174
　・3 スイッチ，コンセントの取合い …… 175
　・4 弱電設備 ……………………… 175

12・2 給排水・衛生設備 ………… 175
　・1 給水・給湯・排水工事 ……… 175

·2 設備機器類の取合い …………… 176

12·3 ガス設備・ガス機器等設置 ……… 176

12·4 換気・暖冷房設備 ……………… 177

·1 暖房・冷房設備 ……………… 177

·2 換気設備 …………………… 177

第13章　住宅の性能と構法

13·1 住宅の性能 ……………………… 179

13·2 構造計画（耐震・耐風）………… 179

·1 耐震・耐風設計の考え方 ……… 179

·2 耐力壁とその倍率 ……………… 181

·3 必要壁量 …………………… 183

·4 耐力壁の配置 ………………… 183

·5 水平構面 …………………… 183

·6 壁量の計算例 ………………… 184

13·3 防・耐火計画 ………………… 185

·1 住宅の防・耐火対策 …………… 185

·2 防火材料の性能 ……………… 186

·3 防火構造・準防火構造 ………… 186

13·4 耐久性 ………………………… 189

·1 耐久性の対策 ………………… 189

·2 外壁の通気構造 ……………… 190

·3 床下防湿・床下換気 …………… 191

·4 小屋裏換気 …………………… 192

·5 木部の防腐・防蟻 …………… 193

·6 床下地面の防蟻対策 …………… 193

·7 浴室・脱衣室などの防水対策 …… 194

13·5 維持管理・更新のしやすさ ……… 194

·1 専用配管 …………………… 194

·2 専用排水管の掃除口等（点検口）
の設置 ……………………… 195

13·6 温熱環境 ……………………… 196

·1 これからの住まい …………… 196

·2 建築による省エネ計画 ………… 196

·3 設備による省エネ計画 ………… 196

·4 地域区分 …………………… 197

·5 断熱性能（断熱設計）………… 197

·6 開口部の断熱性能 …………… 200

13·7 空気環境 ……………………… 200

·1 シックハウス対策（内装および
天井裏等）………………… 200

·2 換気対策 …………………… 203

13·8 防音 ………………………… 203

·1 音の概念と防音 ……………… 203

·2 遮音 ……………………… 204

·3 壁の遮音構造 ………………… 204

·4 床・天井の遮音構造 …………… 205

·5 吸音 ……………………… 205

13·9 バリアフリー住宅 …………… 205

·1 部屋の配置 …………………… 205

·2 段差 ……………………… 206

·3 階段 ……………………… 206

·4 手すり …………………… 206

・5 通路幅・出入口の幅の確保 ……… 207

・6 便所・浴室・寝室の大きさ ……… 207

13・10 防犯性能（対策）…………… 208

・1 防犯対策の必要性 ……………… 208

・2 開口部の侵入しやすさ ………… 208

・3 侵入を防止する性能 …………… 209

第14章 木造住宅の生産

14・1 生産のプロセス ……………… 211

・1 工事に関わる職種 ……………… 211

・2 発注から引き渡しまで ………… 212

14・2 工事の手順 …………………… 213

14・3 工程計画 ……………………… 219

・1 工程管理の必要性 ……………… 219

・2 工程計画の立案方法とその適用 … 219

・3 労務量と労務歩掛かり ………… 221

14・4 品質管理 ……………………… 223

・1 品質管理の重要性とその方法 …… 223

・2 各種検査とチェックリスト ……… 223

索 引 ……………………………… 225

第1章
木造建築の概要

1・1　木造建築の特徴

1・1・1　木と木造建築

(1)　木の特徴

　木造建築は木で造られる建物である。したがって，木造建築の特徴には，木の特徴が大きく反映されている。最近の木造建築には，木を二次加工した木質材料で造られるものが多くなっているが，これらも広い意味での木ということができ，木本来の特徴を多分にもっている。

　木の特徴のひとつは，軽いわりには強いということである。このことが，木が柱や梁などの構造材に使われる大きな理由である。

　木材のもうひとつの特徴は，人間に優しいということである。木目の美しさ，穏やかな音響効果，温湿度の調整，快い手ざわり，木の香りなど，居住性に深く関わっている。このことが，木が仕上げ材に使われる大きな理由である。

(2)　木造建築の歴史と多様性

　木造建築は，世界的に見ても大昔から造られてきており，とりわけ日本の建物は古来木造建築であったといえる。法隆寺の金堂・五重塔は，現存する世界最古の木造建築である。

　日本の歴史的な木造建築である社寺や民家のほとんどは，柱・梁からなる軸組構法であり，伝統構法と呼ばれている。他方，正倉院宝庫のように校倉造（あぜくらづくり）もあり，これは木材を横にして積んで壁を造るもので，丸太組構法あるいはログハウスと呼ばれるものと同じ構法である。

　明治維新以降は，西欧文明がどっと入ってきたが，その中には当然建築の意匠や構法も含まれていた。その結果木造住宅では，日本古来の流れをくむ和風住宅（図1・1）と，西欧の影響を受けた洋風住宅が造られるようになった（図1・2）。

　小屋組に着目すると，日本では小屋梁の曲げ

図1・1　和風住宅の室内

図1・2　現代木造住宅の室内

に対する強度で屋根の重さを支える和小屋であるが，西欧では陸梁（ろくばり，またはりくばり）など，軸力を負担する部材を組み合わせてトラスを構成して屋根の荷重を支える洋小屋になっている。

さらに現代木造建築になると，実に多様な構造・構法・意匠のものが造られており，枚挙にいとまがないほどである。

木造建築のこのような多様性が，建築の文化を発展させてきており，今もなお豊かな建築空間を生み出し続けている。

(3) 地球環境と持続的社会

地球の温暖化が進み，かつその原因のひとつとして，鉱物資源のエネルギー利用による人為的な二酸化炭素の排出があげられている。それに対して，木は成長するときに二酸化炭素を吸収・固定するので，地球の温暖化防止に寄与すると考えられている。

すなわち，木を利用する木造建築は，地球環境を保全し，持続的社会をつくる大きな役割を担っているといえる。

なお，木の二酸化炭素固定に期待するためには，植林して育てて伐採してまた植林するというサイクルを確保することが重要であり，林業（川上）と木造建築（川下）との密接なつながりが必要である。

1・1・2 構造耐力

木材自身の強度は，鉄（鋼）に比べればはるかに低い。しかし，自身が軽いので，構造材としての効率は高い。したがって，構造設計さえうまくやれば，大空間の体育館や高層ビルも造ることができる（図1・3，1・4）。

(1) 耐震性

地震力は建物の自重に比例するので，軽い木造建築は有利である。これまでの大地震による被害を見ても，適切に設計・施工された木造の被害は軽い。また木造は少し傾いても容易に修復できるという利点もある。

一般的に，鉄筋コンクリート造は柱のせん断（剪だん）破壊による崩壊が多く，鉄骨造ではブレース（筋かい）の接合部破断や柱脚の破壊が多い。これに対して木造は，軸組接合部の破壊が大半であり，この部分を金物で強化することにより耐震性が確保される（図1・5）。

図1・3　大空間の体育館（大館ドーム）

図1・4　木造高層ビル（上3階が木造；高知県自治会館）

木造住宅の耐震性については，建築基準法によって壁量の確保が義務づけられている（13・2 参照）。

(2) 耐風性

木造は軽いので，強風に対してはかなり不利である。しかし耐震性と同様に，耐風性についても規定があり，十分な壁を設ければ倒壊のおそれはない。それよりも，軒先やひさし（庇）のような突出部分が風で飛ばされないように，垂木（たる木）や母屋（もや）を十分に緊結することに注意すべきである（図1・6）。玄関ひさしを受ける柱なども，引抜けないように下端を重い基礎に緊結する必要がある。

その他，豪雪地帯では雪の重さで屋根が壊れないように，伝統の知恵にならって骨太の構造とすべきである。特に，軒を支える垂木が折れやすいが，多雪地域では垂木の断面を大きくして，被害を押さえている。

1・1・3 防・耐火性と耐久性

建築材料としての木材の3大弱点は，燃える，腐る，狂う（あるいは割れる）といわれる。このうち，狂ったり（曲がり，ねじれなど），割れたりするのは，木材の乾燥に伴うもので，事前に十分乾燥させることで，障害を軽減することができる。また，燃えることと腐ることに対しては，材料としての処理や構法的な対策によっておおむね解決することができる。

(1) 防・耐火性

実大の火災実験によると，軸組がセメント系や石こう系のボードで覆われた木造建築は，かなりの防火性能をもつことが証明されている。

また，大断面の集成材は表面が燃え進むのに相当な時間がかかり，かなり耐火性のあることも証明されている（図1・7）。このことを利用して，構造設計では，「燃えしろ設計」の手法が確立している。

(2) 耐久性

木材の防腐・防虫処理の技術自体は完全に近

図1・5　補強金物の例（筋かいプレートBP，山形プレートVP）

図1・6　強風で屋根全体が飛んだ例（鎌倉　1979年）

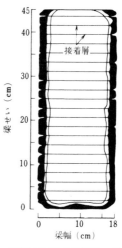

図1・7　集成材の30分燃焼後の炭化の状態
（今泉勝吉：集成材建築設計便覧　1973年）

いものができている。問題は薬剤の耐久性と有害性である。耐久性に関しては，適当な時期に再塗布など再処理をする必要がある。また薬剤の有毒性による環境汚染の問題は深刻であり，毒性の少ない薬剤の開発や，適切な使用が求められている。

そのためには材料の薬剤による耐久処理ばかりに頼らずに，水分が滞留しないようなディテールを考えるべきである。例えば，外部では屋根と2階外壁の接続部・軒先・窓の周囲・土台付近などの各部であり，内部では浴室等の水回り部分である。

1・2 木造建築の構法

原始の住まいは，穴居や鳥の巣のようなものであったと想像される。崖に横穴を掘って住む場合は完全な地下建築で材料は要らないが，平地にたて穴を掘って住む場合は，雨を防ぐために屋根をかける必要があるので，木を組んで骨組を造らなければならない。これが建築の始まりであり，やがて穴を掘らずに地上に柱を建て屋根をかけ，壁を造ることになる（図1・8）。

(1) 軸組式

日本の家では昔から，まず柱を建て，梁桁をわたして屋根をかける。このように，柱で建物を支えるものを軸組式あるいは軸組構法という（図1・9）。外壁は必要があれば柱と桁で囲まれる面に貫（ぬき）や竹小舞を付けて土を塗るとか，間柱をたてて板をはる。昔の家ほど外壁の存在があいまいで，寝殿造りの絵を見ても，しとみ戸や引戸のように建具だか壁だかわからないようなものが多く，帳（とばり）と称する

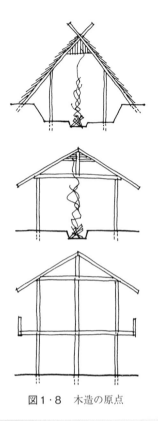

図1・8 木造の原点

図1・9 軸組構法の家——建てるときは壁がない——

カーテンやすだれで僅かに視界を遮るだけである。

このように建物内・外の区別がはっきりしないのは，日本の建築空間の特質である。そして，それを可能にしているのが，この軸組式の構造である。

1・2 木造建築の構法 **5**

冬を知らない南太平洋諸島や東南アジアの住居も外壁はきわめて簡単なもので済ませていた。ニッパヤシの葉を編んだアンペラや割竹の網代(あじろ)の壁がこれらの地方の昔の民家に見られる。日本を含めて高温多湿の環太平洋圏にこのような開放型の家が営まれたことの必然性は，すでに早くから伊東忠太博士によって指摘されたとおりである。

この軸組構法は，日本には以前からあったという意味で「在来構法」と呼ばれることがあり，また，「在来軸組構法」と呼ばれることもある。

表1・1　建物の材料と構法

材料＼構法	軸組式	壁式	柱・壁併用
木造・木質系	伝統構法 集成材アーチ構造	校倉 ツーバイフォー構法 パネル構法	軸組構法 (いわゆる在来構造)
石・れんが・ブロック造	古代の石造 (ギリシア,エジプト)	石造,れんが造,コンクリートブロック造	柱形をもつ石造,れんが造
鉄骨造・金属板構造	鉄骨造(壁はカーテンウォール)	金属板パネル構造	鉄骨とブロックの複合構造
鉄筋コンクリート造	純ラーメンRC造	壁式RC造 プレキャストコンクリート版構造	耐震壁付きRC造

〔用語説明〕

・**カーテンウォール**：外壁が，柱と桁に囲まれた部分に取り付けられる外壁パネルで構成されている。骨組と一体化されておらず，耐震要素にはならないので，非構造部材と呼ばれることもある。

・**純ラーメン**：柱・梁・桁の接合部分が剛強に造られていて，壁体がなくても地震時に変形しにくいようになっている。

・**RC造**：鉄筋コンクリート造のこと。

(2)　壁式

軸組式に対して，まず壁を造ってこれに屋根をかける建て方がある。つまり，壁で建物を支えるもので，壁式あるいは壁式構法（力学的には壁式構造）という。寒い地方や暑くて乾燥している地域では，厚い壁で生活を守る。世界的にみても「壁の家」が大半を占めている。壁の造り方は，石やれんが（煉瓦）を積むのが昔からの方法であり，組積造と呼ばれる。他方，木材の豊富な地域では丸太を横積みにした校倉（丸太組，ログハウスともいう）が昔から行われている。

現代建築である鉄骨造や鉄筋コンクリート造を含めて，軸組式と壁式，および両者の併用の各構法を眺めてみると，表1・1のような分類ができる。この表にある各種の構法の中で木造系については1・3で解説する。

石造・れんが造でも，ギリシア建築などでは柱梁式（軸組式）があったことが注目されるが，地震国日本では考えられないことである。鉄骨造は原理的には木造に似ているが，木よりも剛強なこの材料を用いた構法は，原則としては軸組構法であり，ラーメンやブレースで地震や風による水平力に抵抗し，壁はカーテンウォールである。鉄骨プレハブ住宅では壁パネルや軽量コンクリート板を柱間に装着するが，これらも一般に「空間を仕切るもの」の役割しか果たしていない。

鉄筋コンクリート造は一般には柱梁と壁を一体に打設するが，設計によっては柱梁だけを鉄筋コンクリートで造る純ラーメン構造もある。また壁式構造として柱を省略したり，プレキャスト版で壁を造る方法もある。

1・3 現代木造住宅の構法

今日造られている木造建築の構法を前に示した表1・1に従って解説すると次のようになる。

1・3・1 伝統構法

柱と梁・桁，差かもい（鴨居）などの部材を楔（くさび），栓（せん）などによって接合して固める軸組構法である（図1・10）。本来は基本的に金物を使わず，筋かいも入れなかったが，今日では耐震性・耐風性を確保するため，建築基準法の規定により，要所に筋かいを入れ，また金物も使うようになった。

壁の片面または両面に柱を露出させた真壁(しんかべ)構法にすることが多いので，筋かいを入れにくい。欧州の木造建築の外壁では，筋かいを露出したデザインのもの（ハーフティンバーという）があるが，日本ではあまり見かけない。外壁を真壁にすると防水上よくないので，軒に近い上部・壁だけを真壁にすることが多い。地方の住宅では今でも伝統構法が用いられており，柱としてはその地方に産出するヒノキ，ヒバ，スギなどが使われる。

図1・10　伝統構法（民家の内部）

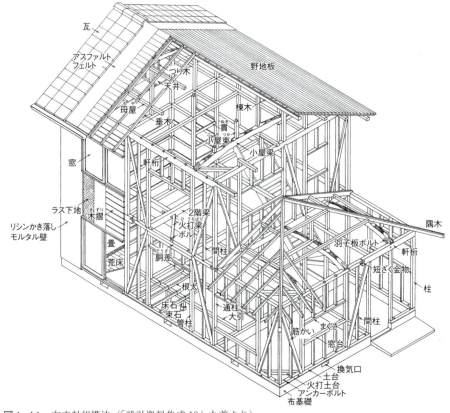

図1・11　在来軸組構法（「設計資料集成10」丸善より）

1・3・2　在来軸組構法

現在最も一般的な木造住宅の造り方で，伝統構法から変化したものである。したがって同じ軸組構法であるが，伝統構法からの主な相違点は次のとおりである（図1・11）。

① 柱が壁の中に包まれる大壁方式をとることが多く，和室の部分だけは室内の柱を見せる真壁とすることもある。

② したがって，壁に筋かいを入れることが容易であり，また構造用合板などを張れば筋かいと同様な効果がある。

③ このように現代の在来構法は，構造上の必要から壁の多い家になっている。これは住まいの環境の変化で，都市近郊では，遮音・断熱のための壁の必要性とはからずも一致している。

④ 骨組の主な接合部はボルトなどの接合金物で補強して，常時はもとより，地震・台風時にも外れないように緊結する。

⑤ 各部仕上は伝統構法に準ずるが，外壁はモルタル下地が多く，板張りは防火上の問題で，窯業系や金属板系の不燃サイディングにほぼ変わっている。

⑥ ガラス窓や雨戸などの開口部建具は，従来の木製のものに代わって，アルミサッシなどの製品がごく一般的になっている。

1・3・3　ツーバイフォー（2×4）構法

北米で発達した木造住宅の壁式構法で，材料の規格化と施工の単純化による工期の短縮に特色があり，世界中に拡まっている。その概要は次のとおりである（図1・12）。

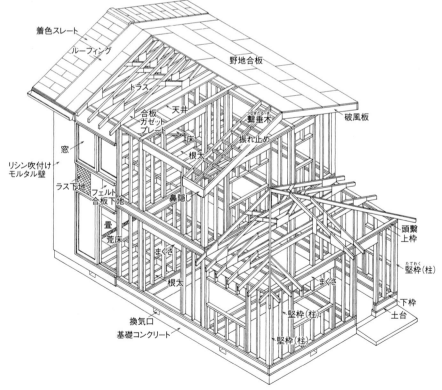

図1・12　ツーバイフォー構法（「設計資料集成10」丸善より）

① 壁体を構成する部材の断面が公称2×4（インチ）であるところからこの名があるが，実寸法は約40mm×90mmである。これで枠を組み両面に構造用合板などのボードをくぎ打ちするので，柱ではなく壁体で上階または屋根を支える。したがって法令上はこれを枠組壁工法という。

② まず床組を造り，構造用合板をくぎ打ちしてプラットフォームを造る。この上で上記の壁パネルを造り，その場で建て起こし，くぎで下部を床に固定し，壁相互も接合する。すべての接合部はくぎ打ちであるが，今までの日本くぎ（Nくぎ）より太いもの（CNくぎ）を用いる。

③ 小屋組は前記の2×4材を突付け，ネイルプレートなどで接合してトラスを造る。これを45cm間に壁体の上端にのせ，金物を介してくぎ接合する。これの屋根面に構造用合板をくぎ打ちして屋根下地とする。

④ 各部仕上げは乾式構法で，塗壁はあまり行わない。デザインは大体において現代洋風であるが，外壁に付け柱をつけて真壁ふうに造ることもでき，畳敷の和室を設けることもできる。窓サッシその他の仕上部品は前項の在来構法と同様に使われる。

1・3・4　木質系パネル式プレハブ構法

壁や床をある大きさのユニットとして工場で生産し，これらを現場に運んで組み立てる構法をプレハブという。プレハブはプレファブリケーション（prefabrication: 予め作る）の略である。プレハブ住宅には，木質系・鉄鋼系・コンクリート系のものがある。木質系の中では，パネル式が主流であり（図1・13），その特徴は次のとおりである。

① 壁パネルはすべて工場生産で，合板などの表面材は枠組に接着またはくぎ打ちされる。

② 床および屋根もパネル化される場合が多いが，構法によっては現場で施工される。

③ パネルどうしの接合にはくぎ・ボルト・接着など種々の方法があり，それがパネル構法の特色となっている。

図1・13　木質系パネル式プレハブ構法

図1・14　丸太組構法（ログハウス）

1・3・5　校倉構法

　木を横に積んで壁を造る方法を校倉という（図1・14）。元々は丸太材を用いていたので，丸太組（ログハウス）ともいう。現在では，丸太でなく製材したもので造っても，丸太組あるいはログハウスと呼ばれる。日本での法令上の名前は，丸太組構法である。これは世界各地の木の豊富な地方で昔から行われた壁式構法で，今日では別荘やレストランなどとして建てられる。その特徴は次のとおりである。

① 軸組構法に比べて大量の木材が必要である。その分，木の香りと柔らかな感触が快い室内を構成する。

② 壁は積んだままで内装も外装もしなくてよいが，屋根および床は軸組構法に準じて造る。

③ 横木は壁の交差点で組み合わせて崩れないようにするが，木の反りやねじれを防いで一体化するために，上下の横木間にはだぼが入れられる。

④ 建設後に横木が直径方向に収縮して壁全体が沈む傾向にあるので，その対策が必要である。例えば，開口部のたて枠は短かめに造り，壁体との接触面でスライドさせる構造とする。このように，校倉と柱とを併用する場合には，特に注意が必要である。

1・3・6　集成材構造

　集成材とは，厚さ2～3cmの木材のひき板をよく乾燥してから耐久性の高い接着剤で積層接着したものをいう。

集成材は構造材として優れており（3・2・2参照），さまざまな架構形式の集成材構造が造られている。

　このような集成材にヒノキやスギの美しい良材の薄い板（つき板という）を表面に貼った化粧集成材もあり，これは真壁造の室内に使われる。つまり，伝統構法や在来構法でも，集成材が使われるようになっている。

〔集成材アーチ構造〕

　本書は，木造建築の中でも，住宅を中心に書いたものであるが，現代木造としては，集成材を用いた大スパン構造を無視するわけにはいかないので，ここで紹介する。

　図1・15のように，肩の部分で曲がって，柱から合掌まで1本の湾曲集成材で構成するアーチ構造は，体育館等の大スパンの建物に用いられる。その特徴は次のとおりである。

① スパン方向には壁も控え柱も不要で単純明快な空間を造ることができる。

② トラス構造のような節点（部材接合）がないから，たわみが少ない。

③ アーチ材への部材の接合は一般の木造と同様にできるから，鉄骨造より施工しやすい。

④ 大断面の集成材（例えば15×20cm以上）は，30分間火災にあっても表面から18mm程度が炭化するだけで，鉄骨のように軟化することがない。したがって，その分だけ断面を大きくして（余裕をみて25mm）おけば，30分耐火構造として認められる。このような考え方で構造設計することを「燃えしろ設計」という。

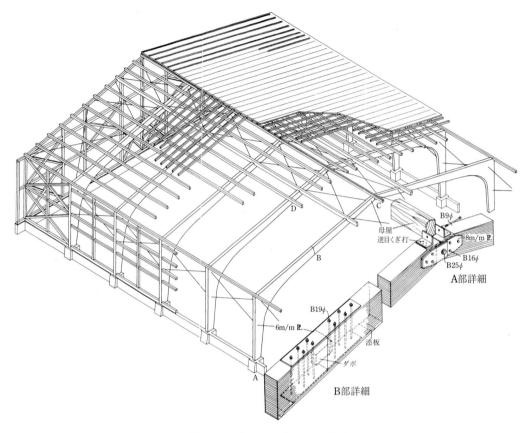

図1・15 集成材3ピンアーチ構造

1・4 建築基準・規準と材料規格

木造建築に関わる材料の規格や建築基準，標準設計などは多数ある。主なものをあげれば次のとおりである。

1・4・1 材料規格

木材に関しては，日本農林規格（JAS : Japanese Agricultural Standard）がある。

(1) 日本農林規格（JAS）

まず一般の木材（製材）の規格では，木材の寸法区分による呼び名の種類，例えば，板類・角類等の断面寸法と，節などの欠点による品質がある。構造用に使われる製材に関する等級区分も，JASに規定がある。その他，集成材・構造用合板・LVL・CLT・各種のボード等についての規格がある。

(2) 日本工業規格（JIS）

木造建築で使われる工業製品に関しては，日本工業規格（JIS : Japanese Industrial Standard）がある。JISには，木材および木質製品の強度その他の性質の試験法をはじめ，接合金物・接着剤・防腐防虫剤等の性能規格が定められてい

る。また住宅部品としての開口サッシ，バルコニー等も規定されている。

国際規格としては ISO（国際標準化機構）規格がある。

1・4・2 建築基準・規準

(1) 建築基準法

日本の建築全体に関する憲法ともいうべき建築基準法の中で，木造については，高さ制限（第21条），防火構造（第25条）等がある。構造耐力については同施行令にさらに詳しく規定してある。その第3章第3節木造（第40条～第49条）に，柱の小径（第43条），耐力壁の有効長さと構造（第46条）などの規定があり，また第8節構造計算に，構造計算に用いる木材の許容応力度（第89条），木材の材料強度（第95条）などの規定がある。

(2) 木質構造設計規準・同解説―許容応力度・許容耐力設計法

日本建築学会が定めている木質構造の設計，計算法であり，構造計画・部材設計・接合部，建物の保守についての規準を示している。集成材構造についても述べられている。

(3) 木工事標準仕様書（JASS）

これも日本建築学会が定めているもので，躯体工事・仕上工事について，作図を含めて詳しく定めている。

(4) 住宅金融支援機構の仕様書

住宅金融支援機構が，【フラット35対応】木造住宅工事仕様書を出しており，その中で，木造住宅の構造と各部仕上げが図入りで説明されている（以下，機構仕様書という）。

(5) 住宅の品質確保の促進に関する法律（品質確保法）

瑕疵のある住宅（いわゆる欠陥住宅）をなくすことをねらうとともに，性能の高い住宅に対しては，その程度（等級1～3）を表示してよいという法律である。性能を表示される性能としては，構造の安定，火災時の安全，劣化の軽減，維持管理・更新への配慮，温熱環境・エネルギー消費量，空気環境，光・視環境，音環境，高齢者等への配慮，防犯があげられている。

12　第1章　木造建築の概要

1・5　基本設計図

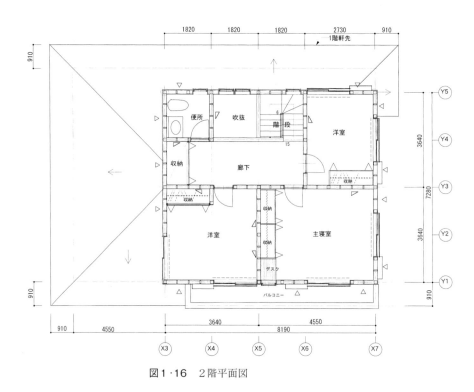

図1・16　2階平面図

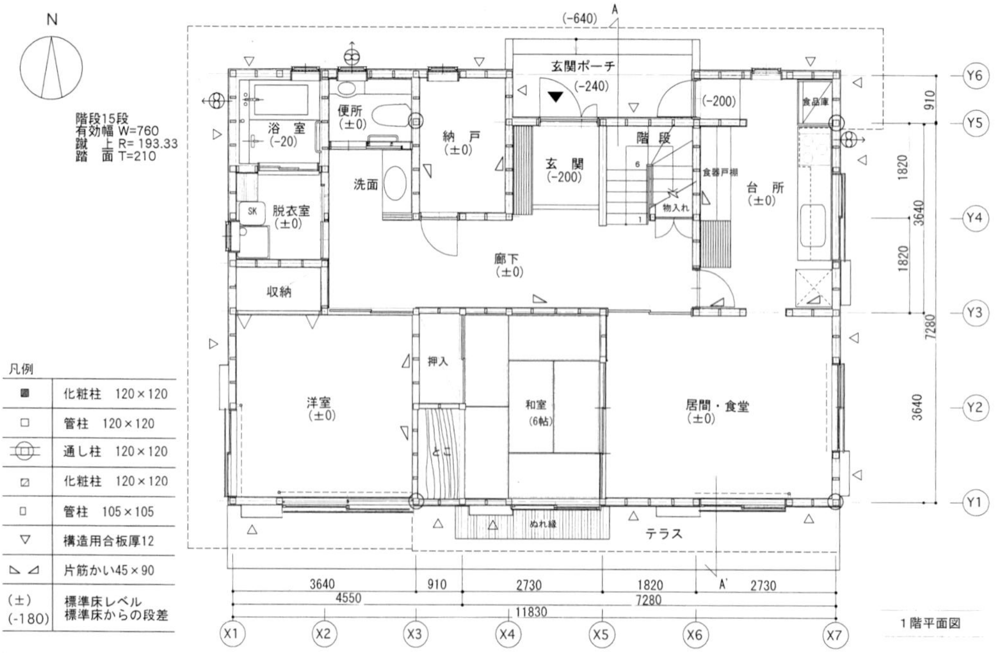

図1・17　1階平面図

1・5 基本設計図 13

　本書では，第2章以降，以下のモデルプランに即して説明を行う。

図1・18　北側立面図

図1・20　西側立面図

図1・19　南側立面図

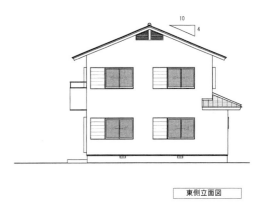

図1・21　東側立面図

14　第1章　木造建築の概要

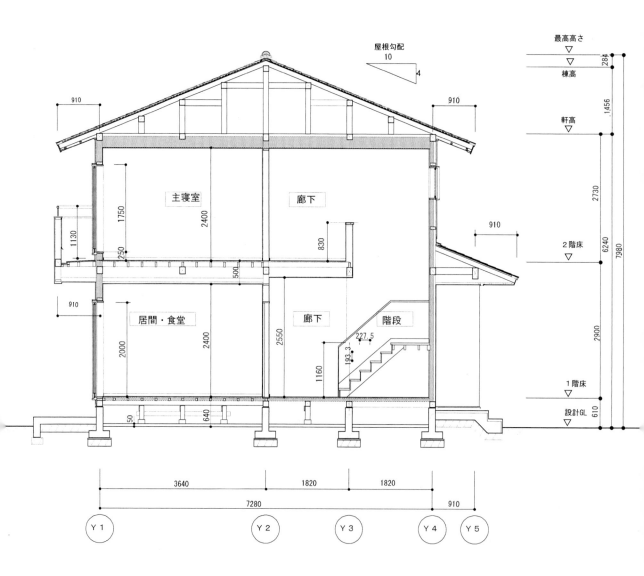

断面図 A-A'

図1・22　断面図

1・5 基本設計図 15

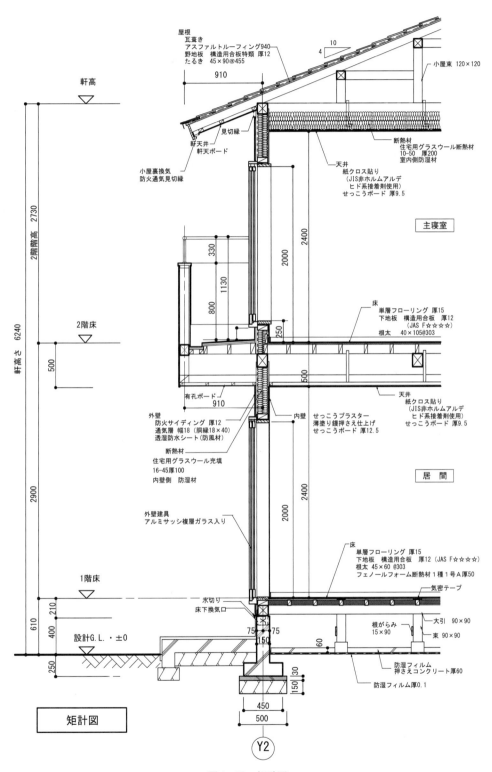

図1・23 矩計図

第2章
基礎・地業

2・1 基礎の構成

　一般に建築物は，下部に基礎を設け地盤に定着させる。この基礎は，建築物の重さに対する地盤の支持力（地耐力）に応じて地盤を掘り下げ，割ぐり石（割栗石）や砕石を用いた地業（じぎょう）の上に施工する。

　木造住宅では，外周の壁や主要な間仕切壁の下部には鉄筋コンクリート造の布基礎を設ける。布基礎と軸組の土台とはアンカーボルトで緊結する。1階の床は，束石（つかいし）を設置してその上に立てた束で支える。

2・2 地　盤

　地盤は，地殻を構成する鉱物が，風化・堆積（たいせき）・浸食・隆起・陥没などの，長い歳月にわたる複雑な歴史的変遷を経て形成されたものである。

　常時あるいは地震時における建築物の不同沈下等を防止するためには，適正な基礎を設計することが必要であるが，その前提として，地盤の状態を正しく把握しなければならない。

2・2・1 地盤と土

　地盤を構成している土は，大小さまざまな形の粒子からなっているが，粒子の大小の順に，礫（れき）・砂・シルト・粘土に分けられ，これらの粒子の混合の状態に応じ，砂質粘土・粘土質シルトなどと呼んでいる。土質の区分は，図2・1のような三角座標を用いて示すこともある。

　礫　岩石の砕片で，密実な礫層は垂直圧力に強いが，密実でないものはかならずしもよい地盤とはいえない。

　砂　乾燥時にはまったく粘着力のない粒状土で，密実な砂層は，摩擦力によりかなりの地耐

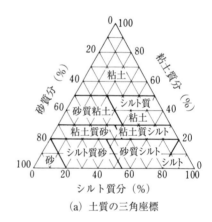

(a) 土質の三角座標

　A点は，砂質分40％，粘土質分40％，シルト質分20％であるから，砂質粘土である。

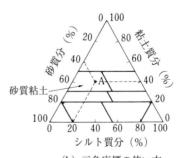

(b) 三角座標の使い方
図2・1　土質の三角座標とその使い方

力をもつ。地下水位以下にあるゆるい砂層は，地震時に液状化を起こす可能性がある。

シルト　粒子が砂より小さくて粘土よりは大きく，球形に近い形で，粘土ほど粘りがない。

粘土　粒子がシルトよりさらに小さいもので，中には，顕微鏡でも認めにくいようなコロイド状のものもある。粒子の形は薄片状に結晶したものが多く，粘着力が大きく，水を通しにくい性質をもっている。地下水位以下にある粘土層は，圧密沈下（長期的に間隙の水がしぼり出されることにより，層厚が小さくなる現象）を起こす可能性がある。

2・2・2　地盤の構成と強さ

地盤は，いろいろな土質のものが，それぞれある厚さをもって層をなしている。その生成の年代や成因によって次のように区分される。

第三紀層　約6000万年前から約100万年前くらいの間に生成された地層で，すでに岩盤になっている。

洪積層　第四紀層のうち，約100万年前から約1万年前くらいの間に生成された地層で，砂利層・砂層・粘土層などが累層を形成している。土丹盤（岩盤ではないが，堅い地盤）や関東ローム層（火山灰が堆積した地層）もこれに属する。

沖積層　約1万年前から今日に至る間に生成された地層で，薄い砂利層や圧密の不十分な粘土層や砂層などが相当厚く単独に，あるいは複雑に重なり合って存在しており，建物を支える地盤としては軟弱であり，大規模の建物には特別の考慮が必要である。

表2・1に各種地盤の許容応力度を示す。

2・3　地盤調査

地盤の地層の状態は，地表から直接観察できないので，試験掘りやボーリングなどを行って調査する。

(1)　試験掘り

試験掘りは，地盤を直接掘って観察し，土の性質を調べる確実な方法であるが，掘削深さは2m以下，穴径は1.5～2m程度で，地下水位より下は調査できない。

(2)　ボーリング

ロータリー式ボーリング（図2・2）は，代表的なサウンディング（地表から地中にサンプラーやスクリュー状のヘッドを押し込んで行う地盤調査の総称）のひとつである。ボーリングロッドの先端にコアチューブビットを取り付け，高速回転をさせてロッドを押し込み，孔底地盤を掘り進め，地層の各深さの土を採取して，地層・土の性質を知る方法で，あわせて標準貫入試験，地下水位の測定も行う。

表2・1　各種地盤の許容応力度

地　　盤	長期許容応力度* （kN/㎡）	短期許容応力度* （kN/㎡）
岩　　　　盤	1,000	
固 結 し た 砂	500	
土　丹　端	300	
密 実 な 礫 層	300	長期許容応力度
密 実 な 砂 質 地 盤	200	のそれぞれの数
砂　質　地　盤	50	値の2倍とす
堅 い 粘 土 質 地 盤	100	る。
粘 土 質 地 盤	20	
堅 い ロ ー ム 層	100	
ロ ー ム 層	50	

*正確には長期（短期）に生ずる力に対する許容応力度という。　　　（建築基準法施行令第93条より）

(3) 標準貫入試験

図2・2のような装置で，重さ63.5kgのハンマーを高さ76cmから落下させ，サンプラーを地層に30cm貫入させるのに必要な打撃回数Nを求める。これを標準貫入試験のN値といい，土の硬軟の程度を推定するのに用いる。

標準貫入試験用サンプラー内部に詰まった土は試料とする。

(4) スウェーデン式サウンディング

ボーリングに対し，もっと簡便な地盤調査法として，スウェーデン式サウンディングがある。これは，図2・3のように，先端にスクリューポイントというねじ状の部分をもつロッドを，地上部分のハンドルによってねじ込み，25cm貫入に要する半回転数を測定し，貫入量1mあたりに換算した貫入量（N_{sw}で表す）で土の硬軟等を判定する方法である。その際下向の力を与えるために，1kN（100kgf）のおもりをロッドにつける。

スウェーデン式サウンディングは，戸建住宅の敷地の地盤調査の方法として，十分に普及している。SWSと略記されることがある。

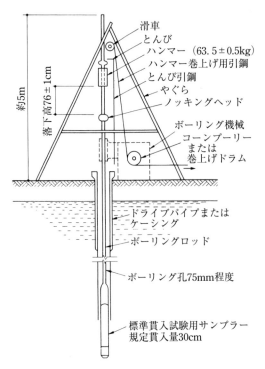

図2・2 ボーリングと標準貫入試験

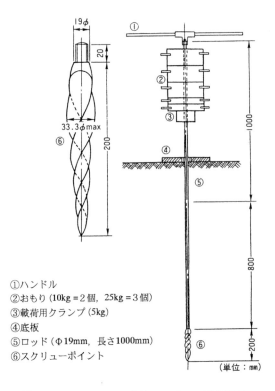

図2・3 スウェーデン式サウンディング試験装置

2・4 地業

建物の基礎工事のうち，もとの地盤に対して行うものを地業という。地業には，割ぐり（栗）地業（砕石地業）・砂利地業・杭打ち地業などがある。地業を行うには，建築物の位置を縄張りで決定してから始める。

2・4・1 縄張り

工事に先立って建築物の位置を配置図に従い，杭（くい）とビニルひも等で建築敷地上に示し，建主，設計者（工事監理者），施工者の立会いのもとで，建築物と敷地や周囲との関係を検討し，その位置を決定することを縄張りという（図2・4）。

2・4・2 基準位置の設定

建築工事は，平面位置と高さを地盤上に設定することから始まる。この設定を水盛り遣方（やりかた）という。

平面位置は，縄張りをよりどころにして決める。高さは所定の基準地盤面に従って，水盛り遣方を設定する。基準地盤面は，ふつう敷地の高いところに定める。

(1) 水盛り遣方

水盛り遣方を設定して行う工事は，杭打ちをしない基礎や，根切りが浅く掘り出す土の量の少ない戸建木造住宅程度の建物に用いられる（図2・5）。

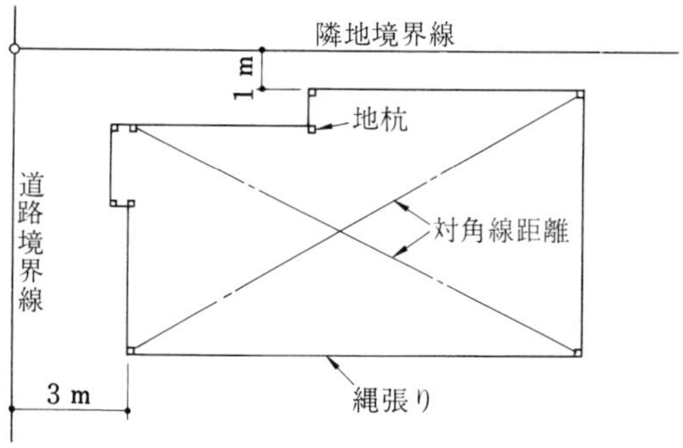

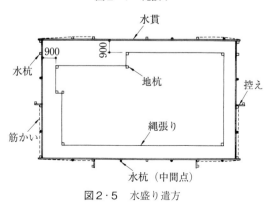

図2・4 縄張り

図2・5 水盛り遣方

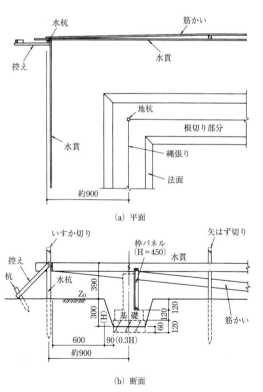

図2・6 水盛り遣方の詳細図

水盛り遣方は，縄張りの外周1mくらいの位置に設定するもので，外周に沿って間隔1.8mくらいの位置に杭（水杭）を打ち，この内側上部に貫（水貫）を取り付けて高さの基準とし，これに通り心墨（壁心）を墨打ちして建物の水平位置の基準を作る。水貫の通り心墨に水糸を張って平面位置を決定し，水糸からの下がり寸法で基礎の高さを設定する。図2・6（a），（b）は水盛り遣方の詳細図の例である。

また，水盛り遣方には，縄張りに沿って外周に設けるものと，隅角部（隅遣方）と間仕切の要部（平遣方）へ短く設けるものとがある。

(2) 根切り

地業を行うには，図2・7のように，水貫に水糸を張り，差し下げ定規（とんぼ）をよりどころにするなどして，地盤を掘り下げる。これを根切りという。根切り深さは，土質による割ぐり石の沈み寸法を考慮して決める。

根切りには，基礎の形式によってつぼ掘り（点状）・布掘り（線状）・べた掘り（面状）がある。

2・4・3 割ぐり地業

割ぐり石を根切り底に立てて（こば立てという）並べ，石の隙間に目つぶし砂利（目潰し砂利）を入れて突き固め，地盤の支持力を補強する方法である（図2・8）。

捨コンクリートをその上に打って，基礎の位置・高さの基準にする。普通の地盤に建てる戸建木造住宅の布基礎・独立基礎などで広く行われている。

割ぐり石は，地盤の突固め用であるから，花こう岩（花崗岩）・安山岩のように圧縮強さが

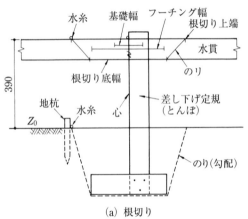

(a) 根切り

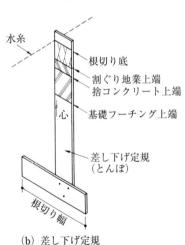

(b) 差し下げ定規

図2・7 根切り作業

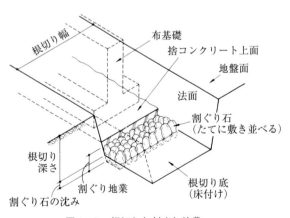

図2・8 根切りと割ぐり地業

大きいものを用いる。大きさは，基礎底部の寸法に応じて，10～15cm程度である。

最近では，天然の割ぐり石を使うことはほとんどなく，砕石を用いている（砕石地業）。

目つぶし砂利は，河川から掘削したままの状態のもので，砂利・砂が自然のままに混合しているものをいう。

2・4・4　砂利地業

根切り底に砂利を1層程度敷き詰めて，目つぶし砂利を散布して突き固める方法で，割ぐり地業の地盤より堅い地盤が根切り底に現われている場合，束石や土間コンクリートなどの軽微な地業などに用いられる。

2・4・5　杭地業

杭地業は，鉄筋コンクリート造のように建築物の重量が大きく，上層地盤の支持力では支持できない場合に用いることが多いが，木造住宅でも地盤が軟弱な場合には用いられることがある。地盤調査結果に基づいて，適当な支持層に対して行う（図2・9）。

杭の支持力は，杭の材質・形状・寸法・打込み位置などの条件および支持地盤の力学的性質から算定される。これをもとにして，杭の本数・配置・間隔などを決め，基礎フーチングの設計が行われる。

杭には，木杭，既製コンクリート杭，鋼杭，場所打ちコンクリート杭などがある。

(1) 木杭

地下水位が深くない場合に，杭が地下常水位面下にあるようにして使う。材料は，割れのない，曲がりの少ない，樹皮をはいだ，生の松丸太で，末口12cmのものを図2・10のように，杭ごしらえ（杭拵え）をして用いる。ただし近年では，木造住宅に木杭を用いることはほとんどなくなっている。

(2) 既製コンクリート杭

一般に，遠心力を利用して作られる中空円筒形の鉄筋コンクリート杭が最もよく用いられる。これは，コンクリートを詰めた型枠を，回転台の上で回転してコンクリートを締め固めて蒸気養生や，圧力がまで高圧高温蒸気養生を行い，短期間で高強度のものを作る。鉄筋コンクリート杭（RC杭），プレストレストコンクリート杭（PC杭）の外径，厚さ，長さはJIS規格による。

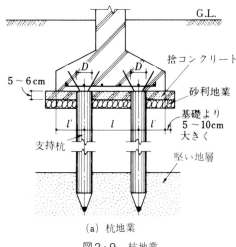

(a) 杭地業
図2・9　杭地業

図2・10　木杭の杭ごしらえ

2・4・6 地盤改良

建物を支えるのに十分な支持力のない地盤において，杭などによらず，地盤そのものを改良することによって支持力を高める方法を，地盤改良という。

ビルものなど，大きな建物に対しては，バイブロフローテション工法やバイブロコンポーザ工法のように締固めを行うもの，各種のドレーン工法など水抜きを行うものなどがある。

戸建住宅の場合には，表層の土全面に固化剤（セメント系，石灰系など）を混ぜて固結させる方法（浅層混合処理工法という）が一般的である。また，円形断面を有する柱状体をフーチングの下などに設置する方法（深層混合処理工法）や，鋼管をフーチングの下などに設置する方法（小口径鋼管杭）がある。

2・5 基 礎

基礎は建築物の主体部分を支持するために，その下部に設けられる。ふつう，外周は布（ぬの）基礎とする。内部の基礎は，耐力壁の下や水を使う浴室などの回りに設ける。

独立基礎は，布基礎のない位置の荷重の大きい柱下に設ける。

2・5・1 布基礎

連続している基礎を布基礎といい，図2・11のように，鉄筋コンクリート造とし，アンカーボルトを埋め込み，土台を緊結する。布基礎の断面は，地盤が十分に強い場合に限り長方形でもよいが，ほとんどの場合は，地盤の抵抗力を増すように逆T字形として底面の幅を広くすべ

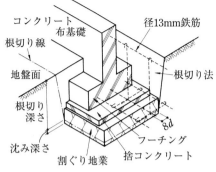

図2・11 布基礎

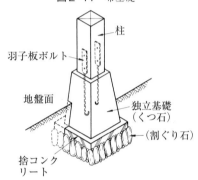

(a) くつ石基礎

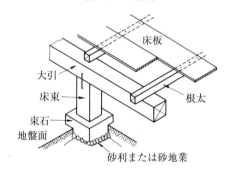

(b) 束 石

図2・12 独立基礎・束石

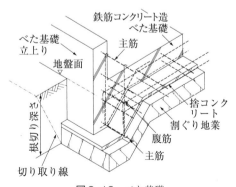

図2・13 べた基礎

きである。この幅を広げた部分全体をフーチングという。

2・5・2 独立基礎

独立基礎は、柱などの荷重を1個の基礎で受けるもので、布基礎同様にコンクリートを現場で打ってつくる（図2・12）。

くつ石基礎（沓石基礎）は、図（a）のように台形の基礎をつくり、底部を広げて上部の荷重を支えるものである。玄関ポーチなどの化粧柱やぬれ縁（濡縁）の束下に用いられる。床下の見え隠れとなるところには角形でよい。

束石基礎は、床下の床荷重を支える床束などを受けるもので、図（b）のように、コンクリートブロックや天然の玉石・切石を用いる。砂地業または砂利地業を施して据える。

2・5・3 べた基礎

べた基礎は、図2・13のように布基礎におけるフーチングが、建物の平面全体に広がった形の基礎である。したがって、上部の建物からの荷重は、この部分、すなわち基礎スラブの底面全体の地反力で受けることになる。そのため、べた基礎の基礎スラブは、構造耐力上必要な配筋がなされた鉄筋コンクリート造とする必要がある。その意味で、床下の防湿フィルムを押えるコンクリートとは、明確に区別しなければならない。

2・5・4 特殊な基礎

建築物の定着する地盤は、平らで均一な支持力を有するものばかりではない。傾斜地を造成した敷地の地盤は、図2・14（a）のように盛土と切土で構成されているので、盛土に設置する基礎はろうそく基礎（束石のせいが高いものを、地中深く埋め込んだ基礎）として既存の支持地盤に築造する。

図（b）のように、コンクリートブロックの間知石積みとした擁壁をもつ地盤では、建築物の基礎は図の45°線以内の堅固な支持地盤に鉄筋コンクリート造のろうそく基礎として据え、布基礎も鉄筋コンクリート造とする。

2・5・5 コンクリート

コンクリートは、セメントペーストのこう着力（膠着力）によって砂・砂利などの骨材を結合させたものである。ふつう細骨材は砂、粗骨材は砂利であるが、粗骨材には砕石や人工軽量骨材（高炉スラグ砕石）も使われている。セメントと水と細骨材を練り混ぜたものをモルタルという。

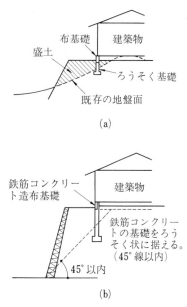

図2・14 特殊な基礎

コンクリートは，使用骨材によって普通コンクリート・軽量コンクリートなどに分けられる。「JASS 5 鉄筋コンクリート工事（2015）」による普通コンクリートの設計基準強度には，18，21，24，27，30，33，36 N/mm² があるが，木造住宅の基礎に使われるのは，主に 24N/mm² のものである。

一般にコンクリートは，圧縮強さが大きく，耐久・耐火・耐水的で，断熱性・遮音性が優れているが，重量が大きく，引張強さおよび伸びが小さい。

(1) セメント・水・骨材

コンクリートに用いるセメントは，JIS に適合したものを用い，水はきれいで，有害量の酸・アルカリ・油分および有機不純物を含まない水道水・井戸水がよい。

骨材では，5 mm ふるい（篩）を重量で85%以上通過するものが細骨材で，重量で85%以上とどまるものが粗骨材である。いずれもその強さがセメントペーストの硬化したときの最大強さより大きく（強さはセメントペーストで約50N/mm²，一般の岩石で100〜150N/mm²），大きさは鉄筋と鉄筋の間および鉄筋と型枠との間を容易に通過できる寸法のものでなければならない。

(2) 強さ

コンクリートの強さは，材令4週の圧縮強さを標準（100%）とすれば，普通コンクリートなら3日で25%，1週で50%，3か月で125%，1年で140%程度で，セメントの種類によって異なるが，一般に，初期には急速に，後にはゆっくりと強さを増し，材令4週ではほぼ強さが安定する。

したがって，コンクリートの強さは，4週の標準試験による圧縮強さで表される。コンクリートの引張強さとせん断強さは，圧縮強さの約1/10である。

(3) 強さ以外の性質

弾性的性質 コンクリートの圧縮応力とひずみ（歪み）との関係は，応力の小さい間は直線に近いが，大きくなると応力の増加に比べてひずみの増加が大きい。

また，一般に強さの小さいコンクリートほど同一応力に対するひずみは大きい。

中性化 コンクリートはアルカリ性であるので，鉄筋にはさび止め（錆止め）の作用をするが，空気中に長期間放置すると，雨水・湿気，空気中の炭酸ガスなどが，コンクリートのアルカリ性を失わせて中性化させる。中性化したコンクリートは，鉄筋をさびさせたり，その結果としてコンクリートがはげ落ちる原因となる。図2・15はコンクリートの中性化の進み方を示したものである。

重量 コンクリートの重量（密度）は無筋コンクリートでは約2.3 t/m³，鉄筋コンクリートでは約2.4 t/m³ である。

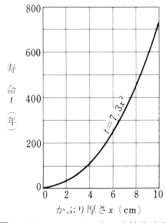

図2・15　コンクリートの中性化速度

2・5・6 鉄筋

鉄筋コンクリート造に用いられる鉄筋は，丸鋼（棒鋼）はほとんど使われなくなって，図2・16のように，断面が円形の丸鋼（棒鋼）の表面に突起（節・リブ）をつけた異形鉄筋（異形棒鋼）がよく使われる。また，鉄線を網状に直交させて交点を溶接した溶接金網，および異形鉄筋を格子状に直交させて交点を溶接した鉄筋格子なども使われる。

(1) 鉄筋の寸法および品質

鉄筋コンクリート用の丸鋼は，直径6〜65mmの19種で，例えば16mmの丸鋼はφ16と呼ぶ。また，鉄筋コンクリート用の異形棒鋼（通称異形鉄筋）の呼び名はD4〜D51の16種で，公称直径の寸法を丸めた値で呼ばれ，その外径は公称直径よりもかなり大きい。例えば，公称直径9.53mmの異形鉄筋の呼び名はD10であり，外径寸法は約12mmである。木造住宅の基礎に使われるのは，主に，D13とD10である。

(2) 鉄筋の材質（材料記号）

JISによる分類の一部を次に掲げる。

　　熱間圧延棒鋼：SR235，SR295，
　　熱間圧延異形棒鋼：SD295A，SD295B，
　　　SDR295，SD345，SD390，SD490

最初のSはSteelで鋼，次のRはRoundで丸形を，DはDeformedで異形を，最後の数字235，295などは最低降伏点または最低耐力（N/mm²）を表す。

形鋼は最低引張強さの数値で材質を表すのに対し，鉄筋はコンクリートと一体として使用されるので，ひずみの少ない最低降伏点または最低耐力の数値を材料記号に用いている。

木造住宅の基礎の鉄筋に使われるのは，主に，SD295Aである。

2・6 基礎の設計

2・6・1 基礎の選定

木造住宅の基礎を設計するにあたっては，その住宅の規模・形状・重量等だけでなく，地盤の性状を十分に検討し，それにふさわしい基礎形式を選択する必要がある。

地盤が軟弱である場合には，杭打ち，地盤改良等を行うことや，べた基礎を採用することを検討すべきである。また，傾斜地を造成したひな檀状の敷地では，建物の荷重が擁壁の安定性を損なわないような配慮が求められる。

2・6・2 布基礎の配置・形状寸法

木造住宅を例にして，機構仕様書をよりどころにして，次のように考える。

① 布基礎は，建物の外周部（玄関・台所の出入口を除く）と内部の耐力壁および浴室回りの間仕切壁下に配置する。

② 形状寸法は，図2・17のようにする。

③ 布基礎の地盤面から突出する高さは，図2・18（a）の例では，床の高さ（Z1＝550）と仕上げ，床材料の架構方法から，360mmになる。

なお，床の高さは450mm以上必要であ

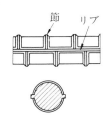

図2・16　異形鉄筋の例

る。

④ 基礎の深さ位置は，図2・18（b）のように，その地域の凍結深度以深に決め，捨コンクリート，割ぐり地業の寸法を決める。

⑤ フーチングの厚さは，図2・19（a）のように，150mm以上とし，被り厚さ（かぶり厚さ）を確保する。

⑥ 横筋のうち，上下主筋はD 13，その他の横筋および縦筋はD 10とし，鉄筋の間隔は300mmとすることを標準とする。

⑦ 換気口回りの配筋は，図（b）のように補強筋を入れ，被り厚さ，継手重ね長さに留意する。

⑧ 換気口は，鋳鉄製等とし，換気有効面積300cm²以上のものを，間隔5m以内（標準4m）に設ける。外部は開口部の中央下に，間仕切壁では柱下を避けて柱間中央部

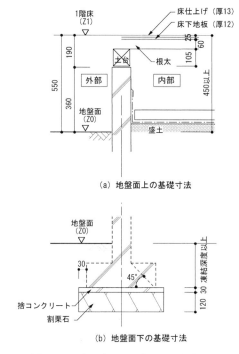

(a) 地盤面上の基礎寸法

(b) 地盤面下の基礎寸法

図2・18 床の高さ・土台回り・基礎の例

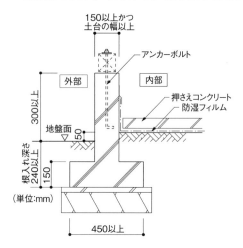

図2・17 布基礎の形状寸法（2階建の例）

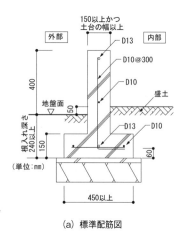

(a) 標準配筋図

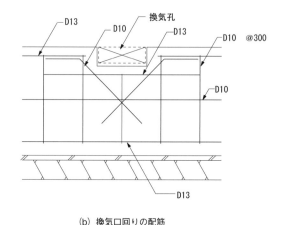

(b) 換気口回りの配筋

図2・19 鉄筋コンクリート造の基礎

の布基礎上部に配置する。

⑨ アンカーボルトは、φ13で、コンクリートへの埋込み長さ250mm以上のものを次の位置に埋設する（図2・20）。

1．筋かいを設けた軸組の部分は、筋かいの上端（上ば）に近い側の柱の下部に接近した位置。

2．土台切れの箇所、土台継手および土台仕口箇所の上木端部位置（図（a））。

3．上記以外の部分では、間隔2.7m以内の位置（図（a））。

4．図（b）のように、筋かいの取付けによる引抜力が大きい柱に近接しているアンカーボルトは、400mm以上の働き（埋込み深さ）のものを埋め込む。

2・6・3 べた基礎の配置・形状寸法

べた基礎は、図2・21に示すように、建物の底面全体に鉄筋コンクリート造のスラブを設けるものであり、その外周および間仕切下に布基礎状の立上りを有する。

① べた基礎の寸法および配筋は、構造計算により決定する。

② スラブの上面は、建物周囲の地面より50mm以上高くする。

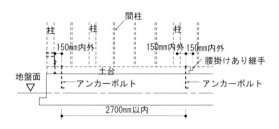

(a) ボルトの埋込み

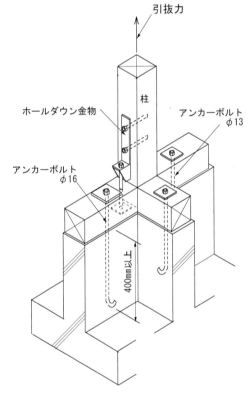

(b) 引抜力が大きい柱のアンカー

図2・20 アンカーボルトの配置

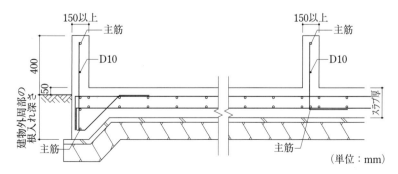

図2・21 べた基礎詳細（底盤ダブル配筋）の例

③ 根入れ深さは，12cm以上かつ凍結深度以上とする。

2・6・4 独立基礎・束石の配置・形状寸法

独立基礎は，布基礎から外れた位置の土台付きの柱または独立柱の位置に配置する。束石は床下の束下へ配置する。

① 独立基礎上部の大きさは，羽子板ボルト・アンカーボルトをコンクリートの基礎に埋設して，独立柱や土台付きの柱を緊結できるものとする。

② 床下の束石は，一般に前後左右の方向90cmごとに配置する。形状寸法は200mm程度の立方体で，地盤に応じた地業を行う。

③ 居間と押入の境にあって，押入の中央部を束石基礎とする場合も，90cmごとに配置する。

2・6・5 テラス・ポーチなど

テラス・玄関ポーチ・台所出入口踊り場などのコンクリート床仕上面の高さは，次のようにする。

(1) テラス

テラスの仕上面は1/50程度の勾配（こう配）をつける。テラスの上部は床下換気口の下端と接するので布基礎面の立上り寸法を十分にして，水返しに配慮する。図2・22（a）の例では，テラス下部は地盤面より100mm上がりにし，上部位置では同じく136mmとし，換気口の水返し寸法を92mmとしている。

(2) 玄関・ポーチ

玄関ホールの床面から玄関床面の下がり寸法は上がりかまち（上り框）とその下の立上り壁の仕上材料の形状寸法なども考慮して決める。タイルでは，100角，200角の寸法に合わせる。

ポーチ床は出入口の下枠によって玄関床からの下がり寸法で決め，地盤面までの上り段を割り付ける。図2・22（b）に割付け寸法の例を示す。

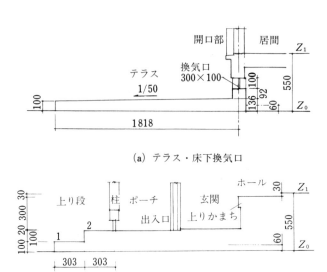

(a) テラス・床下換気口

(b) 玄関・ポーチ回り

図2・22 コンクリート・床回り寸法

2・6・6 2階建住宅の基礎伏図

2階建木造住宅基礎の設計図は，図2・23のように基礎伏図で表される。

ここでは，平面図（図2・24）を併記して住宅設計の全体像を示して，基礎設計の考え方，形状寸法，表現などの設計要領がわかるようにしている。

① 木造の基礎伏図は，地盤上に現われる基礎の種類を平面状，または記号で表しているので，断面の形状，地中部の埋設形状寸法などは，かなばかり図（矩計図）などの断面詳細部分から読み取ることができる。

② 外周と主要な軸組の下部には，土台・布基礎を配置する。布基礎の寸法は，機構仕様書に準ずる。なお，玄関や勝手口の入口部分は，フーチング等でつなぎ一体化する。

③ 浴室回りを布基礎にし，他の主要な土台・布基礎と接続して有効な連係を保つようにする。

④ 階段室回り，押入や床の間の前面，便所入口などには布基礎は配置せず，束立ての土台とする。

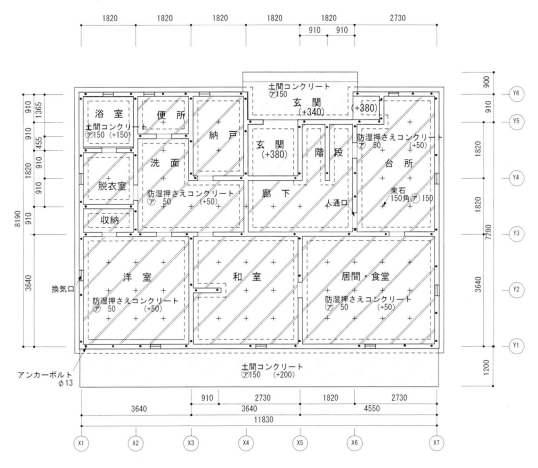

図2・23 基礎伏図

30　第 2 章　地業・基礎

⑤　布基礎へ取り付く換気口および人通口は，原則として開口部の下に配置し，柱の直下は避ける。

⑥　アンカーボルトは，土台端部で 1 箇所，L 部コーナーと T 字交差部では 2 箇所以上，X 字交差部では 3 箇所以上に，柱芯から 120～150mm 離して上木側に配置する。また，土台の継手の上木側，および間隔が 2m を超えない位置に配置する。

⑦　束石・床束は，桁行方向，梁間方向ともに 910mm ピッチで配置する。

⑧　配管のためのスリーブを埋設する。

⑨　ポーチと玄関の土間コンクリートの段差（高さの差）の線は，納まり・仕上げを理解してその位置を決める。

⑩　玄関・浴室の土間コンクリートおよび，ポーチ・テラス，台所勝手口などのコンクリート打ちの位置を明示する。

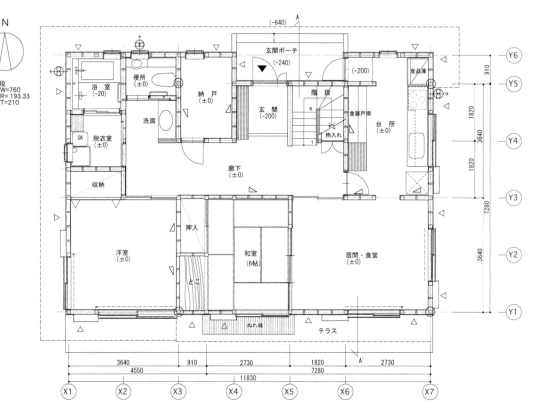

図 2・24　1 階平面図

第3章
木材とその接合

3・1　建築用木材

3・1・1　木材の長所と短所

　木材には，1・1で述べたように，軽いわり
には強い，人間にやさしいといった長所がある
が，その反面，もちろん短所もある。

　建築材料としての木材の長所と短所は，表
3・1に示すとおりである。その短所である可
燃性に対しては，骨組を不燃材で覆うとか，あ
まり細い材を使わないことなどがある。腐朽に
対しては壁体内通気を確保するなど，構法的に
対処した上で，土台などの腐りやすい部分を十
分に防腐処理することなどの対策が必要であ
る。また，よく乾燥して使えば反りや割れも防
ぐことができる。接合部では，木材が裂けない
ような使い方を考える必要がある。

3・1・2　木材の種類と木目

（1）　樹種の分類

　植物学上は多くの種類に分かれるが，材料と
しては表3・2のように針葉樹材と広葉樹材に
大別される。前者は葉が細くて硬く，常緑樹が
多い。和風建築では構造用材としても造作材と
しても，主に針葉樹が使われるが，洋風建築の
内装には広葉樹が用いられることが多い。

表3・1　建築材料としての木材の長所と短所

	項　目	説　　明
長所	軽いこと	一般にコンクリートの1／4以下，鉄の1／10以下である。
	強度が大きい	繊維方向の圧縮強さは普通のコンクリートに劣らない。
	断熱性と吸音性	軽い木材ほど断熱効果があり，音の反響も少ない。
	感触がよい	手ざわり，足ざわりが暖かくソフトで香りもよい。
	比較的安価である	上記の優れた性能を考えれば経済的な材料といえる。
短所	燃えやすい	断面の小さい薄い木材ほど燃えやすい。ただし，大断面のものは表面がこげるだけ。
	腐朽と虫害	特に湿気の多い部位に使うときは，防腐・防虫に注意する。
	狂いやすい	樹種によるが，一般に重い木材ほど乾燥に伴って狂いやすい。
	裂けやすい	欠き込んだ部分から裂けやすい。

表3・2　樹種の分類

種　類	性　　質	主な樹種と用途
針葉樹材	松柏科に属し，軟木ともいう。直直な材を得やすく，加工容易で軽量である。	スギ，マツ，ヒノキ，ベイマツ，ベイツガ。構造用材，仕上材。
広葉樹材	松柏科以外の木材で堅木（かたぎ）が多いが，種類は多く，性質もいろいろある。	ナラ，タモ，サクラ，ラワン，ケヤキ。構造用材，造作材，仕上材。

(2) 心材と辺材

針葉樹の多くはその横断面の外周部の色が薄く，内部の色は濃い。前者を辺材または白太（しらた）といい，後者を心材または赤味（あかみ）という。辺材の細胞は養分を含んだ樹液を通して樹木の生活を営み，養分を貯えるので水分が多く含まれ，製材をしてからは腐りやすい。心材は，辺材から変化して細胞は固化し，樹脂・色素・鉱物質などがたまったもので，樹木に強さを与える役目をしている。水分も少なく，強くて腐りにくいので，構造用材としては一般に心材が適している。

なお，年輪の色の濃い部分は秋から冬に成長したもので秋材（しゅうざい）という。年輪の間の色の淡いところは春から夏に木が成長した部分で，春材（しゅんざい）という。

(3) 製材と木目

樹木から図3・1のように製材したとき，木材の各面に現れる年輪の状態によって，図3・2のような名称がついている。心持ち材とは，丸太の断面の中心が，材の中心にくるように製材した木材である。また，心去り材とは，丸太の断面の中心が，材の中に含まれないように製材した木材である。板目は木目（もくめ）が粗く不規則に現れるが，板を造る場合にはむだがない。樹の皮に近いほうの面を木表（きおもて）といい，裏側を木裏（きうら）という。板目に造った板は，乾燥にともない木表が凹面になるように反りやすい。

まさ目（柾目）の木目はまっすぐに平行して整然たる美しさがあり，特に年輪の密なものは糸まさといって賞用される。また，まさ目が四面に現れる角材を四方まさまたは追いまさという。

木口（こぐち）面からは水分が浸入しやすく腐朽の原因となるので，木口はなるべく外部に現さないように使う。

なお，年輪の乱れや節（ふし）などの状態を意匠としてみると，おもしろいものもある。これをもく（杢）といい，魚のうろこに似たもの，ブドウの実のような玉状のもの，ちりめん状，鳥目状のものなどがある。

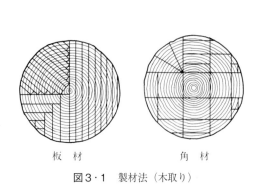

図3・1 製材法（木取り）

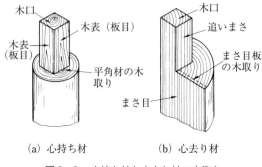

図3・2 心持ち材と心去り材の木取り

3·1 建築用木材 **33**

表3·3 針葉樹材

樹 種	主 産 地	材　色		材　　質	建　築　用　途
		辺 材	心 材		
ス ギ	全国一般，特に秋田・静岡・愛知・三重・和歌山・奈良・京都	黄白色	淡　紅または暗赤色	木理通直，軽軟，樹脂少，加工しやすい，耐久性は中位。	建築一般，建具，磨き丸太など用途は最も広い。
アカマツ	全国一般，特に岩手・宮城・福島・千葉・宮崎	黄　白または白　色	黄　色または褐　色	曲り材が多く，やにがある。硬さは中位，強度は大だが，虫害はある。	小屋梁，床板，敷居，皮付丸太(床柱)，基礎杭
クロマツ	本州南部・九州・四国	白　色	黄　色	アカマツに似ているが，やや劣る。	アカマツに準じる。
ヒノキ	長野・愛知・岐阜・奈良・和歌山・三重・高知	淡黄白色	淡黄褐色	木理通直，材質密である割に軽軟，光沢美しく芳香あり，反り少なく，強度大，耐久性がある。	高級建築材，建具などの広い用途がある。
ヒ バ	青森・長野・愛知	淡黄白色	黄褐色または暗黄色	ヒノキによく似ており，耐久性が大。別名アスナロという。	土台，その他の構造材
ツ ガ	京都・和歌山・宮崎・静岡・岐阜・高知	淡黄褐色	黄褐色	木理通直，材質密でやや硬く，光沢がある。	建築一般
カラマツ	本州中央山岳地帯（浅間・富士・日光など）	白　色	紅褐色	強度大だが，収縮，ねじれが多い。	建築一般
モ ミ	千葉・静岡・和歌山・中国・四国	白または淡黄白色	淡黄白色	木理通直，軽軟，材質は粗く，収縮大。	建築一般，建具
エゾマツ	北海道，その他	白　色	淡褐色	モミに似て軽軟，材質は粗。	集成材として使われる。
ベイマツ	アメリカ・カナダ・太平洋岸	淡黄白色	黄褐色	北米のダグラスファー。アカマツに似るが，長大材が得られる。	一般構造用材
ベイヒ	アメリカ・太平洋岸	淡黄白色	淡黄褐色	ヒノキに似るが，やや劣る。芳香はない。ローソンヒノキともいう。	ヒノキの代用
ベイツガ	アメリカ・カナダ	淡黄白色	淡褐色	北米のウェスタンヘムロック。ツガに似て明色，狂いが少ないが，乾裂しやすく，腐りやすい。	建築一般
タイヒ	台湾	淡黄褐色	淡褐色	ヒノキに似てやや劣るが，長大材が得られる。	ヒノキの代用
ベイスギ	アメリカ・カナダ・太平洋岸	淡紅白色	淡紅褐色	北米のウェスタンレッドシーダー。スギに似て加工しやすく，耐久性が大である。	建築造作，外壁
スプルース	アメリカ・太平洋岸	白　色	淡褐色	エゾマツに似ている。木理通直で表面は美しい。	建具

34　第3章　木材とその接合

(4)　建築用の主要木材

　表3・3に針葉樹材，表3・4に広葉樹材の種
類・材質・用途などを示す。

表3・4　広葉樹材

樹　種	主　産　地	材　色		材　　　質	建　築　用　途
		辺　材	心　材		
ナ　ラ	北海道・青森・秋田・岩手・鳥取	淡褐色	黄褐色または灰褐色	光沢があり，ずい線が美しい。材質は密で堅いが，表面は粗い。収縮が大きいので，よく乾燥して使う。	床板，造作，建具
シオジ	北海道・奥羽地方・長野	黄白色	黄褐色	ナラやケヤキに似る。反りは少なく，加工しやすい。	造作，化粧合板
セ　ン	北海道・長野・栃木・奥羽地方	淡褐色	灰褐色	ケヤキに似る。木目が美しい。	同上
タ　モ	北海道・静岡・愛知	淡黄色	灰褐色	センに似る。木目美しく，加工しやすい。	同上，および階段材料
ケヤキ	山口・和歌山・静岡・秋田・青森・高知	淡褐色	褐　色	堅く，耐久性があり，強度も大で，木目は美しい。	高級造作材（構造材にも使われる）
ブ　ナ	奥羽地方・伊豆半島	白　色	淡褐色	材質密で堅いが，反りがやや大である	床板
シラガシ	熊本・鹿児島	白灰石	灰褐色	ずい線美しく，比重大，硬質である。	栓，くさび，しゃち，敷居の埋かし
アカガシ		黄褐色	赤褐色		
カツラ	北海道・静岡	淡褐色	赤褐色	割合に軟質，加工容易で，反りがない。	装飾材
シ　ナ	北海道	淡褐色	褐　色	材質密で，平滑である。	化粧合板
カエデ	北海道	淡褐色	淡紅褐色	材質密で，光沢があり，木目が美しい。	床柱，床板
アサダ	全国	淡紅灰色	赤褐色	カバ，サクラに似る。強くて割れ難い。仕上げ面が美しい。	床板，化粧合板（通称サクラともいわれる）
ク　リ	全国	淡褐色	灰褐色	加工し難いが，耐久性大，強度も大きい。	土台，造作材
チーク	タイ・ビルマ	淡　紅　褐　色		木理通直，硬軟適度，加工性・耐久性大，外観美しい。	高級内装材，造作，建具
ラワン	フィリピン・マラヤ・ボルネオ	黄　白　色		チークやセンに似るが，ヒラタキクイムシに侵されやすい。	一般内装材，造作，建具
アピトン	フィリピン・ボルネオ	暗　赤　色		ラワンより硬質で大材が多く，我が国のケヤキ，カシに似ている。	一般造作材，床板

(5) 木材の識別

前に掲げた表3・3および3・4を参考とし，色沢・年輪・比重などによって判別することもできるが，これらに加えて次に述べる特徴によって，かなり正確に見分けられる。ただし，よく削った材でないとわかりにくい。

心材と辺材の区別

主に針葉樹を識別する手段。

① 区別が明らかで境界も明確なもの……スギ，アカマツ，クロマツ，カラマツ，サワラ

② 区別はあるが境界が明らかでないもの……ヒノキ，ヒバ

③ 区別が明らかでないもの……モミ，ツガ，エゾマツ，トウヒ

年輪の状態

① 春材と秋材の区別が明らかなもの……スギ，ヒノキ，アカマツ，クロマツ，ベイマツ，ケヤキ，シオジ，キリ

② 明らかでないもの……ブナ，カツラ，カシ，ツゲ，ラワン

樹脂の有無

主に針葉樹について。

① 樹脂のあるもの……アカマツ，クロマツ，ベイマツ

② 樹脂のないもの……スギ，ヒノキ，ヒバ，サワラ

広葉樹の導管の配列

図3・3に示すとおりである。

3・1・3 製材の規格

木造住宅に使われる木材のうち，製材については，製材の日本農林規格（JAS）がある。

(1) 寸法による材種の区分

寸法による材種の区分としては，板類，角類と円柱類がある。

板類は，木口の短辺が75mm未満で，かつ，木口の長辺が木口の短辺の4倍以上のものである。角類は，木口の短辺が75mm以上のもの，および木口の短辺が75mm未満で，かつ，木口の長辺が木口の短辺の4倍未満のものである。円柱類は，木口の形状が円形であって，直径が長さ方向に一定であるものである。

なお，現在でも，旧JASにあったひき割類（正割（しょうわり），平割（ひらわり）など）やひき角類（正角（しょうかく），平角（ひらかく）など），あるいは，市場で使われていた貫（ぬき，大貫など）や小割（こわり，大小割など）といった呼び方が使われることがある。

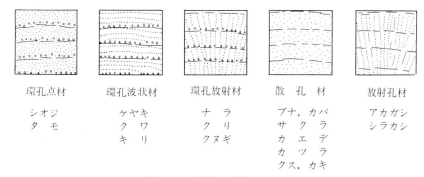

図3・3 広葉樹の導管の配列

(2) 木材の代表的な断面と長さ

市場で流通している，一般的に使われる木材の代表的な断面と長さには，次のようなものがある。

住宅の柱用の正方形断面のものとしては，10.5cm（3寸半）角（管柱），12.0cm（4寸）角（通し柱）が一般的である。平屋では9.0cm（3寸）角が，伝統構法や中規模木造では13.5cm角，15.0cm角，以降3cm刻みのもっと太いものが使われることがある。

住宅の梁（桁，胴差）用の長方形のものとしては，幅が10.5cmまたは12.0cmで，せいはスパンや荷重に応じて，10.5，12.0，13.5，15.0cm，以降3cm刻みのものが使われる。

長さは，柱用，梁用ともに，3m，4m，6mである。

(3) 使用目的による区分

木材の使用目的によっては，次のように区分されている。

構造用製材は，針葉樹で，建築物の構造耐力上主要な部分に使用することを主な目的とするものである。また，造作用製材は，針葉樹で，敷居，かもい，壁その他建築物の造作に使用することを主な目的とするものである。

広葉樹製材は，広葉樹を材料とする製材である。

3・1・4　木材の乾燥と収縮

(1) 含水率

木材の中に含まれている水分の，木材自身に対する重量比を含水率という。生材を大気中に置くと次第にまず自由水が，次いで結合水が発散して乾くが，ついに空気中の湿度と釣り合って，それ以上は水分が減らなくなる。この状態のときの含水率を平衡含水率といい，およそ15％であり，D15と表記する。またこれを気乾状態という。乾燥器の中で加熱すれば0％まで乾く。これを絶乾状態または全乾状態という。

含水率を測定するには，図3・4のような水分計で木材の各部分を調べるか，または直方体の試験片を採取して重量をはかり，これを乾燥して絶乾状態にした重量をはかり，その差から算出する。

(2) 乾燥収縮

生材を乾燥するとき，はじめは自由水すなわち，木材組織の導管（養分や水を運ぶ管）内の水分が蒸発するだけなので収縮は起こらない。やがて含水率が約30％まで下がると結合水すなわち，木材繊維自身に含まれる水分が減りはじめて収縮が起こる。この境い目の状態を繊維飽和点といい，これは収縮や強度について重要な意義をもつ。

① 辺材は心材よりも収縮が大きい。これは前者のほうが含水率が高いためである。

② 重い材は軽い材より収縮が大きい。それで一般に広葉樹のほうが針葉樹より収縮が大きいといわれる。

③ 樹木の横断面についていうと，年輪に沿う方向（円周方向）の収縮が最も大きく，

図3・4　木材水分計（高周波容量式）

これは直角方向（放射方向）の2倍ぐらいである。したがって，まさ目の板は割合に収縮が均一で，板目のものは木表のほうが縮みが大きく図3・5のように収縮しやすい。

④ 木材を乾燥すると，年輪方向，含水の不均一，組織の異常などの理由で反りが生ずることがある。反りには図3・6の種類がある。

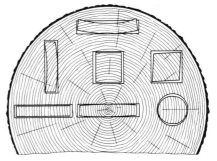

図3・5　収縮の割合

(3) 乾裂

乾裂は干割れ（ひわれ）ともいい，木材の乾燥収縮の不均一によって起こる。心持ち材では乾裂が多く，そのため前もって，図3・7のように背割りを入れる。つまりのこぎりで切れ目を入れる。乾燥にともなって切れ目がV字形に開いてくる。また，表面が急速に乾いて硬化した材の内部が乾きはじめて収縮しようとするとき，表面に拘束されて内割れを生ずることがある。これは外からは見えない。

(4) 乾燥法

木材は，乾燥する前に適度に水分を与えて樹液と交換させるために，貯木池などに入れておく。本来は自然乾燥法で乾かすのが望ましいが，それでは日数がかかり過ぎるので人工乾燥によることが多い。その場合も温度は50～70℃ぐらいとし，急がずに乾かさないと，狂いや割れが出やすい。あまり厚くない材では，高周波乾燥（つまり電子レンジと同じ方法）で乾かすこともできる。

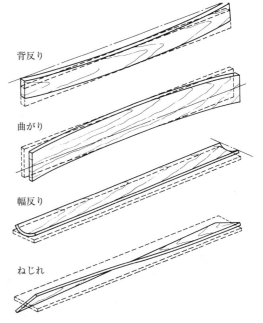

図3・6　そりの種類

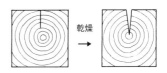

図3・7　背割り

3・1・5 強度と弾性

(1) 木材の強度

木材の強さは，樹種によって異なるが，同じ樹種でも産地，樹齢，含水率などによって，かなりの差がある。

構造計算で用いる許容応力度は，基準強度をもとに表3・5によって求める。

表3・5 木材の繊維方向の許容応力度

（Fは基準強度）

長期に生ずる力に対する許容応力度（N/mm²）			
圧縮	引張り	曲げ	せん断
$1.1Fc/3$	$1.1Ft/3$	$1.1Fb/3$	$1.1Fs/3$
短期に生ずる力に対する許容応力度（N/mm²）			
圧縮	引張り	曲げ	せん断
$2Fc/3$	$2Ft/3$	$2Fb/3$	$2Fs/3$

基準強度は樹種ごとに異なり，個々に強度を確認しない場合には，無等級材として，表3・6のように決められている。

強度を等級区分したものには，目視等級区分構造用製材と，機械等級区分構造用製材とがある。

表3・6 無等級材の基準強度

（平成12建告第1452号に定める数値）

樹　種		基準強度（N/mm²）			
			Fc	Ft	Fb	Fs
針葉樹	アカマツ，クロマツ，ベイマツ	22.2	17.7	28.2	2.4
	カラマツ，ヒバ，ヒノキ，ベイヒ，ベイヒバ	20.7	16.2	26.7	2.1
	ツガ，ベイツガ	19.2	14.7	25.2	2.1
	モミ，エゾマツ，トドマツ，ベニマツ，スギ，ベイスギ，スプルース	17.7	13.5	22.2	1.8
広葉樹	カシ	27.0	24.0	38.4	4.2
	クリ，ナラ，ブナ，ケヤキ	21.0	18.0	29.4	3.0

目視等級区分構造用製材は，節，丸身等の欠点を目視により測定し等級区分したものである。そのうち，甲種構造材は主として高い曲げ性能を必要とする部分に使うもので，乙種構造材は主として圧縮性能を必要とする部分に使用するものであり，それぞれ基準強度の大小により，1級，2級，3級に分かれている。

機械等級区分構造用製材は，機械によりヤング係数（E）を測定し，等級区分したものである。ヤング係数の小さいほうから大きいほうの順にE50，E70，E90，E110，E130，E150の等級がある。

(2) 含水率との関係

乾いた木材ほど強度が大きく，含水率が増すに従って弱くなる。しかし，前記の繊維飽和点（約30％）を超えると，図3・8に示すように強度は一定になる。つまり生材は乾燥材より弱い。

(3) 弾性

木材はコンクリートに比べて2～3倍ほど変形しやすく，鉄より20～30倍も変形しやすい。しかし，適度な弾力性というものが，床材などとしてはむしろ親しみやすい長所でもある。伸

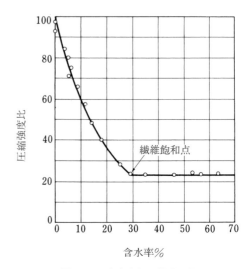

図3・8 含水率と圧縮強さ比

び縮みのしにくさ，ひいてはたわみにくさの指標としてヤング係数がある。針葉樹のヤング係数は，およそ 7 ～ 9kN/mm² 程度である。

3・1・6　耐火性と耐久性

(1)　火災危険温度

　木材はだいたい 160℃以上に熱すると，表面が炭化して褐色になる。さらに熱すると熱分解をはじめ，260 ～ 270℃では口火（くちび）をつけると燃え出すようになる。260℃を火災危険温度といい，防火上重要な臨界点である。

(2)　防火処理

　木材をまったく不燃化することはできないが，いろいろな方法で燃えにくくして燃焼速度を遅くすることはできる。例えば，火熱にあって分解して不燃性のN（窒素）を出すような化合物を木材にしみ込ませるとか，発泡性防火塗料といって，炎にあうとふくれ上がって木材との間に断熱層をつくって燃えにくくするものもある。ただし，いずれも水溶性で有効期間が短いことが問題である。したがって，一般的には，燃えにくい材料（例えば，せっこうボード）で被覆する。なお，大断面の集成材は，第1章で述べたように，燃えしろ設計により，それ自体かなり耐火的にできる。

(3)　木材の腐朽

　木材は日光によって変色したり，雨にさらされると木目が浮き出して灰色になることは避けられないが，それだけでは強度には影響しない。木材が腐るのは腐朽菌によるためで，菌から分泌する酵素が木材物質を溶かすためである。腐朽菌繁殖の条件は適当な温度と湿度および空気（酸素）であって，そのどれかの条件を欠くときは腐朽は起こらない。

(4)　防腐処理

　上記の条件のうち，適度な温湿度というのは人間にとって快適な温湿度と重なるので，これを避けることは困難である。空気を遮断するには，油性や合成樹脂塗料などを塗ればよい。しかし，塗膜が老化してわずかなひび割れがあれば，腐朽菌が侵入する。そこで一般には殺菌塗料を塗布または圧入する。

　防腐剤にはさまざまなものがあるが，人体に悪影響を与えるものがあり，慎重に選択する必要がある。

(5)　防蟻・防虫処理

　ラワンなどの広葉樹材に小さな穴をあけて粉を吹き出す害虫の代表はヒラタキクイムシであり，これは不快であるがあまり大きな被害にはならない。穴の中に殺虫剤を入念に注射すれば，やがて死滅する。

　日本では，シロアリ（ヤマトシロアリ，イエシロアリ）の害が大きく，短期間に木材を空洞化するので恐れられている。ヤマトシロアリは，北海道を含めほぼ日本全土に分布している。また，イエシロアリは，九州・四国と，関東あたりまでの太平洋岸に分布しており，その被害は甚大である。特に暖かい地域に繁殖しやすく，土に近い暗い所や通風の悪い部分が侵されやすい。この対策は巣を見付けて全滅させることである。木材に対する有効な防蟻薬剤もあるが，やはり，人体への害を与えるものがあるので，注意が必要である。

3・2 木質材料

3・2・1 合板

(1) 製法

図3・9のように3枚以上の薄板を，1枚ごとにその繊維方向が直角に交わるように重ねて接着したものが合板である。この薄板を単板（たんぱん，ベニヤともいう）といい，丸太を年輪に沿って巻紙をひろげるように薄くはいだロータリー単板と，普通の板を造るように巨大なかんなで薄く削ったスライスド単板とがある。後者は，美しい木目が得られ，つき板ともいう。

単板の両面または片面に接着剤を塗って，所定枚数を重ねてプレスする。建築用合板の接着剤は耐久性を確保するため，高度の耐水性を必要とするので，熱硬化性合成樹脂を用い，熱を加えてプレスする。

(2) 種類

合板には，表3・7に示すような種類がある。

構造用合板の1級は構造計算して使うもの，2級は面材耐力壁や床に使うものである。接着耐久性の種類は，屋外または常時湿潤状態となる場所に使用するもので，フェノール樹脂接着剤などが使われる。1類は断続的に，2類は時々湿潤状態となる場所に使用するもので，それぞれメラミン樹脂やユリア樹脂などが使われる。

単板の種類は，ラワンまたはベイマツがよく使われたが，最近では国産のスギなどを用いた針葉樹合板が普及している。

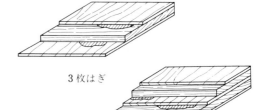

図3・9　合板

表3・7　建築用合板の種類

種類	細分類	接着耐久性区分	主な用途	標準寸法
普通合板		1類,2類	従来からベニヤ板といわれていた合板で，一般的な用途に広く使われる合板。	厚さ=2.3～24mm 幅=910～1220mm 長さ=1820～2430mm
コンクリート型枠用合板	表面加工なし	1類	コンクリート打込み時にその堰板として使用される合板。	厚さ=12・15mm 幅=600・900mm 長さ=1800mm
	表面加工あり		通常のコンクリート型枠用合板の表面に塗装・オーバーレイなどの加工をしたもの。	
構造用合板	1級	特類,1類	木質構造建築物の構造耐力上重要な部位に使用される合板。	厚さ=7.5～30mm以上 幅=910・1220mm 長さ=1820・2430mm
	2級		1級と同様であり，主として壁・床・屋根に多用される。	厚さ=5.5～30mm以上 幅=900・910・1220mm 長さ=1820・1820～3010mm
天然木化粧合板		1類,2類	普通合板の表面に，美観を目的として天然銘木の薄い単板（スライス単板）を貼り，住宅の内装用や家具用に用いられる合板。	
特殊加工化粧合板			普通合板の表面に美観と耐久性を目的として天然銘木以外のものを貼ったり，木目模様などを印刷加工したりした表面加工合板。	

3・2・2 集成材

(1) 製法

集成材は，厚さ1.5～5cmのひき板（ラミナという）を何枚も重ねて接着したものである。合板と異なる点は，板の繊維方向をいずれも平行に貼り合わせることであり，合板のような薄い板ではなく，梁や柱に使えるような大きい断面をもっていることである。接着剤は，合板と同様に高度の耐水性をもつものが要求され，構造材に使われる場合は，フェノール樹脂系のものが用いられる。

(2) 種類

表3・8および図3・10のように，集成材は，構造用集成材と造作用集成材に大別される。

構造用に作られたものは，強度が安定しており，耐久性が高い。造作用はむく材の代替品として使われはじめたが，現在では十分に定着している。

表3・8　集成材の種類と用途

種　類	品　質，用　途
構造用集成材	柱，梁，アーチなどの構造主体に使えるもので，大断面やわん曲材もできる。
化粧ばり構造用集成材	表面に針葉樹の美しいつき板を貼ったものであるが，強度，耐水性は上記と同様で，主として柱，梁などの直線材に使われる。
造作用集成材	階段の手すり，カウンターなどに使われ，積層面が見えて意匠になっている。
化粧ばり造作用集成材	内部造作としてのなげし（長押），かもい（鴨居），敷居などに使われる非構造材。

(3) その特性

① 欠点の除去と分散……節や割れを除いたラミナを集成して，より高品質の木材を造ることができる。

② 品質の調節……低品位材を内部に入れ，高級材を外側に近く配することによって，柱や梁としての性能を向上することができる。

③ 乾燥している……乾燥したひき板を材料とするため，これを集成接着したものの含水率は低く，全断面にわたって一定であり，狂いや割れがきわめて少ない。

④ 自由な断面……小さな木材を集成することによって大断面を造ることができるとと

(a) 構造用集成材

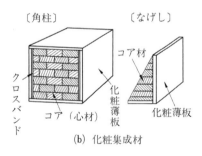

(b) 化粧集成材

図3・10　構造用集成材と化粧集成材

もに，I形のような異形断面や，長さ方向で断面の変わる変断面材をつくることもできる。

⑤ わん曲材……ひき板を曲げて接着することによって，曲り材を造ることができる。これは力学的に，またデザイン的に，普通の木材では得られない特性である（図3・11）。

⑥ 資源の節約……上記の特性は，いずれも木材の有効利用に関連し，小径木や低品位材を合理的に活用することができる。

3・2・3　LVL（単板積層材）

合板と同じように，単板を積層接着した木質材料であるが，繊維方向が平行になるように重ねられており，梁などの構造材として使われるほか，内装材などにも使われる。

3・2・4　CLT（直交集成材）

集成材と同じように，ひき板を積層接着した木質材料であるが，繊維方向が直交するように重ねられており，壁や床などの構造材としても使われる。

3・2・5　建築用ボード

(1) ハードボード（硬質繊維板）

木材等の繊維を主原料とし熱圧して板にしたものである。厚さ3.5～12mmである。

(2) MDF（ミーディアムデンシティファイバーボード）

繊維板のうち，ハードボードとインシュレーションボードの中間の密度をもつものである。

(3) インシュレーションボード（軟質繊維板）

(1)と同様の製法でプレスを更に緩くしたもので，天井吸音板として使われる。シージングボードは，アスファルトを含浸させた外壁下地用の軟質繊維板である。厚さ9～18mmである。

(4) パーティクルボード

細木片を主原料とし，接着剤を入れて熱圧成形したもので，床・壁・屋根下地などに使われる。厚さ10～30mmである。

(5) OSB

Oriented Strand Board（配向性ストランドボード）の略で，かんなくず位の大きさの木片を，方向性をもたせて貼り重ね板状にしたものである。JISではパーティクルボードの一種として扱われている。厚さ9.5～28.5mmである。

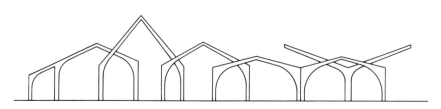

図3・11　集成材の造形の例

(6) 木毛セメント板

木毛（幅3.5mm, 厚さ0.3〜0.5mmの木片）とセメントを圧縮成形したもので, 普通（断熱用）と難燃木毛セメント板（難燃2級合格）とがあり, 後者のほうが強度も大きい。厚さが大きいほど比重と単位曲げ強さが減じる。厚さ約15〜50mmである。

(7) 硬質木片セメント板

薬品処理した木片（幅20mm以下, 厚さ2mm以下, 長さ60mm以下）とセメントを圧縮成形して造る。厚さ12〜25mmである。

(8) せっこうボード

プラスターボード, ジプサムボードともいう。せっこうを母体とし, その両面を専用の紙（マニラボール紙等）で被覆したもので, 接着剤は使っていないが, せっこうと紙はよく付着している。防火下地として, 内壁・天井などに多用される。厚さ9, 12, 15mm などがある。

内壁の塗壁下地として, 表面に型押しのあるものは, せっこうラスボードといわれる。

3・3 接合法と金物

3・3・1 伝統的な継手仕口

(1) ほぞ

木材を接合するために, 端部を加工したものをほぞ（柄）という。ほぞは図3・12のように削り出してあり, これを相手材のほぞ穴に入れて, はめ合わせる。これだけでは横にずれないだけであるから, 抜けないように, くさび（楔）や栓（せん）を打ち込むか, かすがい（鎹）で補強する。

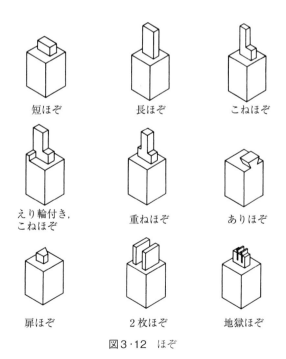

図3・12　ほぞ

(2) 継手

木材を長さ方向に継ぐことを継手(つぎて)という。これには図3・13のような方法がある。この図の(a)は最も簡単であるが,あまり行われず,(b),(c)は土台の継手に行われる。(d)～(f)は梁の継手であるが,主に引張りに抵抗する構法で,曲げには強くないから,柱の近くでこの継手を使うことが多い。この中で(e)は,中央に栓を打ち込んで締める。(g)～(j)は主に造作材の継手であるが,接着剤を併用することもある。

(3) 仕口

木材のL形またはT形の接合を仕口(しぐち,しくちともいう)という。仕口は土台と柱,柱と梁(はり)といった立面ばかりでなく,土台の隅角や梁と桁(けた)のように平面にも存在し,継手よりも使用個所が多い。大きな力を受ける重要な仕口は,各種の金物で補強する。

よく行われる仕口には,図3・14のものがある。この図の(a),(b)は土台の仕口であり,(c),(d)は柱と桁のような横架材の接合,(e)は貫を柱に差し込んだ場合で,(f)は桁や梁が重なって架構する場合である。以上はいずれも金物を用いないが,(g),(h)の場合は補強金物を併用して緊結する。

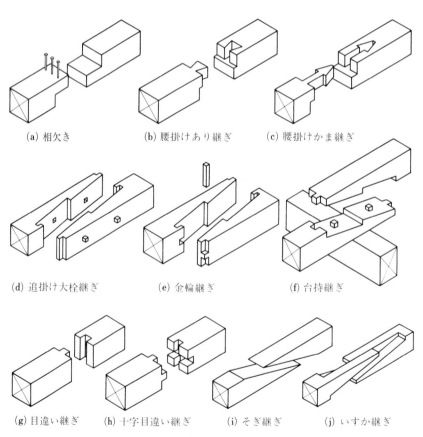

(a) 相欠き　　(b) 腰掛けあり継ぎ　　(c) 腰掛けかま継ぎ

(d) 追掛け大栓継ぎ　　(e) 金輪継ぎ　　(f) 台持継ぎ

(g) 目違い継ぎ　　(h) 十字目違い継ぎ　　(i) そぎ継ぎ　　(j) いすか継ぎ

図3・13　継手

(4) プレカット

継手仕口は，日本の大工の伝統的な技術であり，本来は手で刻むものである。しかし，近年これを機械加工することが普及しており，「プレカット」と呼ばれている。

プレカットとは，あらかじめ刻むという意味であり，手刻みもプレカットであるので，必ずしも適切な言葉ではない。しかし，プレカットは「継手仕口の機械加工」を意味する和製英語として定着している。

プレカットは，継手仕口におけるあり，かま，ほぞなど多様な形状・寸法に対して行われている。また，伏図などの図面が与えられると，それに応じて自動的に木材を加工するCAD－CAMの技術も普及している。

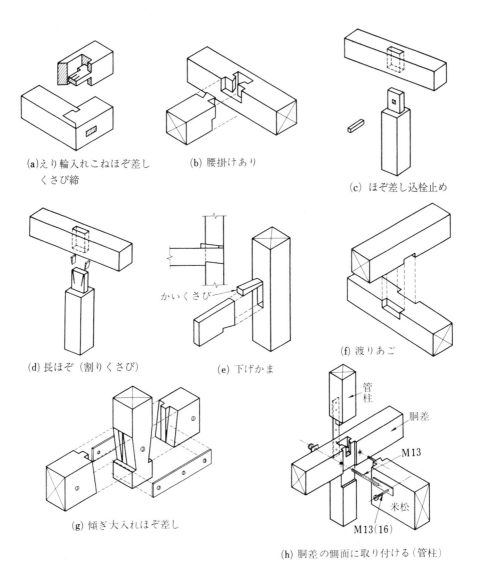

(a) えり輪入れこねほぞ差しくさび締
(b) 腰掛けあり
(c) ほぞ差し込栓止め
(d) 長ほぞ（割りくさび）
(e) 下げかま
(f) 渡りあご
(g) 傾ぎ大入れほぞ差し
(h) 胴差の側面に取り付ける（管柱）

図3・14 仕口

3・3・2　くぎ接合

(1) くぎの種類

構造用くぎは，JISの鉄丸くぎ（N），または太め鉄丸くぎ（CN）を使う。くぎサイズの呼び名は，例えば，Nのあとに50とか75という長さ（mm）をつける。各種のくぎの径は表3・9のとおりである。

このほかに溶融亜鉛めっき太め鉄丸くぎZNや，せっこうボード用くぎGN，シージングボード用くぎSNがある。

仕上げ材留付け用くぎには，N19，N22，N25，N32などの短い鉄丸くぎのほかに，ステンレスくぎ・銅くぎ・黄銅くぎが使われる。

くぎの形は図3・15のように各種があり，また，図3・16の木ねじやコーチスクリューも仕上げ材の強固な取付けに使われる。

(2) くぎの使い方

図3・17に示すように，くぎの使い方には，せん断力に抵抗するものと引抜力に抵抗するものとがある。主要な構造部材の接合は前者によるが，垂木の軒先吹上げ風圧に対する留付けや，天井材料の留付けは，引抜きに頼る場合もある。くぎ接合には次のことに注意する。

① 使用くぎの長さは，取り付ける材厚の1.5倍以上を母材に打ち込めるものとする。

② くぎの径は，取り付ける板厚の1／6以下でないと板が割れるおそれがある。

③ くぎを密に打ち過ぎると板を割るおそれがある。繊維方向の力を受ける場合，その方向には，くぎ径の12倍（端部では15倍）以上の間隔をあけ，直角方向にはくぎ径の5倍以上あけて打つようにする。

表3・9　構造用くぎの種類（JIS 5508）

鉄丸くぎ		太め鉄丸くぎ	
呼び	胴部径 d (mm)	呼び	胴部径 d (mm)
N 38	2.15	CN45	2.51
N 45	2.45	CN50	2.87
N 50	2.75	CN55	2.87
N 65	3.05	CN65	3.33
N 75	3.40	CN70	3.33
N 90	3.75	CN75	3.76
N100	4.20	CN85	3.76
		CN90	4.11
		CN100	4.88

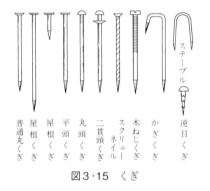

図3・15　くぎ

図3・16　木ねじ等

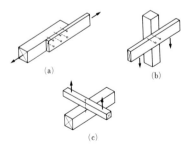

図3・17　くぎ接合の方法

④ 材端にくぎを斜めに打って，他材に留める場合は，十分に端あきをとり，その材と30°ぐらいの傾斜で打つようにする。

(3) かすがい

かすがい（鎹）は，本来は仮設用の接合具であるが，補助金具として有効に使えば，かなりの補強効果もある。粗悪品は，つめの長さが不足していたり，角で折れやすいので，図3·18に示すような規格品を使うのがよい。目かすがいは，板の側面に打ち，これと直交する根太などに緊結する金物である。

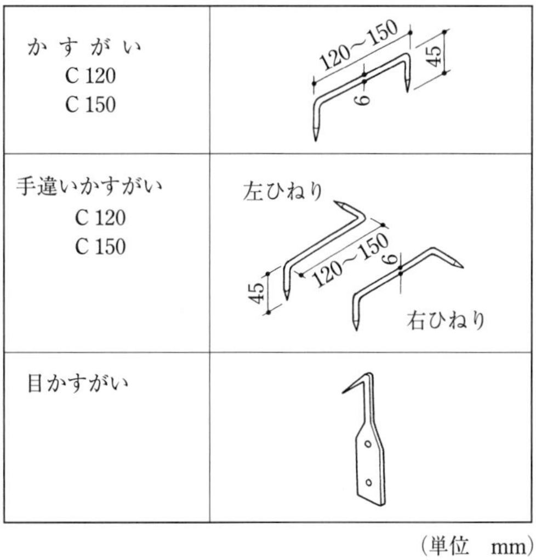

3·3·3　ボルト接合

(1) ボルトの種類

骨組の接合部に使われる普通のボルトのほかに，土台を基礎に据えるアンカーボルトや，我が国独特のボルトである羽子板（はごいた）ボルトなどがある。

ボルトの材質は軟鋼で生地は黒皮（Fe_3O_4）であるが，これだけではさびやすいので，亜鉛めっきやユニクロムめっきをを施したものが使われる。

一般木造では径12mmのM12がよく使われるが，必要に応じてもっと太いものも使われ，また細いもので十分な場合もある。

(2) 座金の選定

ボルトと木材とのせん断抵抗に頼る接合が主であるが，引張りを受ける使い方もあり，いずれの場合もボルトの強度よりも，その端部が木材へめり込むことが問題である。したがって，ボルトやナットと木材との間に入れる座金（ワッシャー）の厚さと大きさを，表3·10のように十分にとる必要がある。

（単位　mm）

図3·18　かすがい

表3·10　ボルト径と座金の大きさ（mm）

座金の大きさ	ボルト径	8	10	12	16	20	24
引張を受けるボルト	厚さ	4.5	4.5	6	9	9	13
	角座金の一辺	40	50	60	80	105	125
	丸座金の直径	45	60	70	90	120	140
せん断を受けるボルト	厚さ	3.2	3.2	3.2	4.5	6	6
	角座金の一辺	25	30	35	50	60	70
	丸座金の直径	30	35	40	60	70	80

(3) ボルトの使い方

ボルトは耐力がくぎより大きいが，ボルト穴との隙間があるので，そのずれによって変形しやすい。これを防ぐためには次のようにする。

① 材の一方を少し欠き込んでこれにはめ込み，ボルト接合と協力させる。

② たくさんのボルトを使えば，それぞれの穴の隙間はせり合って，ずれは減少する。

③ 図3·19に示すように，木材の間に挟み込む金具をジベルまたはシアーコネクターというが，これを入れてボルトで締め付けるとずれないばかりでなく，そのせん断耐

力も増加する。なお，ボルト接合は2材よりも3材を貫く接合が，力の偏心が起こりにくい。なお，近年はあまり使われなくなっている。

(4) ボルトの間隔

図3・20のように繊維方向に力を受けるときは，その方向にはボルト径の7倍をあけ，これに直角方向には1.5倍以上あける。また，力が繊維と直角方向に加わるときは，その方向にはボルト径の4倍をとる。

3・3・4 接合金物

(1) その必要性

昔の木造は骨太で，巧みな大工技能によって金物を使わなくても丈夫な接合が行われたが，今日では構造部材が細くなり，また大工の技能も昔ほどでなくなったので，現在では主要な接合部は接合金物で補強するのが一般的である。

(2) 材質と種類

接合金物は，厚さ1.6 mmから3.2 mmの軟鋼材で造られ，さびないように亜鉛めっきまたはユニクロムめっきが施されている。また，これらを木材に取り付けるボルトやくぎも亜鉛めっきされたものを使う。

主な接合金物としては，Zマーク表示金物が広く使われている。Zマーク表示金物とは，(公財)日本住宅・木材技術センターが決めている接合用金物の規格のうち，軸組構法用のものである。その種類および使われる場所は，表3・11のとおりである。使われる場所は大別して，軸組の主要接合部，小屋梁と軸組の接合，垂木の取付け，などである。

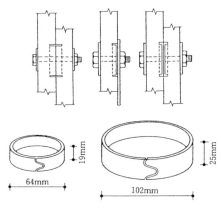

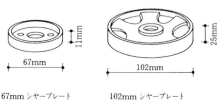

64mmスプリットリング　　102mmスプリットリング

67mmシヤープレート　　102mmシヤープレート

図3・19　ジベル（単位mm）

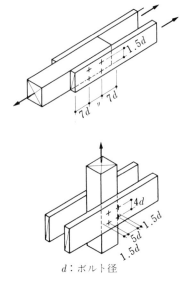

d：ボルト径

図3・20　ボルト間隔

3・3 接合法と金物 49

表3・11 軸組構法用接合金物（Zマーク表示金物）の例

種類・記号	用途・使い方	種類・記号	用途・使い方
短ざく金物 S	胴差相互または上下階の柱相互の接合 通し柱　横架材 短ざく金物 S	かど金物 CP・T	引張りを受ける柱の上下の接合 桁 柱 かど金物 CP・T
ひら金物 SM-12 SM-40	上下階の柱相互の接合 柱 ひら金物 SM-40 胴差 柱	羽子ボルト SB-F SB-E	小屋梁と軒桁，梁と柱，軒桁と柱， 胴差と通し柱または床梁の連結 桁 羽子板ボルト SB・FまたはSB・F2 柱
かね折り金物 SA	通し柱と胴差の取合い 通し柱　胴差 かたぎ大入れ 短ほぞ差し かね折り金物 SA	筋かいプレート BP	断面寸法30×90mmの筋かいを柱と 横架材に同時に接合 柱間隔 900～2000mm 柱 筋かいプレート BP 筋かい 横架材
折曲げ金物 SF （右ひねりおよび 左ひねり）	垂木と軒桁，または，母屋との接合 垂木 折曲げ金物 SF 軒桁	ホールダウン金物 （引き寄せ金物） HD-B10 HD-B15 HD-B20 HD-B25	土台または基礎との柱の接合および 上下階の柱相互の接合 ホールダウン金物 S-HD10 角座金 座金付きボルト M16W 土台 基礎 アンカーボルト M12

第4章 軸 組

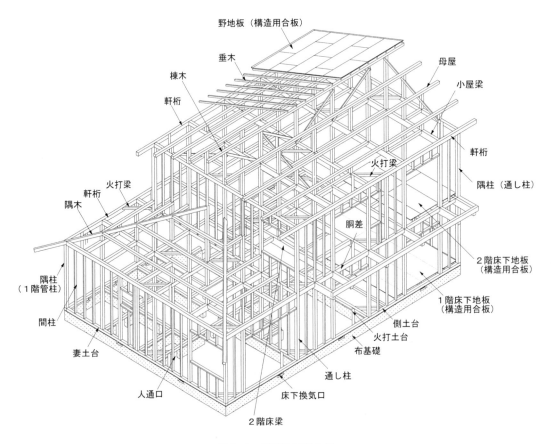

図4・1　建物の軸組の例

4・1 軸組の構成

壁体の骨組のことを軸組という。土台・柱・通し柱・胴差・桁・筋かいなどの部材で組み固め，これに，床組材と小屋組材とを組み入れて接合し，軸組を構成する（図4・1）。

軸組には，畳敷きの和室に用いられる真壁と，フローリング張りの洋室や廊下に用いられる大壁があり，室の使用目的や防寒・防湿・防音などの環境条件を考慮して決める。

また，軸組には建物の外周軸組と内部の間仕切軸組があり，建物の構造計画に従って軸組材を配置し，接合金物を用いて緊結する。

小屋組を支持する軒桁（軒げた）の配置は，長方形平面の建物では，ふつう，長手方向（平側）の二辺にする。切妻屋根の場合は，軒桁・母屋（もや）・棟木を外壁より突出させて小屋組材を配置し，屋根を構成する場合もある。

主要な軸組材の架構例を，図4・2に示す。

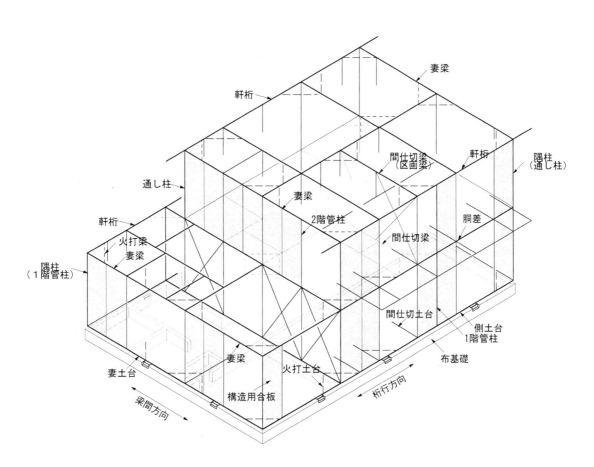

図4・2 主要な軸組材の架構

4・2 土台・火打土台

　土台は，基礎の上に据える軸組最下部の水平材で，柱の下端を接合し，柱の不同沈下を防ぎ上部からの荷重を基礎に伝えるものである。

　土台・火打土台を図4・3に示す。据付け位置によって，外周の土台を側土台（がわどだい），間仕切の土台を間仕切土台という。また，妻側の側土台を妻土台ともいう。

　風や地震などの水平力による浮上りや移動を防ぐために，土台の仕口や継手位置および端部近くにアンカーボルトを配し，基礎に埋設して緊結する。

　土台・火打土台の接合部は，次のようなものとする。

① 土台の継手仕口は建物の規模・材料の大きさおよび仕上げの程度によって決める。ふつう，図4・4に示すものが多く用いられる。

1. 追掛大栓継ぎは，接合強度がよく，仕事の程度の最良のものに用いられる。
2. 一般的には，腰掛あり継ぎが多用され，程度の良いものに腰掛かま継ぎが用いられる。
3. えり輪入れこねほぞ差しくさび締めの仕口は，土台を化粧に用いる和風の接合方法である。

② 図4・3の土台について，土台の各種仕口を示すと，図4・5のようになる。

　図4・5におけるD部仕口のうち図(e)は，柱にアルミサッシを取り付けて大壁仕上げとする一般的な場合で，図(f)は，木製建具の戸当りとなるように柱脚部分を延ばした例である。

　また，図(g)は，2方向の土台を図(f)のように柱脚部分を延ばして戸当りとした例である。

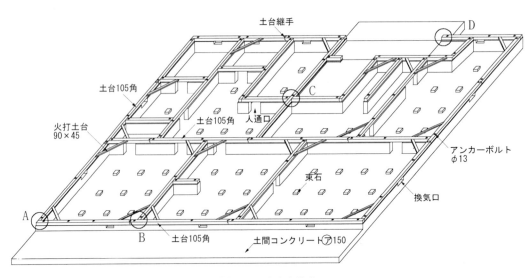

図4・3　土台と基礎

4・2 土台・火打土台 53

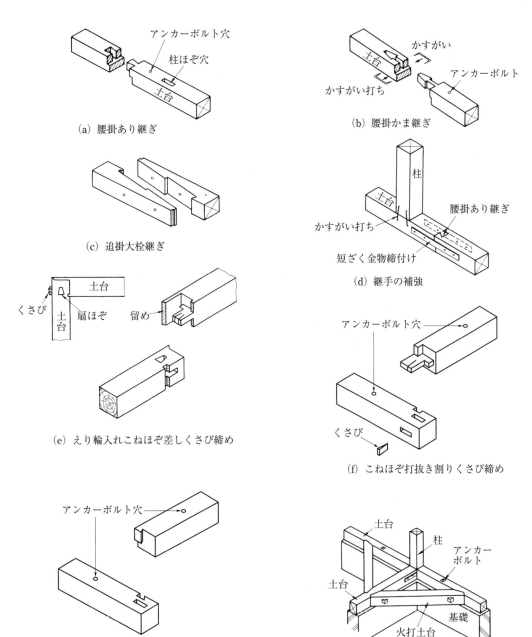

図4・4 土台・火打土台の継手仕口

54　第4章　軸　組

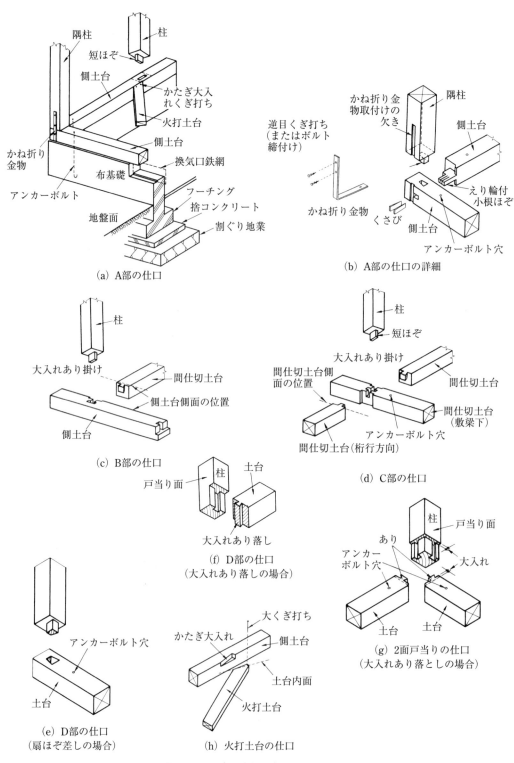

図4・5　土台・火打土台の配置と仕口例

4・3 柱

　柱は床，屋根などの上部荷重を土台に伝える垂直材で，2階建では1階から2階まで1本で通す通し柱と，各階ごとに配置する管柱（くだばしら）とがある。

　通し柱は，軸組を堅固に組み固めるために，構造・規模に応じて，2階の4隅またはそれに近い位置に配置する。

　柱の間隔は，ふつう，住宅では0.9～1.8m，柱の太さは，それほど大規模でない限り，10.5～12cm角，通し柱は12～13.5cm角くらいのものが多い。長さは，規格品で3m，6mのものを用いる。

　用材としては，ふつう，ヒノキ・スギ・ツガなどの針葉樹で，心持ち材を用いることが多い。

　心持ち材を見え掛りに用いる場合は，干割れ

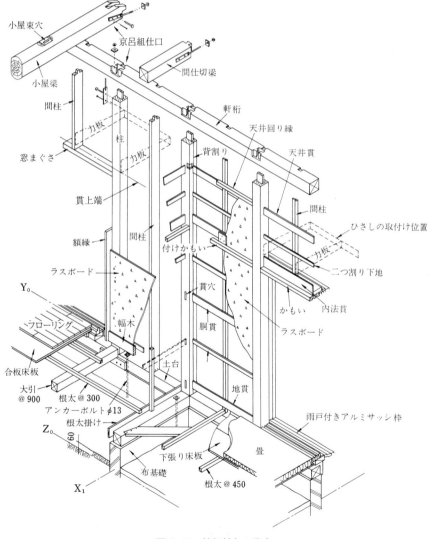

図4・6　軸組材との取合い

を防ぐため，あらかじめ見えない面に背割りを行うのがよい（図4・6）。

真壁では，木目の美しい材を用いるのがよく，角部は面取りをして体裁をよくする。

柱の上下端は，ほぞをつくり，軒桁・胴差・土台に差し込み，かすがい，羽子板ボルト・短ざく金物などで緊結する（図4・7）。

隅柱は，図4・8のように，柱の浮上りが生ずることのないように，ホールダウン金物などで緊結する。

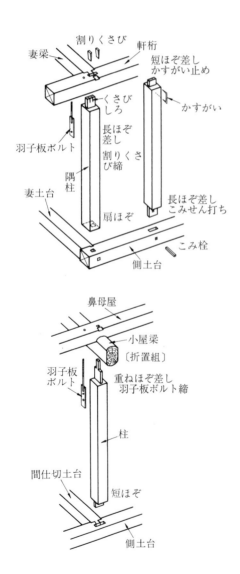

図4・7 柱のほぞ差しと緊結金物

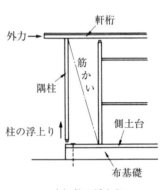

(a) 柱の浮上り

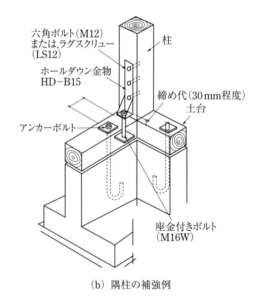

(b) 隅柱の補強例

図4・8 柱の浮上りと補強

4・4 桁・胴差

4・4・1 桁

軸組で柱の上部を連結している桁行方向の水平材を桁（けた）といい，小屋梁を受けて屋根荷重を柱に伝える。外周軸組のうち平側にあるものを軒桁，両妻にあるものを妻梁といい，寄棟などでは軒桁の役目を兼ねる。

軒桁の中間で間仕切壁上のものを間仕切梁という（図4・9）。

軒桁と柱の仕口を図4・10のA部，B部で示した。

軒桁には，ヒノキ・スギ・ツガ・ベイマツが多く用いられ，材の大きさは柱と同寸の正角を標準材とし，開口部を広くして柱間隔が1.8m（または2m）を超えたり，梁を柱の中間で受ける場合は構造計算で，せい（成，高さ）寸法の割増しをする。

継手は，図4・11（a）のように持出しかま継ぎ（持出かま継ぎ）とし，柱との接合部を金物で補強する。

仕事の程度の良いものでは，追掛大栓継ぎとする。

図4・11（b）は，軒桁を添桁で補強した例で，図4・11（c）は，添桁と柱の接合に添束を用いた例である。

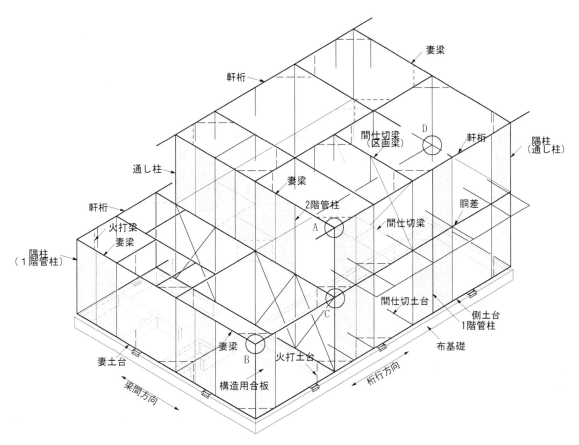

図4・9　主要な軸組材の架構例

58　第4章　軸　組

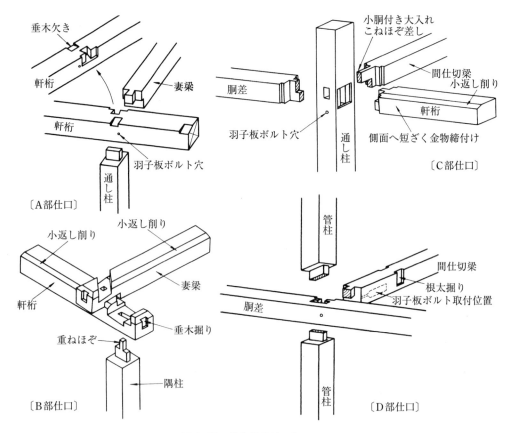

図4・10　柱と横架材の仕口

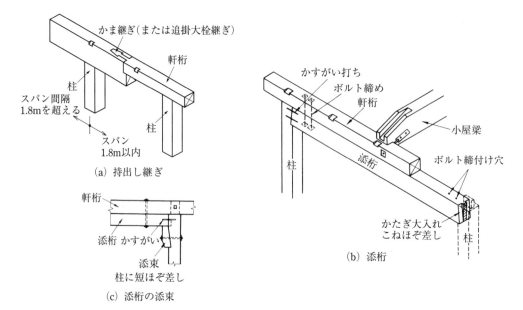

図4・11　継手と補強

4・4・2 胴差

2階建の軸組では，軒桁と土台の中間で柱の連結と1，2階の壁および2階床組材を接合する目的で胴差を架け渡す。

胴差には，ふつう，マツが適し，ヒノキ，スギなども用いられ，材の大きさは柱と同寸の正角を標準材とし，せいを増す場合は，軒桁と同じようにして決める。

住宅の場合の柱と胴差との仕口は，図4・10のC部，D部の仕口のように行い，緊結金物で補強する。

大規模な建築物は，梁間が大きく柱間隔が定まっているので，図4・12のように，通し柱に胴差を接合し，次に管柱を胴差に接合して軸組を構成する。

A部の妻梁の上・下には柱が立つので，妻梁のせいは小さいが，上端位置は根太を受け持つので，他の梁と同一高さにする。

B部，C部は，合せ梁と単一床梁の取り付け方を例示したもので同一建物での用い方を示したものではない。

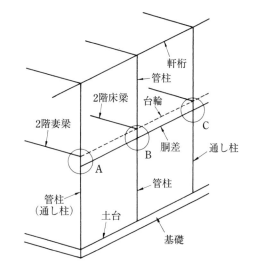

(a) 柱と胴差

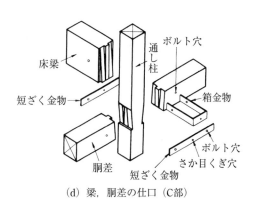

(d) 梁，胴差の仕口（C部）

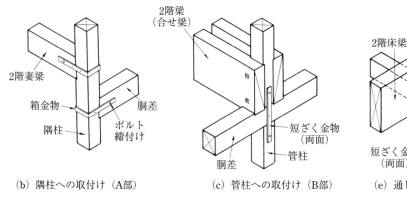

(b) 隅柱への取付け（A部）　　(c) 管柱への取付け（B部）

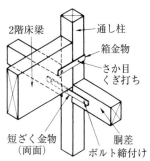

(e) 通し柱への取付け（C部）

図4・12　胴差とその仕口

4・5 筋かい

　筋かいは，地震や強風による水平力を受けたときの軸組の変形を防ぐため，図4・13のように，土台・柱・軒桁などの軸組材に囲まれた枠の中へ，対角線方向に入れる斜材で，両端の仕口はできるだけ垂直材・水平材の交点と一致するようにし，複雑でない形状とする（図4・14(a)）。

　筋かいには，入れ方によって図4・14(b)のように，片筋かいと両筋かい（たすき掛けという）がある。

　筋かい端部の仕口は，筋かいの断面寸法によって異なり，図4・15，16，17のように必ず金物で補強し，堅固に取り付ける。柱脚部に引張力が働く場合，ホールダウン金物で柱を基礎に緊結する。その際，筋かいプレート等との納まりに留意する（図4・18）。図4・19(b)のような筋かいのたすき掛け（襷掛け）の場合を除いて，筋かいを部分的に欠き取ることのないようにする（図4・19，20）。

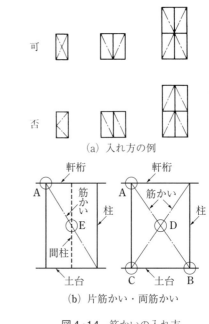

図4・14　筋かいの入れ方

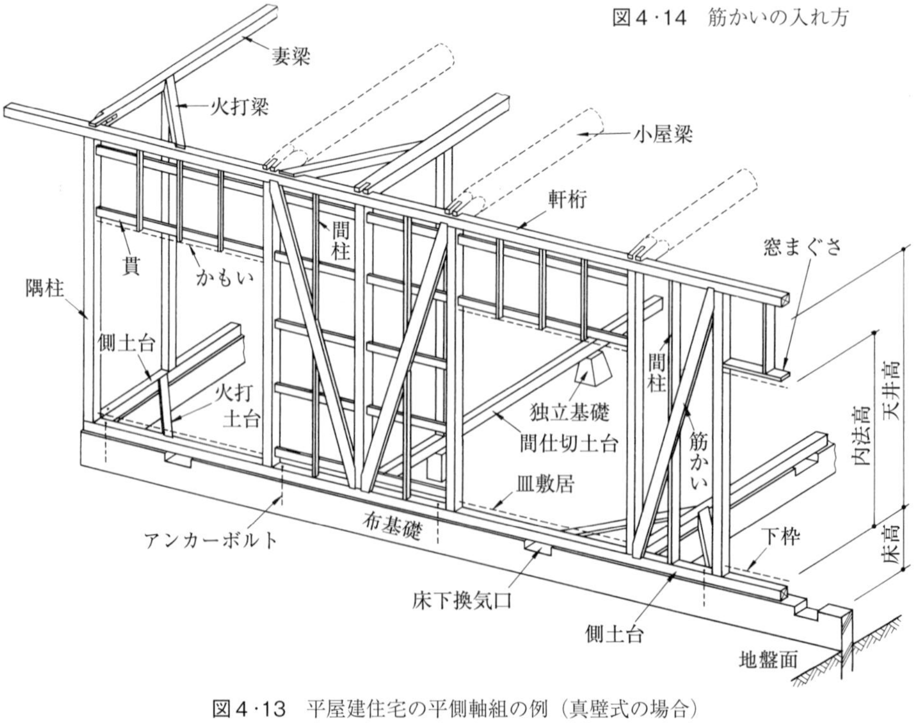

図4・13　平屋建住宅の平側軸組の例（真壁式の場合）

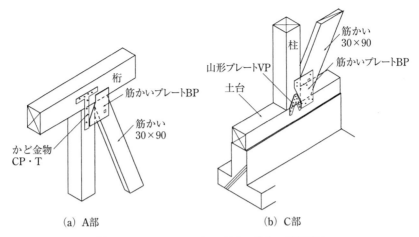

図4・15　3.0×9.0cm以上の筋かい端部仕口

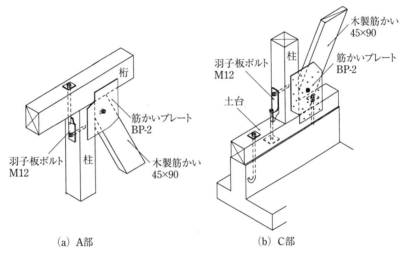

図4・16　4.5×9.0cm以上の筋かい端部仕口（柱の左側が壁の場合）

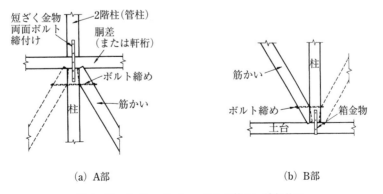

図4・17　9.0×9.0cm以上の筋かい端部仕口

62　第4章　軸　組

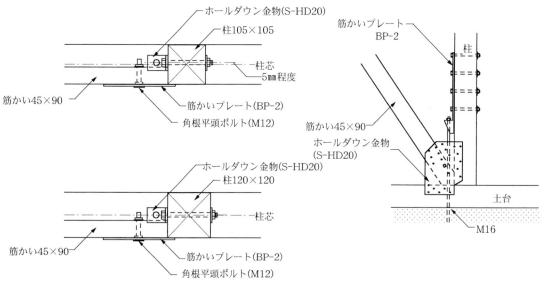

図4・18　筋かいプレートとホールダウン金物の納め方（土台に取付く場合）

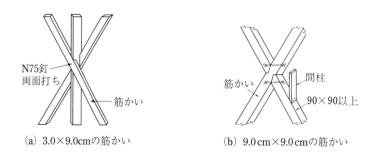

(a) 3.0×9.0cmの筋かい　　　(b) 9.0cm×9.0cmの筋かい

図4・19　たすき掛け筋かい交差部（D部）の納まり

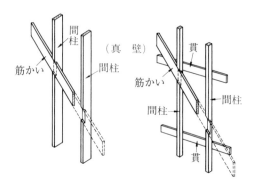

図4・20　筋かいと間柱（E部）等との納まり

4・6 貫・間柱

4・6・1 貫

真壁式の壁の骨組として柱と柱の間に水平に取り付けたものを貫（ぬき）といい，柱間隔が1.8mを超える場合は，補強のため，図4・21のような塗込貫を組んで力骨（りっこつ）とする。

貫には，使用位置によって図4・22（a）のように地貫・胴貫・内法貫（うちのりぬき）・天井貫があり，壁・天井の造作材・仕上材との関係でその位置を決める。柱への取付けは，図4・22（b）のような方法がある。

柱間0.9mの貫と，塗込貫の取付け例を図4・23に掲げる。

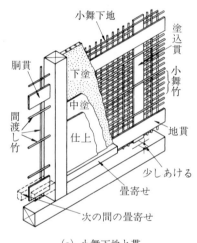

(a) 小舞下地と貫

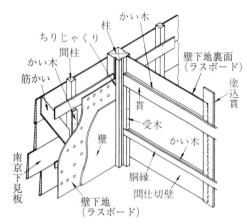

(b) ラスボード下地と貫

図4・21 真壁式の貫と間柱

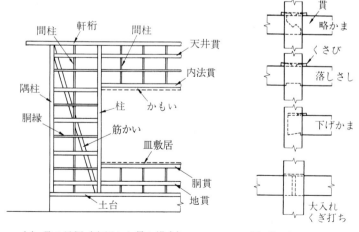

(a) 貫の種類（内側から見た場合）　　(b) 貫の柱への取付け

図4・22 貫の種類と柱への取付け

64　第4章　軸　組

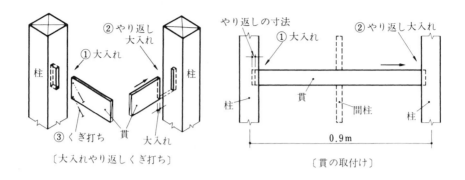

〔大入れやり返しくぎ打ち〕　　〔貫の取付け〕

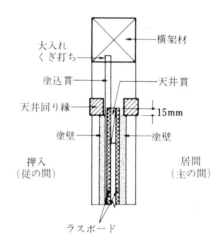

図4・23　貫，塗込貫の取付け

4・6・2　間柱

　大壁式の壁の骨組として，図4・24のように柱と柱の間に，約45cm間隔に立てた垂直材を間柱といい，土台・桁・胴差の横架材や，かもい（鴨居）・窓まぐさなどの水平材に取り付ける（図4・25）。大きさは，柱の二つ割り材・三つ割り材を用いる。

　真壁式の軸組で他方が大壁式の壁面には，図4・21（b）のように，貫の外面から柱面までの間に間柱を入れて骨組とする。

　図4・26は，壁下地材と貫，造作材と貫・間柱の関連を明示したものである。

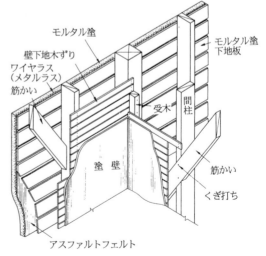

図4・24　大壁式の間柱

4・6 貫・間柱 65

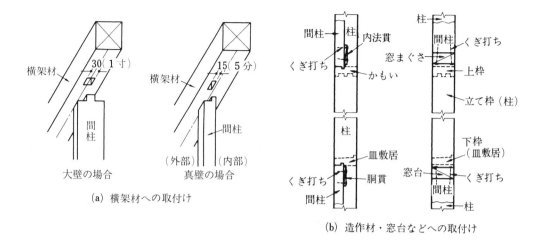

図4・25 間柱の取付け

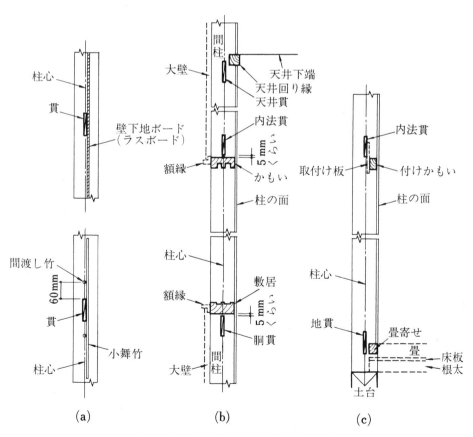

図4・26 造作材と貫の位置・間柱の大きさ

4・7 窓台・窓まぐさ・方立

大壁式の窓・出入口などの開口部には，開口部枠を取り付けるための骨組が必要である。

窓台・窓まぐさ（窓楣）は水平の骨組として，柱に大入れかすがい打ちで補強し，間柱端部をくぎ打ちして固定する（図4・27（a））。

柱から離れた位置に立枠（竪枠）を設ける場合は，方立を図のように，窓台・窓まぐさの間に垂直に取り付けて骨組とする。

木造住宅の窓台の柱・間柱の取付け例は，図4・28のようにする。

真壁式の開口部は，立枠となる柱に敷居・かもいを取り付け，壁の骨組材の貫・塗込貫または間柱と接合する。

また，開口部幅を柱間隔より狭くする場合は，敷居・かもいと同材を方立とし化粧に用いる。

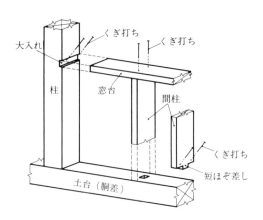

図4・28 大壁式の間柱

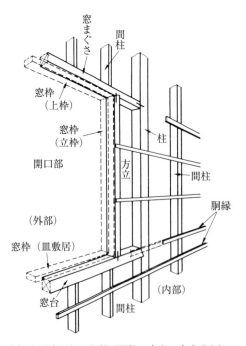

(a) 大壁窓回りの部材（間柱・方立・窓まぐさ）

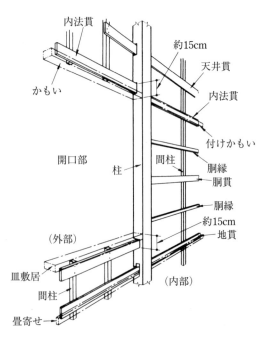

(b) 真壁窓回りの部材（間柱）

図4・27 窓回りの部材

4·8 軸組の設計例

4·8·1 土台・大引・火打土台

土台・大引・火打土台の設計は，第2章の基礎の設計要綱と，図4·3の土台と基礎の設計を参照して行う。

① 土台の大きさは，柱と同寸，長さは4mの定尺物を用いる。

② 継手を腰掛ありとする場合には，継手位置は，柱心より255mm内外を雄木先端として，アンカーボルトと柱で雄木をおさえる。また，根太との干渉を避ける。

③ 土台は，外周部から内部の順に配置するが，原則として，長手方向（桁行方向）を先に，短手方向（梁間方向）を後にする。

④ 玄関・台所などの外部からの入口を除く建物の外周，他の布基礎上，間仕切下，床仕上材の変わる部分に，土台を配置する。

⑤ また，布基礎の上でなくとも，階段室回り，押入や床の間の前面，便所の入口には，土台を配置する。

⑥ 火打土台は，外周土台の入り隅，主要な間仕切土台を配置した隅角部に対称に配置する。

⑦ 大引は，910mmピッチで配置する。

⑧ 大引方向は，フローリングが部屋の長手方向に張られるようにするなど，原則とし

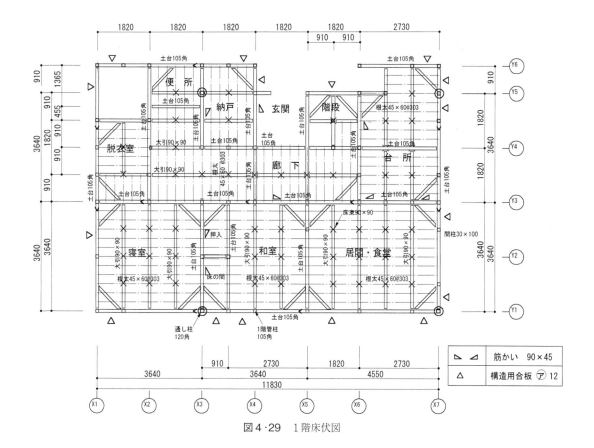

図4·29　1階床伏図

て床仕上材の方向を考えて配置する。また，バリアフリーを考慮する場合は，床仕上材の方向をそろえるために，大引を一方向にそろえる。

⑨ 大引は，定尺（4m）を超えないように，2間以内の長さを原則として継手を設けない。2間以上となる場合には，大引を継ぐ代わりに2間以内に土台（床束）を配置して，大引端部を土台に掛ける。

⑩ 1階床伏図を，図4・29に示す。

4・8・2　柱・軸組

柱の下部に土台を，上部に横架材を連結し，これに筋かいや壁下地材などを組み立てた軸組を，1階，2階の間取り図に従って堅固に組み固める。柱・軸組は次のように設計する。

(1) 柱の配置

① 柱の位置は，室の隅，開口部の両端（1m未満のものは除く），間仕切壁の長さ1820mm以内に設ける。

② 通し柱の位置を決める。四隅への配置を原則とする。

③ 柱は，1階と2階が同じ位置になるように配置する。不規則な平面の住宅では，開口部位置の取り方を検討する。

(2) 大きさ寸法

① 柱の大きさ（柱の小径）は，建築基準法等を照合して決める。

② 2階建の1階の柱の長さは，図4・30のような場合，床高（Z_1）と土台，天井高さ，2階床高（Z_2）と胴差との架構寸法から，2837mmとなる。

③ 2階床高は，図4・31のような場合，

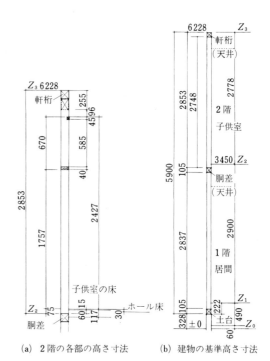

(a) 2階の各部の高さ寸法　(b) 建物の基準高さ寸法

図4・30　高さ基準寸法

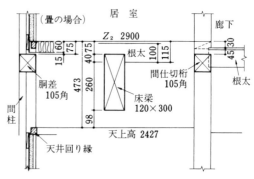

図4・31　階高・2階の床回りの構造

1階天井と床梁のせい寸法（高さ）300mm とその下の作業寸法98mmを確認して決める。

$$2427 + 98 + 300 + 75 = 2900\text{mm}$$

④ 柱の小径は105mm角，通し柱の小径は120mm角を原則とする。

(3) 軸組の架構

① 1階の間取り図線に柱を描き入れる。

② 2階の間取り図線と柱を併記する。原則として2階の四隅を通し柱とする（図4・32）。

③ 外壁や主要な間仕切に対応した間取り図線に従って，区画梁（間仕切梁，胴差，軒桁，妻梁）を配置する。各区画梁の四隅に，火打梁を配置する。バルコニー部分で1階にバルコニー柱がない片持梁式（キャンティレバー）の場合には，最終的に持ち出し梁とする。

④ 1階平家部分は屋根の形を考慮して軒桁，妻梁の接合をする。

⑤ 南側開口部等の広い部分の胴差は，せいの大きい材を用いる。

⑥ 主要な横架材の交差する隅の角部に火打梁（9cm角）を入れる。

⑦ 2階床伏図（区画梁等）は，図4・33のようになる。

⑧ 軸組図は，区画梁で支持できない2階の柱等を受けるつなぎ梁や，床梁を配置してから作成する。

⑨ 軸組図の例を示すと，図4・34のようになる。

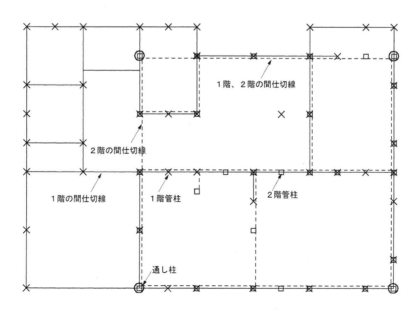

図4・32　1階と2階の間仕切線と柱

70 第4章 軸組

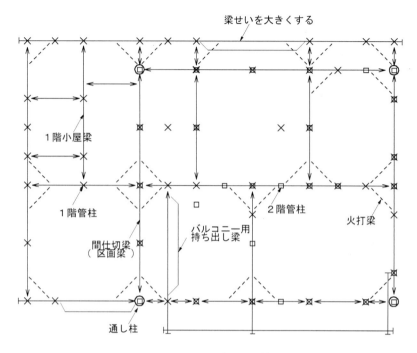

図4・33 2階床伏図（区画梁等）

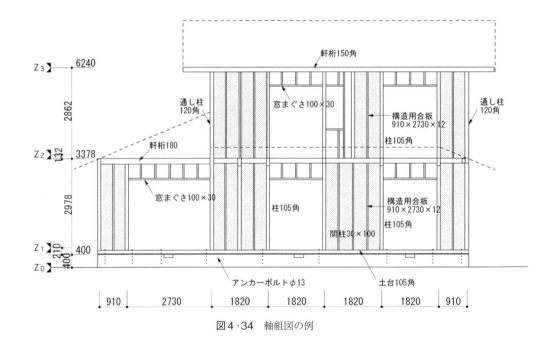

図4・34 軸組図の例

第5章
小屋組

5・1 屋根と小屋組

　屋根を形づくる骨組を小屋組という。小屋組は，屋根荷重を支えてこれを柱に伝えるもので，軸組と一体になって外力に抵抗する骨組である。

　小屋組には，和風小屋組（和小屋）と洋風小屋組（洋小屋）がある。

　屋根には，雨仕舞のうえから勾配（こう配）がつけられ，これに構造上や意匠上の要求を加味していろいろな屋根形状（図5・1）がある。

　切妻屋根は，住宅，学校，工場などの実用的な建築物に広く用いられ，住宅などには寄棟屋根・入母屋屋根などもしばしば用いられる。

　屋根勾配は，建築物の用途・外観はもちろん屋根ふき材料の種類（性質）・形状・寸法と，その土地の風速・雨量・積雪量などの気象条件にふさわしいように決めるべきである。

　屋根勾配は，図5・2の例では4/10勾配であり，4寸勾配とも表現される。

　普通に用いられる各種屋根仕上げの最低勾配は，次のとおりとされている。

① 瓦ぶき　4/10（4寸勾配）
② 波形スレートぶき　3.5/10（3寸5分勾配）
③ 金属板平板ぶき　2.5/10（2寸5分勾配）
④ 金属板瓦棒ぶき　1/10（1寸勾配）

　屋根の頂上を棟という。棟は，長方形平面では，図5・3（a）のように長手方向（桁行方向）で梁間の中央にとり，勾配を等しくする。

　寄棟屋根では，外周の軒桁（地回り）の高さをそろえて図5・3（b）のように屋根を架け，隅棟の勾配が緩くなる（図5・2参照）。

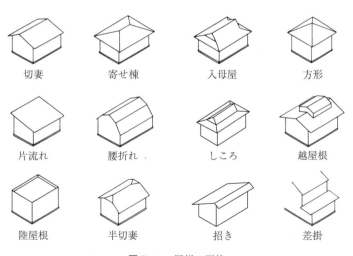

図5・1　屋根の形状

L字型の平面形の場合は，図5・4（a）のような陸谷（ろく谷，平らな凹み部分）にすると，水はけが悪く雨漏りの原因となるので，図5・4（b）のように棟をとり，谷（傾斜した凹み部分）をつくるようにする。

いずれにしても，屋根面の傾斜を同一勾配とし，各部分の軒の高さを等しくする。また，雨漏りを防ぐため形状をできるだけ単純化する。

木造の軒の高さは，図5・5のように，地盤面から建築物の小屋組または横架材を支持する軒桁，柱，敷桁の上端までの高さ（H）をいう。

図5・3に示すように，棟や桁と同じ方向を桁行方向，桁行方向とは直交方向で小屋梁を架け渡す方向を梁間方向という。

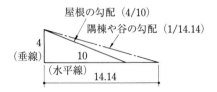
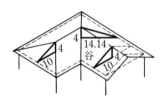

図5・2　屋根の勾配

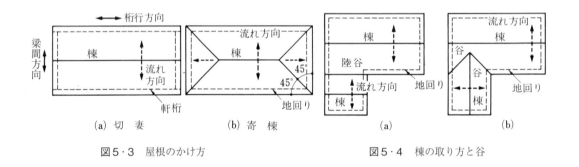

(a) 切妻　　(b) 寄棟

図5・3　屋根のかけ方

(a)　　(b)

図5・4　棟の取り方と谷

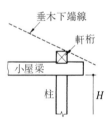
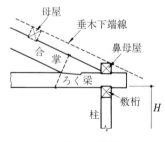

(a) 和風小屋組と軒桁　　(b) 和風小屋組と軒桁　　(c) トラスト敷桁
　　（京呂組）　　　　　　　（折置組）

図5・5　小屋組と軒の高さ

5・2 和風小屋組

5・2・1 概説

和風小屋組は、切妻屋根、寄棟屋根などに用いられる束立て小屋組をいい、図5・6のように、小屋梁に束を立てて屋根荷重を支える構造で、小屋梁は曲げモーメントを受ける。

このため、住宅などのように間仕切壁の多い建物などに適している。

和風小屋組の小屋梁は、梁間が大きくなると曲げモーメントも増し、大きな部材断面が必要となるので、強さの大きい松丸太やベイマツが用いられる。

妻梁は柱が立ちならび、壁を付けるので角材を用いる。

また、もともとは和小屋と呼ばれていたが、洋風小屋組（洋小屋）が導入されたのに対応して、和風小屋組と呼ばれるようになった。

5・2・2 屋根勾配と小屋組

屋根勾配は、図5・7（a）のように、水平

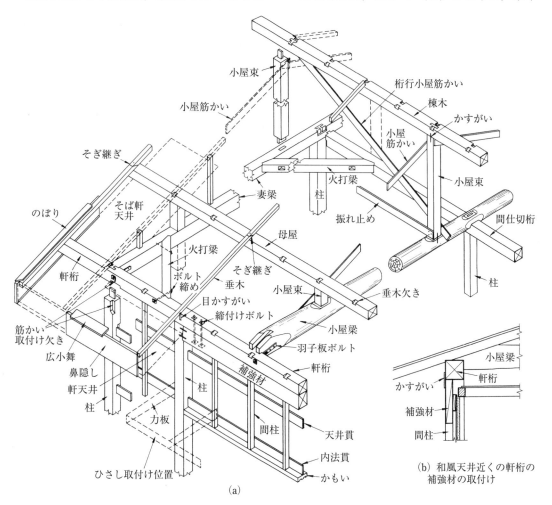

図5・6 和風小屋組の架構詳細

の長さに対する垂線の立上りによる屋根の傾斜をいい，これを束立て小屋組の基準線に当てはめて表したものが図5・7（b）で，小屋組（京呂組）部材との関連で表したものが図（c）である。

峠墨線を軒桁上端にして，軒桁心まで垂木欠きをすると，材の欠損が多く，作業労力のむだとなり作業効率も悪い。峠墨線を軒桁上端より12mm上方にとると（これが一般的で，「峠12mm上がり」という），軒桁の垂木欠き部分は，図（c）のように9mm（口わき（口脇）寸法は96mm），母屋（もや）の垂木欠き部分は6mmの寸法をとることになり，断面欠損が少なく加工も楽になる。また，正角材で角取りをした母屋では，垂木欠きをせずに垂木を接合するものもある。

5・2・3 和風小屋組の構造

和風小屋組は，小屋梁を軒桁・間仕切桁の上に架け渡し，その上に90cm間隔に小屋束を立て，母屋・棟木などを支えている。

小屋束は小屋梁に短ほぞ差し，母屋に長ほぞ差しを用い，かすがい打ちとする。

小屋梁を架け渡した桁（軒桁・間仕切桁）下に柱がない場合や開口部が広いところは，大断面とするか補強材を添え付ける。角材の場合は両端部をボルトで接合する。軒桁下端に和風天井が取り付く場合は，図5・6（b）のような

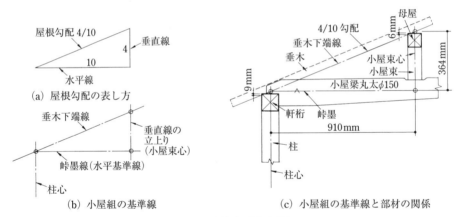

図5・7　屋根勾配と小屋組

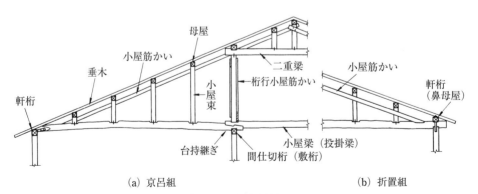

図5・8　和風小屋組

材形のものを用い，かすがい・大くぎ打ちで取り付ける。

梁間の大きい場合には，小屋梁は図5・8のように投掛梁とし，中間の間仕切桁上で台持継ぎなどでつなぐ。

和小屋は，束と母屋，梁の垂直材と水平材とで構成されるので，小屋筋かいと桁行小屋筋かいを取り付けて，一体化をはかる。

軒桁，間仕切桁と梁，小屋梁の隅には火打梁（9cm角以上）をボルト締めで取り付ける。

垂木は，間隔45cmに配置して取り付け，継手位置は乱にして，そぎ継ぎ（殺ぎ継ぎ）大くぎ打ちとする（図5・9）。

5・2・4 京呂組と折置組

小屋梁と軒桁の架構には，京呂組（きょうろぐみ）と折置組（おりおきぐみ）がある。京呂組は，小屋梁を図5・10(a)のように軒桁上に架け渡すもので，折置組は，図5・10(b)のように柱の上に小屋梁を載せ，その上に軒桁（鼻母屋：はなもや）を架け渡すものである。小屋梁と柱の接合は，京呂組よりも折置組のほうが

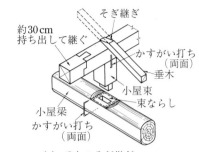

(a) 垂木のそぎ継ぎ

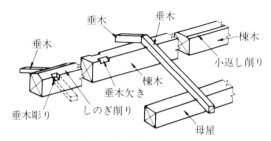

(b) 垂木の取付け

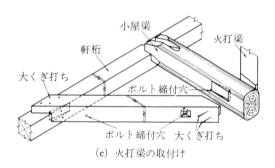

(c) 火打梁の取付け

図5・9　小屋組材の継手仕口

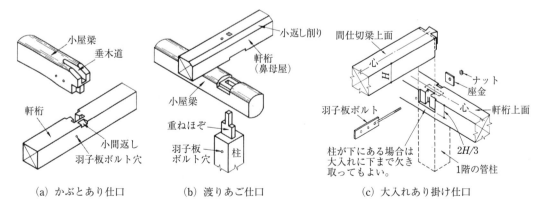

(a) かぶとあり仕口　　(b) 渡りあご仕口　　(c) 大入れあり掛け仕口

図5・10　小屋梁と軒桁の仕口

丈夫な組方となるが，住宅などでは，小屋梁端部が外壁に突出せず，柱位置が自由となる京呂組が一般的である。

なお，京呂組の和小屋では，軒桁と妻梁や間仕切梁との仕口は，図5・10（c）のように，相互の材の上端を平らにして接合するものが多い。

小屋組材の接合には適切な補強金物を使うなど入念にし，屋根全体が風に飛ばされないようにする。

5・2・5　隅の構造

寄棟屋根は，図5・11（a）のように，中央部の切妻屋根と両端部の隅の部分を合成したものとして考え，次のように部材を配置する。

① 隅の部分は，図5・11（b）のような隅木を配置する。
② 中央部の母屋を隅木に延長して，隅の部分にA'・B'の母屋を架ける。
③ A'・B'を束位置とする。
④ A'・B'の束を受けるための小屋梁を架ける。
⑤ 柱の位置などにもよるが，ふつう飛び梁を配置した形式とする。
⑥ 隅の構造を伏図と見取図で示すと，図5・12のようになる。

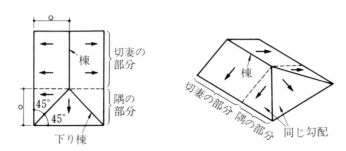

(a) 隅のある屋根

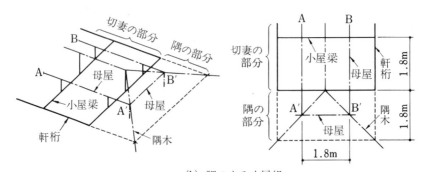

(b) 隅のある小屋組

図5・11　隅の小屋組部材の考え方

5・2 和風小屋組 77

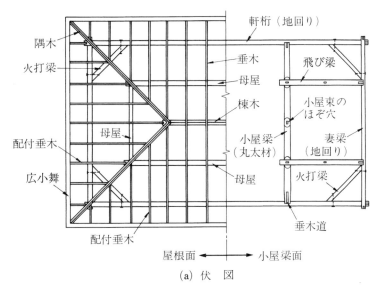

(a) 伏　図

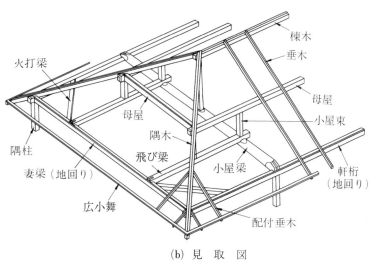

(b) 見 取 図

図5・12　隅の構造

5・3 洋風小屋組

5・3・1 概説

洋風小屋組は，図5・13のように三角形の連続として組み立てた骨組（トラスという）を，軸組の柱上の敷桁上部に等間隔で架け渡し，これに棟木，母屋，振れ止め，小屋筋かいなどを組み入れて立体的に組み固めた屋根の骨組である。

洋風小屋組は，事務所・学校建築などのように，梁間の大きい，広い室を必要とするものに用いる。

鉛直荷重と小屋部材の応力を表したのが図5・14である。洋小屋は一般に，鉛直荷重によって，図5・14（b）のように太線の部材は圧縮材，細線の部材は引張材となる。和小屋の小屋梁のように曲げ材とならないので，梁間の大小による部材のせいの変化があまりなく，丈夫な骨組をつくることができ，梁間15mくらいまでの建築物に用いられる。

洋風小屋組には，部材の組み方によってキングポストトラス（真束小屋組），クイーンポストトラス（対束小屋組）などの区別がある。

5・3・2 トラス

トラスには，図5・15のような種類がある。いずれも，正角材・平角材を用いて三角形の

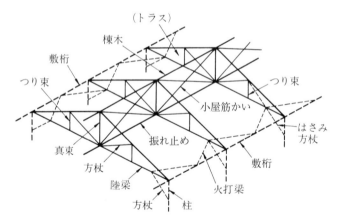

図5・13 真束小屋組（キングポストトラス）

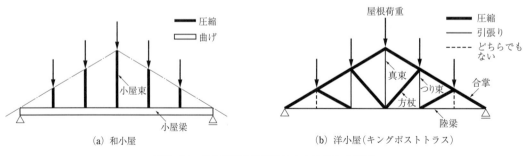

図5・14 各小屋組の構造材にかかる応力の比較

連続として組み立てる。

小屋組の設計は，力学的な考慮を十分に払いながらトラス部材の組立て方を考えてトラスの形を決め，外力に基づいてトラスの解法を行い，各部材の応力を求めてその大きさを算定することが必要である。

トラス・小屋組部材の加工は，和風小屋組の水平材・垂直材の架構と異なり，部材を三角形に組み立てるため，斜めの接合部を正確に加工する必要がある。このため，トラスの半分の大きさの現寸板に現寸図をえがき，これに板を当てて部材の型板をつくる。部材の大きさ，寸法はこの型板を部材に当てて墨付けを行い，加工する。

(1) キングポストトラス（真束小屋組）

このトラスは最も多く用いられるもので，図5・16（a）のように，全部材を木材で組み立てるものが多いが，つり束（吊り束）のような引張材には棒鋼（つりボルト）の使用による木鉄合成トラスとすることもある（図5・16（b））。

いずれも部材としては，真束（キングポスト）・陸梁（ろくばり）・合掌・小屋方杖・はさみ束（つり束）などからなっている。

真束は，上に合掌，下に小屋方杖を受けて，部材の応力を伝達する接合とするために，図5・18（a）のように，きね形（杵形）とする。陸梁への仕口は短ほぞ差しとし，陸梁の下端から箱金物でボルト締めとし，これをつり上げるようにする（図5・17（a））。

合掌の下端（合掌じり）は，図5・17（b）のように，陸梁へのかたぎ胴付きわなぎ込み（輪薙込み）としてボルトで締め付けるか，またはかたぎ（傾ぎ）大入れとしてボルト締めとする。

合掌の胴付き角度と締付ボルトの角度（90°）は，図5・18（b）を参照する。

なお，合掌じり（底面）には大きな圧縮力が働くので，陸梁の端は十分に長くとる。

合掌の上端は真束に斜めほぞ差し，斜め胴付きわなぎ込みなどとして，両面から短ざく金物で取り付ける。

小屋方杖は，真束へは斜めほぞ差し，合掌へ

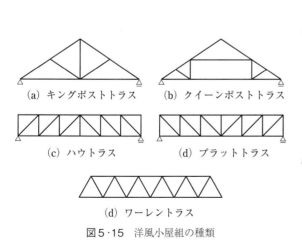

(a) キングポストトラス　(b) クイーンポストトラス

(c) ハウトラス　(d) プラットトラス

(d) ワーレントラス

図5・15　洋風小屋組の種類

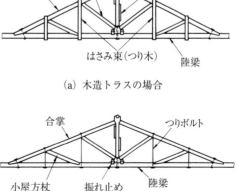

(a) 木造トラスの場合

(b) 木鉄合成トラスの場合

図5・16　キングポストトラス（真束小屋組）

はかたぎ大入れとして，かすがいで補強する。

はさみ束（挟み束）は，所要断面を2等分し，陸梁，合掌の両面を挟んでボルトで締め付ける。

はさみ束のボルトの位置は，図5・18（c）のように，合掌・小屋方杖の中心線の交点とし，このボルトからはさみ束先端までの長さも十分にとる必要がある。

陸梁の継手は，図5・17（c）のような方法と，図5・18（d）のように真束の接合を利用したものがある。

(2) クィーンポストトラス（対束小屋組）

梁間の大きい建築物や小屋裏に物置などを設ける場合，または，腰折れ屋根その他の特殊な場合に用いられる洋風小屋組で，図5・19のように，中央に長方形を作るのが特徴である。部材に生ずる応力は，外力によって異なるが，普通，図5・19のように細線は引張材，太線は圧縮材となる。

クィーンポストトラスは，図5・20のように，合掌，陸梁，小屋方杖，二重梁，クィーンポスト（対束，ついづか）などからなっている。

各部材の仕口は，キングポストトラスと同様に応力の伝達を考えたものとする。

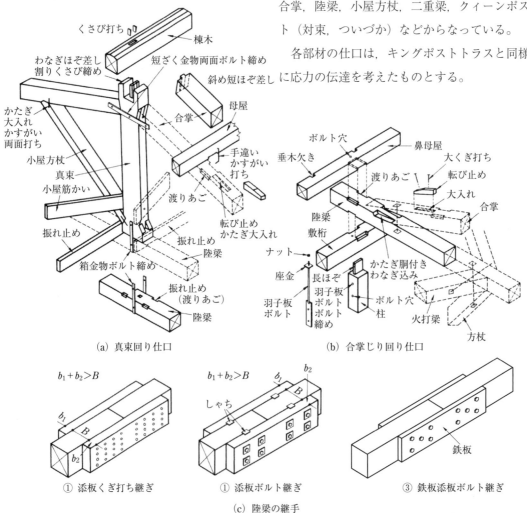

図5・17 キングポストトラス（真束小屋組）の仕口と継手

クィーンポストの上部は半きね形として上下の合掌を取り付け，両面から短ざく金物で緊結し，これに二重梁をボルト締めで取り付ける。

下部はキングポストトラスと同様に陸梁に箱金物で取り付け，小屋方杖，方杖を接合する。

5・4 小屋組の設計例

小屋組の設計は次のように行う。ただし，2階を切妻屋根の小屋組とした。

① 軸組上部の横架材と2階の柱の位置を確認する。

② 軸の出，そば軒の寸法，棟の位置を決める。

③ 2階の外壁や主要な間仕切上に区画梁（桁や小屋梁）を配置する。

④ 区画梁の四角に，火打梁を配置する（図5・21）。

⑤ 小屋梁は，原則として 1820mm ピッチで

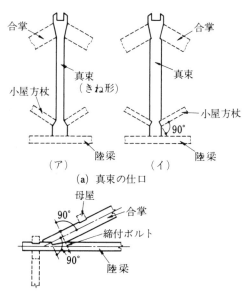

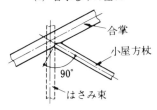

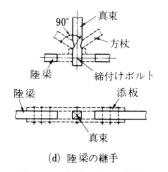

図5・18 各部の仕口・陸梁の継手

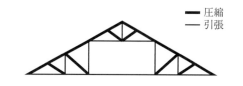

図5・19 クィーンポストトラスの構造材にかかる応力

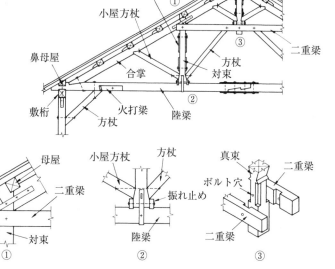

図5・20 クィーンポストトラス（対束小屋組）の仕口と継手

梁間方向（短辺方向）に配置する。
⑥ 小屋梁は，なるべく2階柱で受けるように，また，2階間仕切壁の上や小屋束の下になるように配置する。結果として，910mmピッチになったり，桁行方向に配置されることもある。
⑦ 小屋梁断面寸法は，梁間に応じて表5・1を参考にして決める。
⑧ つなぎ梁を，他の2階間仕切上部や小屋束下部に配置する。
⑨ 振れ止めを，2730mm以下のピッチで千鳥に配置する（図5・22）。
⑩ 小屋束を，原則として，桁行方向には1820mmピッチで，梁間方向には桁を始点として910mmピッチで配置する。
⑪ 棟木，谷木，隅木，母屋を配置する。
⑫ 垂木を配置する。
⑬ 2階小屋伏図を，図5・22および図5・23に示す。

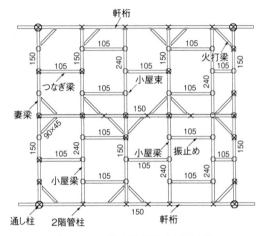

図5・22　2階小屋伏図（小屋梁等）

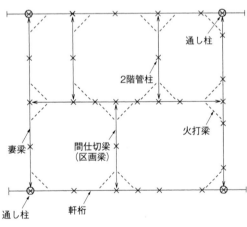

図5・21　2階小屋伏図（区画梁等）

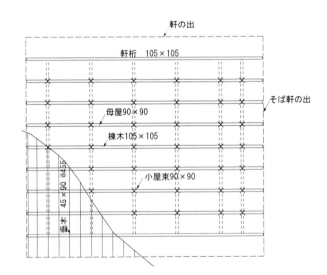

図5・23　2階小屋伏図（棟木・母屋・垂木）

表5・1　小屋梁断面寸法（単位：mm, ベイマツ）

荷重パターン＼スパン	2730以内	3640以内	4550以内
小屋束（または垂木）のみを受ける	105×210（180）	105×240（210）	105×300（270）
他の小屋梁を受ける	105×270（240）	105×330（300）	—（＊420）

瓦屋根で（　）内はスレート屋根，＊印は架構の再検討あるいは補強が望ましい。

第6章
床　組

6・1　床組の構成

　床組は，床（ゆか）を支持する骨組で，下階の天井をつり下げる役割もする。支持の方法によって束を立てる床と束のない床とに分けられる（図6・1）。束を立てる床は，1階の床の防湿と床の高さを保つために用いるもので，住宅の居間などでは，直下の地盤面から45cm以上の高さとする。

　束のない床は根太で支持する押入・廊下などの床や，2階以上の梁・根太などで構成する床などに用いる。この場合，床荷重，1階の間仕切壁や柱の有無，また，2階の間仕切壁の位置によって，床梁に大きな曲げモーメントがかかり，梁を大きくしなければならなくなるので，平面計画には注意する必要がある。

　また，コンクリートの床の上につくる転ばし床（図6・6）がある。

　多量の水を使う浴室などの床，土足で入る玄関の床などでは，地盤の上に砂利地業を施し，コンクリートの床をつくって仕上げる。

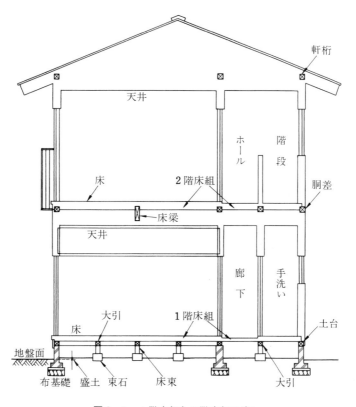

図6・1　1階床組と2階床組の違い

6・2　1階床組

6・2・1　束立て床組

　束立ての床組は，図6・2のように，根太・大引・床束・根がらみ貫（根絡み貫）などで構成されるもので，床下地盤面からの高さは，床束によって調整する。床が高い場合や柱下に土台がない場合には，足固めを用いて床組・軸組を補強する（図6・3）。

　大引両端は土台に載せたり，図6・4（a）のように土台・大引の上端をそろえたりするが，高さによっては，図6・4（b）のように抱き束で支えたり，図6・4（c）のように柱にかたぎ大入れに欠込み，かすがいで補強する。

　大引の配置は長手方向にし，間隔は90cm（メートル間では1m）で90cm（1m）ごとに配置された床束で支え，両面からかすがいを取り付けて補強する。床束の移動・転倒を防ぐために，床束の相互間に根がらみ貫を渡し，図6・3のように通し貫とするか，図6・4のように床束の側面にくぎ打ちで取り付ける。

　根太掛けは根太の端部を支えるために大引と平行な間仕切壁に取り付ける。図6・4（a）のように，土台・大引の上端が同一高さの場合のほかは根太掛けが必要になる。

　さらに，床仕上げ下地骨組として，大引上に根太を取り付ける。根太の間隔は床仕上げによっても異なるが，畳下地の場合は45cm（50cm），床板下地の場合は30または36cm（40cm）くらいとし（最近は畳下地も，床板下地と同じ根太間隔とするケースが多い），根太の両端は，図6・2のように，土台または根太掛けに載せ掛けてくぎ打ちする。特に，壁際の根太を際根太という。

　根太の大引への取付けは，載せ掛けてくぎ打ちするのが一般的で，渡りあごにする場合もある。

　表6・1は，一般的な住宅の床構造の部材間隔・寸法の例を示したものである。

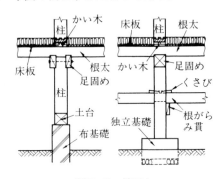

図6・3　足固め

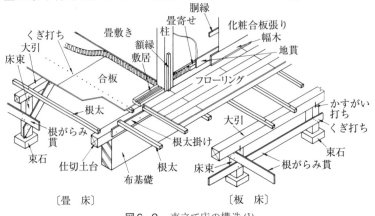

図6・2　束立て床の構造(1)

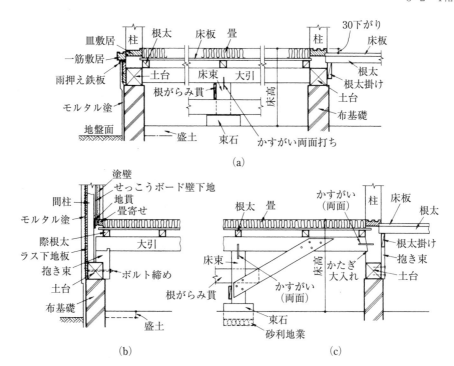

図6・4 束立て床の構造(2)

表6・1 床部材間隔・寸法の例

床組名	部材名	慣用スパン	部材寸法 (cm×cm)	間隔 (cm)	床仕上げの種別, その他
束を立てる床	根太	0.9m	4.5×6, 4.5×5.5, 6×6	45	畳敷きの仕上げ
				30, 36	合板下地フローリング仕上げ
	大引	0.9m	9×9, 10.5×10.5	90	
	束		9×9, 10.5×10.5	方90	
	根がらみ貫		1.5×9	方90	
梁床	根太掛け		2.4×9, 3×10.5, 5.2×10.5		
	根太	0.9m	4.5×6	30, 36, 45	束を立てる床と同様の配慮をする。
		1.8m	5.2×10.5, 6×12, 4.5×10.5		
	梁	2.7m 4.0m	12×21.0 12×27.0	180	部材寸法はスパンによって考慮する。(床加重のみを受ける。)

注 畳下地板は2階では,合じゃくり加工とする。

6・2・2 押入・廊下の床

押入・廊下のように，奥行または幅が90cm（1m）の床には，図6・5のように根太で床を支える。

押入の根太は，仕上げの合板床の厚さから高さ位置を決め，ホールの床（根太スパン90cm）の根太は，出入口の敷居の3cm下がりと仕上げ板の厚さから高さ位置を決め，それぞれ，根太の端部に根太掛けを取り付ける。

根太掛けに平行して土台のない場合は，図6・5のように，床束を90cm間隔に配置して根太掛けを支える。床束は，居間の根がらみ貫などと連結してくぎ打ちで取り付ける。

6・2・3 転ばし床

土間コンクリートの上に根太，大引を並べてつくる床を転ばし床（図6・6）という。

事務所の事務室，商店の売場などのように外部から直接出入りする利便から用いたり，鉄筋コンクリート造の床構造に用いられる。

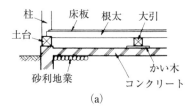
(a)

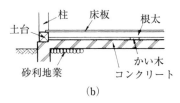
(b)

図6・6 転ばし床

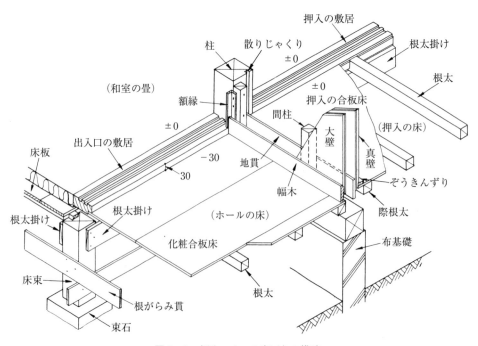

図6・5 押入・ホール床回りの構造

6・3 2階床組

2階以上の床組には，床梁の構成等の違いによって，根太床，梁床，組床の区別がある（図6・7）。

これらの床組は，その下の階の柱，軸組材を支持材として，床荷重の大小，床面積，梁間寸法，上階の柱，軸組の位置などを考慮して，床組を選定し，主材を架け渡す方向を決める。

不規則な間取りの住宅では，下階・上階の柱位置が一致していないので，梁の架け方も一様でないものが多い。

床組に根太を用いず，構造用合板を梁等に直接くぎ打ちして固定する方法もあり，根太レス工法という。

また，根太を用いる床組は，一般的に水平剛性が低く柔床と呼ばれるが，構造用合板を梁等に直接くぎ打ちして固定する床組のうち，一定の仕様に基づくものは剛床と呼ばれる。

6・3・1 根太床

根太床は，根太で床を支持する床で，単床（たんしょう）ともいう。幅（根太スパン）が2 m くらいまでの床に用いる。

図6・8は，学校・事務所建築の廊下を例示したもので，根太を胴差，間仕切桁に載せ掛ける。また，1階の広縁などに用いる場合は，土台または根太掛けに載せ掛ける。

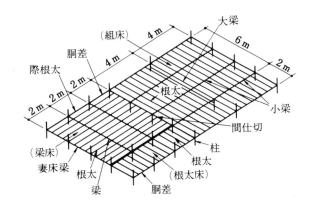

図6・7 2階床組（根太床・梁床・組床）

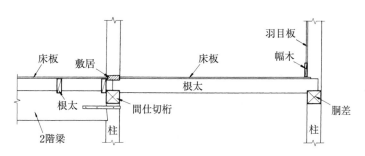

図6・8 根太床

6・3・2 梁床

梁床は，梁間が2mを超える床組に用いるもので，複床ともいう。床梁，根太で構成し，床梁と横架材の隅角部に火打梁を取り付けて床構造が一体となるようにする。

床梁は，図6・10（a）のように胴差上端と同じ高さにした仕口と，図6・10（b）のように，胴差へ載せ掛ける仕口とがある。図（a）は，ふつう，住宅に行われる架構で，図（b）は，学校・事務所などの規模の大きい建物に用いる架構である。いずれの場合も，床梁を柱・胴差に接合し，部材の大きさに適した接合金物を用いて堅固に締め付ける。

床梁材は，ふつう曲げ強度の強い松材が用いられ，断面は構造計算によって決める。

住宅の床梁断面寸法を表6・2に示したが，これはあくまでも目安であり，床梁の樹種や荷重のかかり具合によっては，割増し寸法とする。特に，梁間が大きい場合の断面選定は，慎重に行うようにする。

また，1階と2階の間取りによっては2階の柱を床梁で支える場合があり，その時の断面は構造計算により決めることが望ましい。

規模の大きい住宅でスパンが大きい胴差・床

表6・2 住宅の床梁断面寸法（単位：mm，ベイマツ，梁ピッチは910mmおよび1820mm）

荷重パターン＼スパン	2730以内	3640以内	4550以内
根太のみ	105×210	105×270	105×330
片側の小梁	105×210	105×270	105×330
両側に小梁	105×240	105×330	＊105×420
壁荷重，柱荷重(屋根からの集中荷重)，片側の根太	105×270	＊105×360（330）	＊105×450（＊420）
壁荷重，柱荷重，片側の小梁	105×270	＊105×390（＊360）	―（＊450）
壁荷重，柱荷重，両側に根太	105×270	＊105×360	105×450
壁荷重，柱荷重，片側の小梁，片側の根太	105×300	＊105×420（390）	―
壁荷重，柱荷重，両側に小梁	105×330	＊105×450	―

瓦屋根およびスレート屋根に適用，ただし（ ）内はスレート屋根で断面の異なる場合，＊印は架構の再検討あるいは補強が望ましい。

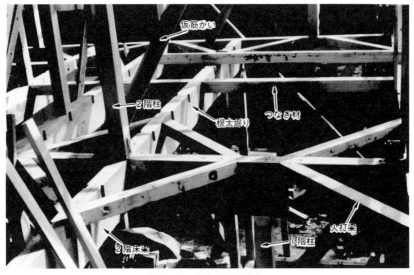

図6・9 住宅の2階床梁

6・3 2階床組 89

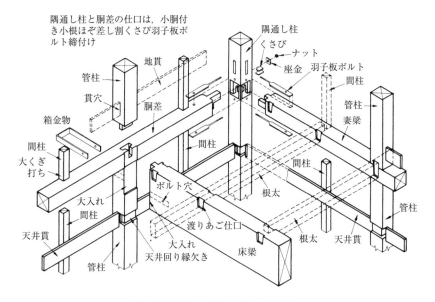

(a) 胴差上端と床梁を同じにした仕口

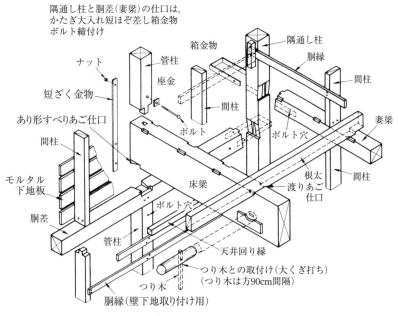

(b) 胴差へ床梁を載せ掛けた仕口

図6・10 床梁の取付けと諸材の組合せ

梁などの場合は，図6・11のようにする。

図6・11（a）は，単一梁を通し柱にかたぎ大入れ上端短ほぞ差しで取り付け，箱金物で補強したものである。

図6・11（b）は，合せ梁を胴差に渡りあごで載せ掛け，通し柱にボルトで締め付ける。合せ梁の中間には，2m間隔にかい木（飼木）を入れてボトル締めで1体にする。なお，合せ梁を受ける柱は，梁間と床荷重によっては添柱を取り付けた構造にする。

図6・11（c）は，管柱の場合で，床梁・台輪を図のように組み合わせた後，2階の管柱を建て，1階と2階の柱の接合部を短ざく金物で緊結したものである。

図6・12は，床梁における寸法の異なる場合の継手を，滑り止め傾斜付きの目違い段継ぎで示した。

なお，胴差回りについては，図4・9から図4・12を参照されたい。

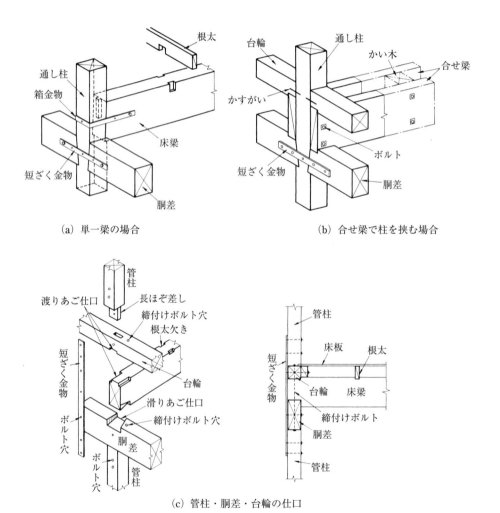

(a) 単一梁の場合
(b) 合せ梁で柱を挟む場合
(c) 管柱・胴差・台輪の仕口

図6・11 通し柱・柱・胴差と床梁の仕口

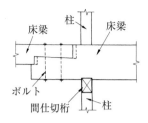

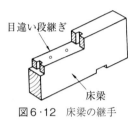

図6・12 床梁の継手

6・3・3 組床

組床は，下階に柱が少なく，床面の大きな場合や，L型の床面積の架構に用いるもので，大梁・小梁・根太で構成する（図6・13, 14）。

床面の大きな場合は，大梁を梁間の小さいほうに3.6 m（または4 m）間隔で架け渡し，その上に直角に小梁を1.8 m（または2 m）間隔に載せ掛けて取り付ける。その上に根太を架け渡して，床板を張る。

大梁（合せ梁）の取付けは梁床の場合と同様にするが，大梁にかかる荷重は小梁から集中してかなり大きくなるから，柱当たりには添柱をして方杖を取り付ける。

大梁は，合せ梁としたほうが，柱や方杖との取合せが堅固になる場合が多い。

大梁に幅の広い単一材を用いる場合は，図6・15（a）のように，胴差へ載せ掛け通し柱へ，わなぎ込みほぞ差し（図6・15（b））ボルト締

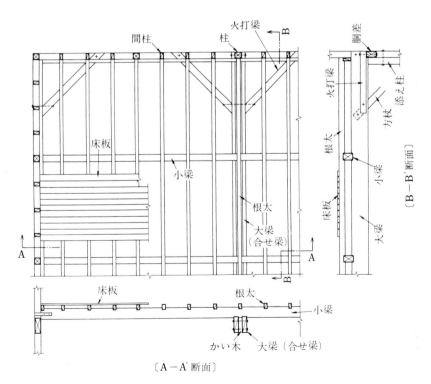

図6・13 組床

めとする。

大梁の下には添柱を突き付け，柱にボルトで添え付ける。

小梁は，図6・15(c)のように大梁に載せ掛けるものと，大梁の側面に取り付けて床組のせいを低くするものがある（図6・15(d), (e)）。この場合，梁受金物などを用いて補強し，大梁の欠込みを少なくする。

6・4 床組の設計例

6・4・1　1階床組

1階の床組は，基礎と土台の構造計画の事項を資料にして，次のように行う。

① 土台と根太・根太掛けなどの部材の組み方と高さの例を，図6・16に示す。

　その高さ寸法は，「2・6　基礎の設計」による。

② 土台は105mm角とし，他の床組材の大きさは，表6・1を参考にする。

③ 土台や大引の配置は，「4・8・1　土台・大引・火打土台」における解説を参照する。

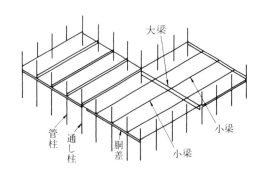

図6・14　L型床での大梁と小梁

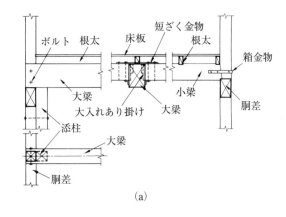

(a)

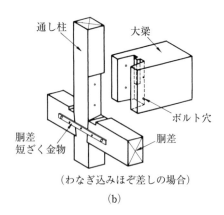

（わなぎ込みほぞ差しの場合）

(b)

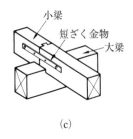

(c)

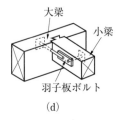

(d)

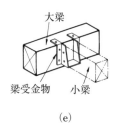

(e)

図6・15　大梁と小梁の仕口

④ 玄関や勝手口の上りがまち（上り框）は，構造材を兼ねて土台と接合する。
⑤ 根太の間隔は，仕上げ材・張り板材によって柱間隔（1820mm）の1/4，1/5，1/6から選定する。例えば，畳の床は1/4＝455mm，押入合板床は1/5＝364mm，床板は1/6＝303mmとしていたが，現在ではすべて1/6＝303mmピッチでそろえることが多い。
⑥ 際根太の配置に留意する。
⑦ 1階床伏図を，図6・17に示す。

6・4・2　2階床組

2階の床組は，「4・8軸組の設計例」を参考にして，次のように行う。

(1)　2階床梁回りの納まり

床梁の高さ位置は，図4・31のように，天井高，天井裏のあき寸法（空き寸法）から床梁の上端位置と，胴差の上端位置を決める。

① 床梁の根太の納まりは，図4・31のように畳敷きの床を床上げ基準線として，胴差・床梁上端と根太上端を調整する。
② また，畳敷きの根太も渡りあご仕口に架設するには，図6・18(a)のように板張り床の根太を15mm下がり，畳床の根太を75mm下がりの大入れ寸法にすると納まる。

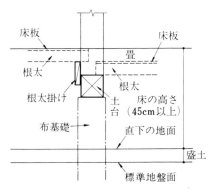

図6・16　床組部材高さの決め方の1例

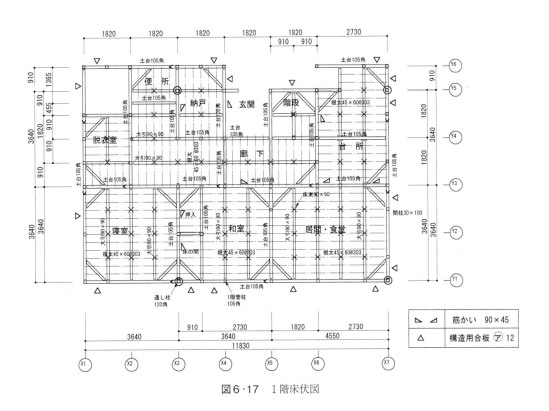

図6・17　1階床伏図

③ ②の床仕上げ基準寸法を2階床梁回りの納まり図に表すと，図6・18（b）のようになる。床板上端が25mm上がりになるが図4・30の2階に当てはめると，軒桁補強材下端は96mmのあき寸法があり，支障がない（96 − 25 = 71mm）。

④ 大梁間構造の架構のように床梁を胴差上に架け渡すには，図6・18（c）のように床梁が282mm上方へ移動し，軒桁部分のあき寸法96mmを上回り，それなりに天井を納めることになる。

⑤ 内部仕上げや階高寸法の変更は，階段室に影響する。

(2) 2階床梁等の配置

「4・8・2 柱・軸組」を参考にし，図6・19の2階床伏図のように，外壁や主要な間仕切上に区画梁を，さらに，2階床部分に2階床梁を配置する。

① 火打梁を，各区画梁の四隅に配置する。
② 2階床梁は，原則として，1820mmピッチで短辺方向に配置する。
③ 矩形の洋室や廊下でフローリング等の方向性のある床材で仕上げる場合には，長辺方向に仕上げ材が張られるように配置する。
④ 2階床梁の端を，1階柱で受けられるように配置する。
⑤ 結果として，910mmピッチになったり長辺方向に配置することもある。
⑥ 必要に応じて，小梁を配置する。
⑦ バルコニーの持ち出し梁は，持ち出し寸法より建物内部を長くする。
⑧ 残りの1階間仕切上部と2階間仕切下部に，つなぎ梁を配置する。
⑨ 振れ止めを，2730mm以下のピッチにて千鳥に配置する。
⑩ 根太を303mmピッチで配置する。
⑪ 2階床伏図＋1階小屋伏図を，図6・20に示す。

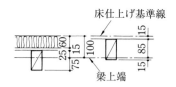

(a) 床仕上げと梁上端

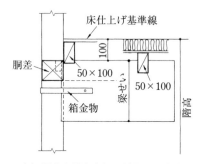

(b) 胴差上端を床梁上端とした方法

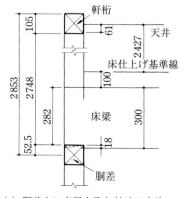

(c) 胴差上に床梁を取り付ける方法

図6・18 胴差・梁の取合いと床・天井の高さ

6・4 床組の設計例 95

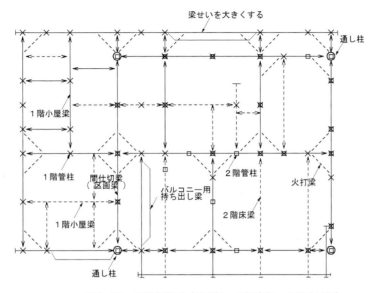

図6・19 2階床伏図（区画梁＋2階床梁＋1階小屋梁）

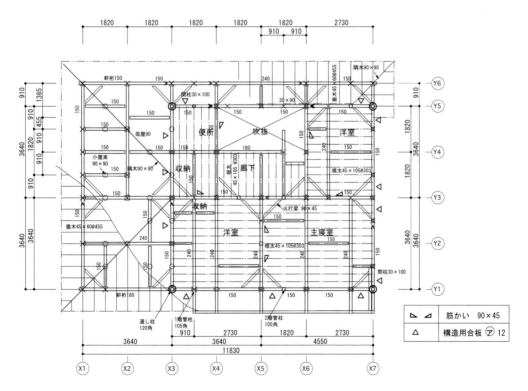

図6・20 2階床伏図＋1階小屋伏図

第7章 階段

7・1 概説

二つの階を連絡する段形の通路を階段といい、実用性だけでなく、室内構成のデザインとしても重要である。

階段は、出入口に近いわかりやすい位置に設けるのがよい。室内階段は、火災のときには、下階の火煙を上階に導く通路となるので、3階建の住宅になると階段室として独立させ、扉を設けて居室から遮断する。

屋外に設ける階段には鉄骨階段が多い。

7・1・1 種類

階段は、その形状によって、直階段（図7・1(a), (b)）、折返し階段（図(c)～(e)）、折れ曲がり階段（図(f), (g)）および、回り階段（図(h)）などがある。図(h)のような独立した円形の回り階段は一般の木造では造りにくいため、側桁に湾曲した構造用集成材を用いる。

木造の階段は、構法上洋風の側桁階段・ささら桁階段と、和風の箱階段とに分けられる。

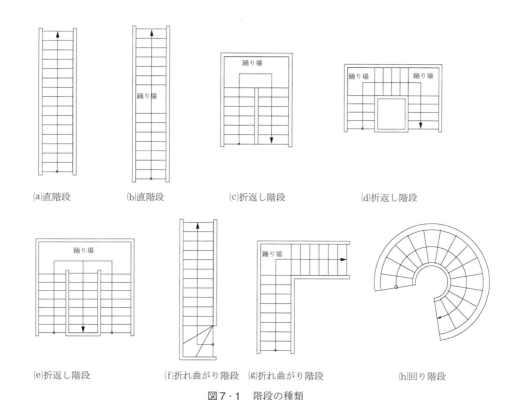

図7・1 階段の種類

7・1・2 各部とその寸法

階段各部の名称を図7・2に示す。

階段の勾配は，図7・3(a)のように，踏面（ふみづら）とけあげ（蹴上げ）との割合で決まり，最低基準が規定されている。階段は安全性を一番に考えなければならない。その寸法は，「7・3階段の設計」の表7・1による。

折れ曲がり階段（図7・1（f））の回り部分の踏面寸法は，図7・3(c)のように，踏面の内側から30cmの位置ではかる。このような回り部分は足を踏み外しやすいので，下階の床や踊り場の直前に設けるのが基本である。

階段および踊り場には，壁を設けるか，開放となる側は手すり（手摺）を設ける。手すりの上端の斜材を手すりかさ木（手摺笠木）といい，踏面の先端からはかった高さを75～90cmとする。手すりかさ木の下端を支える垂直の材を手すり子，手すり両端の太い柱を親柱という。

また，手すりかさ木の端部がそのまま床まで垂れ下がって，親柱を兼ねる形式のものもある。なお，手すり子の間隔は子どもの頭が入りこめないように110mm以下とするのが安全である。

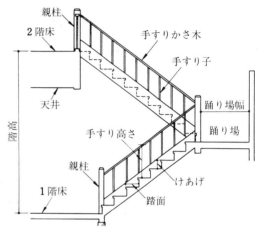

図7・2 階段各部の名称

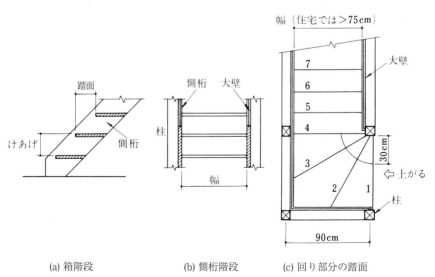

(a) 箱階段　　(b) 側桁階段　　(c) 回り部分の踏面

図7・3 踏面・けあげの寸法

7・2 階段の構造

7・2・1 側桁階段

普通に用いられる軸組に組込む階段で，図7・4のように，側桁・踏板・けこみ板を主材に，親柱・手すりで構成する。幅が広い場合は図7・5のように，階段受梁・中桁などを加える。

各部材は，階段の位置・階段幅に応じて大きさを選定し，堅固な構造に組み立てる。

(1) 住宅の階段

住宅のような階段幅が90cm程度のものは，側桁を柱・間柱あたりに欠き込んで大くぎ打ちで取り付け，これに，踏板・けこみ板を大入れに差し込み，くさびを接着剤・くぎ打ちで取り付ける（図7・4）。

(2) 大きな階段

図7・1(e)のように，規模の大きい階段は，階の中央部に踊り場を設けた折返し階段とし，階段室として独立したものが多い。

このような階段の構成は設計上さまざまに工夫されるところであり，定められた構法はないが，ここでは基本的な構成を示す（図7・5）。

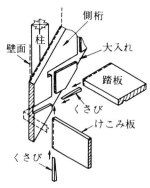

図7・4 側桁階段の構成部材

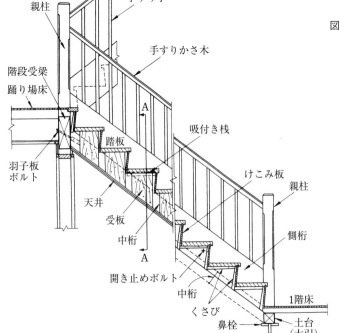

図7・5 側桁階段(1)

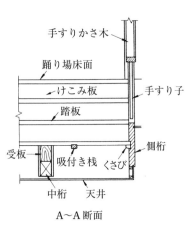

A～A断面

側桁の両端部は，図7・6(a)，(b)のように，階段受梁・踊り場梁・土台・大引などの受材に架け渡し，接合金物で緊結する。

側桁が壁体に沿って取り付けられるものは，図(c)のように柱にボルトで締め付け，間柱には大くぎ打ちとする。側桁には開き止めボルトを取り付ける。

踏板・けこみ板は，踏板の幅が広い場合は，裏に約0.5 m間隔で吸付き桟を取り付ける（図7・5）。

中桁は，階段幅が1.2 m以上の場合に踏板・けこみ板の中間部を支えるもので，階段幅に応じて中央部あるいは等分した位置で土台・大引および受梁にかけ，図のように受板を仲介にして，踏板とけこみ板を支える。

親柱は，側桁・階段受梁・土台・大引へ図7・6(a)，(b)のように取り付ける。

手すり子はかさ木（笠木）・側桁へほぞ差し（柄挿し）とし，かさ木は親柱へ大入れとし，金物で取り付ける。

図7・7(a)，(b)は，側桁階段の実際例を示したものである。

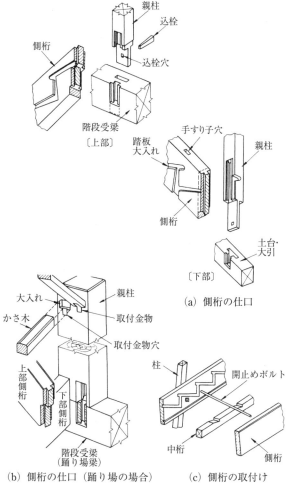

図7・6 側桁階段(2)

(a)

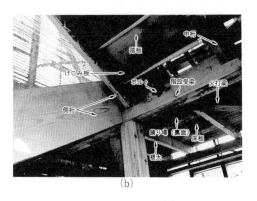

(b)

図7・7 側桁階段(3)

7・2・2 ささら桁階段

ささら桁階段とは，図7・8（a）のように側桁を段形につくり，その上に踏板を載せ，側桁の外面まで伸ばした階段をいう。

段状になった側桁をささら桁（蔭桁）といい，段形に切り込まれるので，ささら桁には相当な幅の材料を必要とする。

けこみ板とささら桁との仕口は大留めなどとし，踏板はささら桁・けこみ板に載せ，取付金物・隅木などで緊結する。踏板の木口は，図（c）のように端ばみ（端食み）で体裁よく納める。

手すり子は，踏板を通してささら桁の側面へ取り付けたり，踏板の木口へ片あり（片蟻）に取り付ける（図（b））。

このほか，各部材の取付けなどは，側桁階段と同様である。

踏板には，滑り止めとして彫り込みをつけたり，滑り止めを彫り込んで取り付ける。

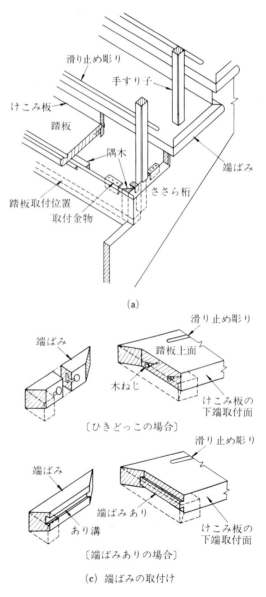

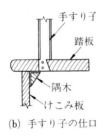

図7・8 ささら桁階段

7・2・3 箱階段

和風住宅などに用いられる。階段幅は90cm程度が多く，図7・9のように踏板（段板）と，これを支える両側の側桁を主材として，必要に応じて裏板を張ったり，手すりを取りつける。

箱階段は，踏板を図7・10のように，大入れ2枚ほぞ差し割くさび打ちの仕口と大入れくぎ打ちの仕口を交互に用い側桁に接合して組み固め，これを，階段位置の柱の内法に掛け渡して固定する。

柱と真壁面との隙間（壁ちり寸法）は，壁面に沿ってぞうきんずり（雑巾摺り）を取り付けて納める。

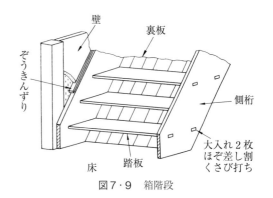

図7・9　箱階段

7・2・4　ユニット（プレカット）階段

現在では階段の各部材をプレカットを施し，構成部材をキットにしてユニット階段とした製品が出回っている（図7・11）。

また，段板や側桁材等の部材製品もあり，組み合わせて使用できる方法もある。製品はほとんどが集成材で下地が作られ，表面が突き板で仕上げられている。塗装も施されているので，工期の短縮となり，多く使用されているが，特殊な納まりや寸法が異なる場合は利用できない。

これらの規格品を使用する場合の留意点は次のとおりである。

① 製品の表面仕上げや色彩が住宅と合うものを選択する。
② 階段としての安全性は各自で判断する。
③ 製品の寸法が対応できるものかどうかを確認する。
④ すでに仕上げが施されているので，取付けにあたっては養生に気をつける。

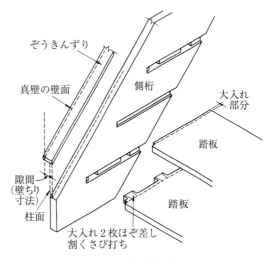

図7・10　箱階段の仕口

図7・11　ユニット階段

7・3 階段の設計

7・3・1 階段回りの構造と階段の割付け

　階段の幅，けあげおよび踏面は，建築基準法施行令第23条で最低限の寸法が規定されており，また品確法性能表示における「高齢者等への配慮対策」の項では等級に合わせて細かい規定がある（表7・1）。階段の設計は，寸法および形状についてできるだけ安全を考慮したうえで，次のように進める。

① 階段が配置される2階床は吹抜空間となるので，2階床のどの位置に，どのような形で床開口を設けるのかを平面計画でよく検討する必要がある。

　直階段で，図7・12（a）のように2階床の中央にある場合の長手方向の横架材は，周囲の床に面で固められて水平方向の変形は起きないが，図（b）のように長手方向の一方が外壁となる場合の横架材（胴差）は，水平床面の支持材がないので胴差の寸法を考慮し，この間に継手をつくらないようにして風圧に耐えるようにする。

② 住宅の階段は，間取りとの関連で一定の形はないが，図7・1（a），（b）の直階段，図（c）〜（e）の折返し階段，図（f），（g）の折れ曲がり階段，図（h）の回り階段などが用いられる。

③ けあげ寸法は，階高と段数の割合で決まり，階高は，天井高・床ばりの大きさと架設方法などで決まる。したがって，階高を必要以上に高くしないほうが設計しやすい。

④ 踏面寸法は，木造の伝統的なモデュールである91cmの4等分が基本である。この方法では，直階段の長さ273cmでは12分

表7・1　住宅の階段および踊り場の幅・けあげ・踏面の寸法

	水準	階段および踊り場の幅（cm）	勾配		備考
			けあげの寸法(cm)	踏面の寸法(cm)	
建築基準法		75以上	23以下	15以上	壁または手すりを設ける。
品確法性能表示（高齢者等への配慮対策）	等級1		23以下	15以上	少なくとも片側には手すりを設ける。勾配が45°を越える場合は両側に設ける。
	等級2		勾配：22/21以下　踏面：19.5以上 55≦けあげ寸法×2＋踏面寸法≦65		
	等級3				
	等級4		勾配：6/7以下 55≦けあげ寸法×2＋踏面寸法≦65		（両側に手すりを設ける）ホームエレベーター設置の場合は等級3と同じ。
	等級5				

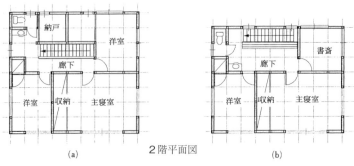

2階平面図

図7・12　階段の位置

割される。階高を290cmとしてこれを，12＋1段で割り付けると，

けあげ寸法　290÷13 ＝ 22.307（cm）
踏面寸法　273÷(13 － 1) ＝ 22.75（cm）
となる。

このように，踏面は基準寸法91cmを4分割（4段）以内として階段室の長さを算出する。一方，現在では表7・1における性能表示の規定で示されている等級3レベルの勾配が標準として考えられるようになっており，このためには直進階段の長さが273cmでは短い。勾配をゆるくするためには，図7・13のように直階段で318.5cm（91cm×3.5）の長さを確保すれば14分割して，15段の階段となる。

表7・2は，階高290cmにおいて表7・1の等級3を確保できるけあげ寸法と踏面を表示している。

7・3・2 折れ階段の例

図7・14の平面図で例示した住宅の階段は，次のように設計する。

① 階高は，図7・13と同様に290cmとする。
② 階段の幅は有効75cmを確保し，側桁階段で構成する。
③ 折れ階段の回り部分は，1階部分に設け，3段以下とする。

表7・2　[等級3] レベルとする階段寸法

（単位 mm，階高 2900）

段数	けあげ寸法	踏面寸法
14	207.14	195～235
15	193.33	195～260

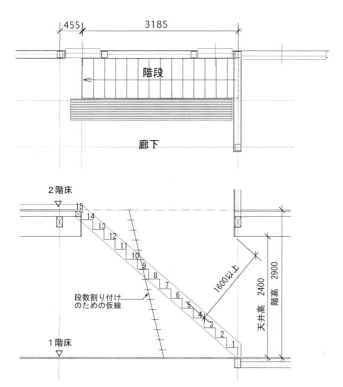

図7・13　直階段の寸法の算出例

④ 折れ部分の91cmの位置を3段に,直進部分の長さを182 + 45.5cmにして10分割して,14段で上がるようにする。

⑤ 踏面は図7・14に従って段鼻(段端)位置を出し,踏面寸法を割り出す。

7・3・3 踊り場のある階段

踊り場の上段91cmを4分割,下段を8分割にした14段の階段の割出しは,次のようにする。ただし,階高は290cmとする(図7・15〜17)。

① 踏面寸法の割出しは,段鼻(10段・14段)位置に制約される踊り場より上部の割出しを先にする。

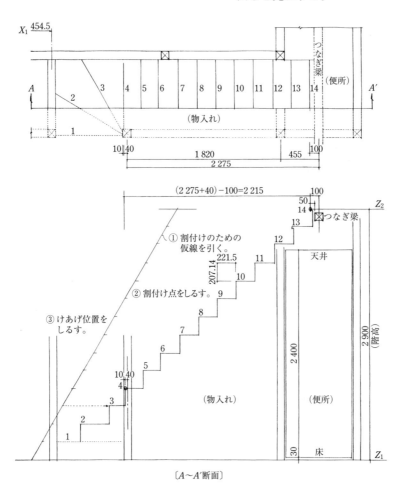

図7・14 階段の割付け作業要領の例

② 階段幅，踊り場幅を75cmとして，踊り場の親柱に化粧柱を取り付ける。
③ 10段目の段鼻は化粧柱から2cm内側にした位置とする。
④ 14段目の段鼻は柱心から9cm階段室へ突き出した位置にする。9段目の段鼻も同じようにする。
⑤ 踏面寸法は，10段と14段の段鼻距離88cmから，

$$\{(910 + 60) - 90\} \div 4 = 22\text{cm}$$

となる。

⑥ 踊り場から下の踏面寸法は，B−B′平面図のように9段目の段鼻からおのおのの踏面寸法を22cmに割り付ける。1段目の段鼻位置は柱心から3cmホール側へ移動する。

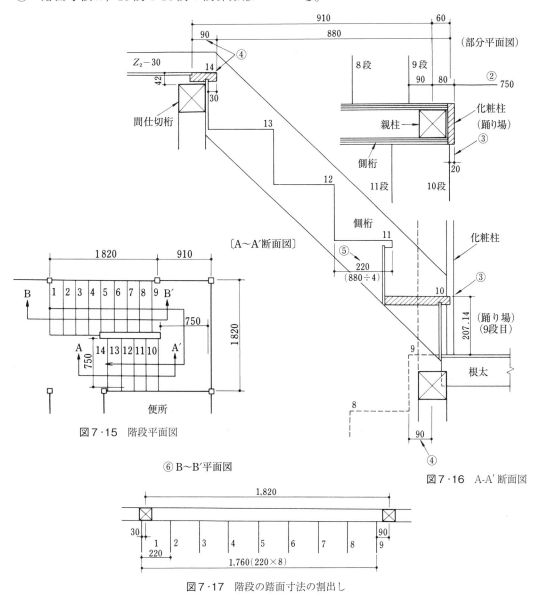

図7・15 階段平面図

⑥ B〜B′平面図

図7・16 A-A′断面図

図7・17 階段の踏面寸法の割出し

第8章
開 口 部

8・1 概　説

　開口部とは，出入口・窓をいい，ふつうは建具を取り付ける。出入口は人および物品の出入りのために，窓は採光・通風・換気のために設けるものである。室の使用目的によって形状・大きさなどを決め，外観上の体裁を備える。外部開口部に求められる性能は，耐風圧・気密性・水密性・断熱性・遮音性および防火性がある。

　また，外部に面する開口部周囲については，雨仕舞を考慮し，雨水が浸入しないようにする。

8・1・1　開口部の大きさ

　住宅などの開口部は，内法高さ（うちのりたかさ，床面からかもい・上枠下端までの寸法）を上部の高さ基準として，これより下がり寸法でそれぞれの室の使用目的に合わせて開口窓の大きさを決め，外観上の統一をはかる（表8・

1）。住宅では規格建具（木製・アルミ製）の寸法に合わせることが多い。

　内法高さは，和室の寸法を基準にして，1757mm（5尺8寸）が用いられていたが，現在では洋室を基準として2000mm程度が多い。

8・1・2　建具の開閉形式

　開口部の建具の開閉形式は開きと引きが基本で，表8・2で示すような種類がある。ふつう，はめころし窓（嵌殺し窓）や引戸などのほかは建具金物を用いて建具を取り付ける。

　開き戸には，外開き・内開き・右勝手・左勝手の区別がある。戸の開き方は，外部に面する建具は外側に開く外開きで，内部の建具は内側に開く内開きが基本であるが，収納室や便所等は外開きのほうが使いやすい。

　右勝手とは，丁番の軸の見える側から見て，右側に丁番のついているもの（右つり元）をいい，両開きでは先に開く戸で表す。また，引違

表8・1　開口部の大きさ

（単位：cm）

	形　式	寸　法	備　　　　　　　　　　　考
高　さ	出　入　口	180 〜 220	住宅では200程度が多い。
	窓	30 〜 140	
幅	片開き・片引き	60 〜 80	用途によって100〜130くらいにすることもある。
	両開き・引違い	80 〜 180 270, 360	広い開口には2本溝・3本溝として4枚または3枚の引違い戸とする。

いは外部建具では右建具を内側に，内部は主な部屋面の右建具を内側とする。4枚引違いの場合は，中央2面の建具を主な部屋面側とする。

現在は居室や便所等では，開閉に楽で，出入りしやすい引戸が多く用いられるようになった。

8·1·3　開口部の用材・仕上げ

開口部には，大別して木製と金属製などがあり，金属製などは，枠と建具が一体になって工場で制作された既製品である。

既製品を用いない木製では，大工職による開口部回り枠の取付けと，建具職による建具の工作とに分けられる。和風では柱にあった樹種を用い，木材生地そのままで仕上げ，洋風では塗装を施す。

開口部は，建具の開閉により衝撃を受けるので，枠や建具材料は乾燥したものを用い，構造的に十分に配慮する。

表8·2　開口部の基本的な形式と建具金物

区分	形　式	記　号	おもな建具金物
出入口	片　開　き*		丁番・箱錠（または取手），戸当り（窓の場合は開き調整器）
	両　開　き*		フランス落し
	片　引　き*		障子・ふすまなどは，引手金具
	引　込　み*		ガラス戸・板ぶすまは，レール・戸車・ねじ締り・引手
	引　違　い*		工場などの重い戸は，ハンガーレール・つり戸車
	折　り　た　た　み		丁番・ハンガーレール・つり戸車・ガイドローラー・ガイドレール・落し
	自　　　由		自由丁番（またはフロアヒンジ）・押板・落し
窓	は　め　こ　ろ　し		（なし）
	突　出　し		丁番・ラッチ・キャッチ錠・ストッパー
	滑　り　出　し		スライド丁番・ラッチ
	上　げ　下　げ		手掛け・クレセント・すべり車・滑車

注. 出入口の形式のうち，＊印のものは窓にも用いられる。

8・2 外部開口部

外部開口部には，現在は金属製建具，樹脂製建具および断熱・防露性を高めた木製建具やさらに材質が複合されたものなど多くの種類があり，窓枠も一体としてサッシという。アルミ製建具は金属製建具に分類される。

一般の木造住宅ではほとんどがアルミサッシを用いるようになり，外部建具の他，浴室などにも使用されている。

しかし，伝統的な和風住宅では外部建具も木製とした構法が続いている。

8・2・1 アルミ製サッシ

アルミ製建具は，押出し成形されたサッシバー（組子）を組み合わせて，枠および建具を組み，これにガラスをはめ込んで軸組に納めるものである。

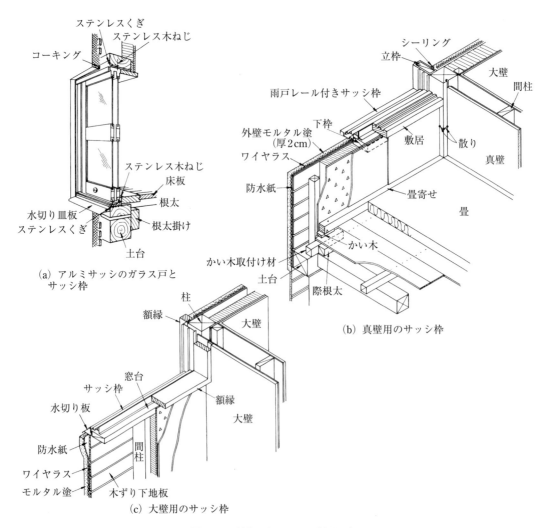

図8・1 外部回りのアルミ製開口部

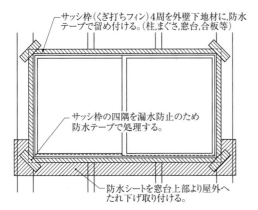

図8・2 サッシ回りの防水処理

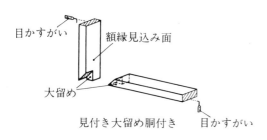

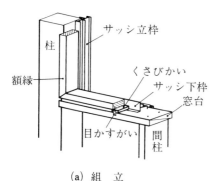

(a) 組 立

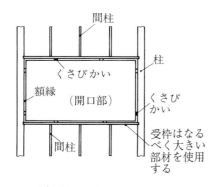

(b) 額縁の取付け

図8・3 額縁の取付け

アルミ製建具には，アルミ製サッシおよびアルミ製ドアなどがある。

アルミ製サッシは，サッシ枠を図8・1のように，ねじで締め固め，ステンレスくぎで軸組に取り付ける。下枠には皿板を取り付ける。枠回りには防水テープとシーリング（防水パテ）を施して雨仕舞をよくする（図8・2）。

図8・1（a）は洋室の掃出し窓の構造を，図（b）は真壁（和室）のひじ掛窓に取り付けるサッシ枠回りの構造を，図（c）は大壁（洋室）の窓に取り付けるサッシ枠回りの構造を表している。

建具（ガラス戸）は，枠組と同様にねじで締め固め，必要に応じてサッシバーを組み込み，ガラスをはめてサッシ枠に納める。

室内の大壁枠回りに取り付ける額縁は，窓の場合は，サッシ枠の大きさに合わせて，見付き大留め胴付きで額（四角）に組み固めて，これを軸組にくさび（楔）をかって目かすがいなどで取り付ける（図8・3（a）（b））。

現在はサッシに複層ガラスを用いたもの，2層構造のもの等があり，建具が重くなっている。その場合はサッシの受材は両側の柱と同寸にするなど，大きい部材を用いる。

8・2・2 アルミ製ドア

アルミ製ドアは，サッシと同様に，サッシバーで組み固めた戸枠を軸組に取り付けてからドアを丁番でつって固定する。

戸枠は，ドアの見込みの寸法と外壁面の仕上げ・納まりから軸組の外面に取り付けるものが多い。

8・3 木製開口部

木造住宅用アルミサッシの普及で、外部に木製開口部が使用されるのは限られてきたが、伝統的な造作工事の構法と建具との組合せは、木造住宅の基本である。ここでは、本来の大工職と建具職のあり方について説明する。

8・3・1 真壁造の開口部

真壁造の開口部は、図8・4のように、柱を建具の戸当りにして、柱の下部に敷居、上部にかもい（鴨居）を取り付けて構成する。図のように外部に面する開口部は、雨仕舞のため、敷居には水垂れ勾配・水返しをつけた皿敷居を取り付ける。引違い戸にはレールを敷き、開き戸には、かもいに戸当りじゃくり（戸当り決り）をつける。

また、外部に雨戸を設けるために、皿敷居・かもいに沿って一筋敷居・一筋かもいを取り付けたり、敷居・かもい回りに雨押えをつけて雨仕舞と外壁の納まりを兼ねる。

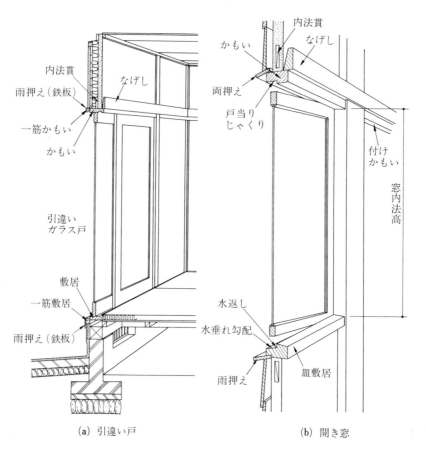

(a) 引違い戸　　(b) 開き窓

図8・4　真壁構造の開口部回り

(1) 敷居・かもいの取付け位置

敷居・かもいは，建具の開閉形式によって，溝をつけたり，皿敷居とし，柱への取付位置によって次のようにする。

① 図8・5の敷居・かもいの側面に畳・板・一筋材が接する場合は，その面を柱面に合わせる。

② 敷居・かもいの側面が見え掛りになる場合は，その面を柱の面のうち（面の内側）にする。

③ 欄間敷居・欄間かもいも同じように取り付ける。

④ 敷居の上端（上ば）は，図（a）のように室内の仕上面にそろえ，縁側の仕上面（縁板）はこれより3～4cm下げて敷居側面を見え掛りにする。

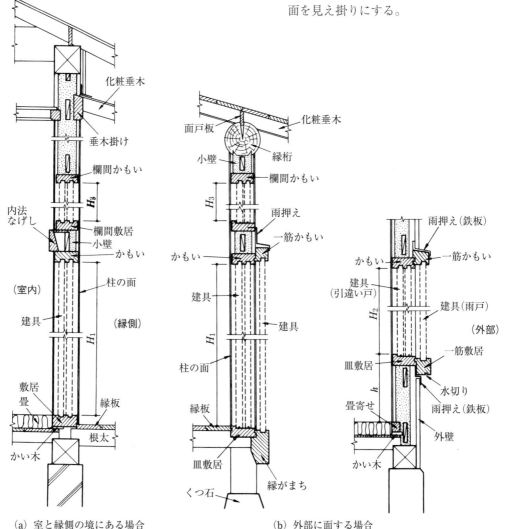

(a) 室と縁側の境にある場合
H_1：内法高
H_3：欄間内法高

(b) 外部に面する場合
H_2：窓内法高
h：窓高

図8・5 真壁構造の敷居・かもいとその高さ

表8・3 敷居・かもいの取付方法

			A 部	B 部	備 考
敷居	見え掛り	1	包み目違い入れ, くぎ打ち	胴突付け, くぎ打ち	
	片面見え掛り	2	隠し目違い入れ, 隠しくぎ打ち	隠し横栓打ち, 隠しくぎ打ち	
		3	〃	横栓飼, 隠しくぎ打ち	
		4	〃	待ちほぞ, 横栓打ち, 隠しくぎ打ち	
	両面見え隠れ	5	目違い入れ, 隠しくぎ打ち	横栓打ち, 隠しくぎ打ち	
		6	横栓飼, 隠しくぎ打ち		
かもい	見え掛り	1	大入れやり返しくさび打ち	やり返し大入れ, くぎ打ち	
		2	包み目違い入れ, 隠しくぎ打ち	繰出しほぞざし, くぎ打ち	
		3	〃	胴突付け, 目かすがい付け, くぎ打ち	
		4	胴突付け, 目かすがい付け, くぎ打ち		
	片面見え掛り	5	隠し目違い入れ, くぎ打ち	隠し横栓打ち, くぎ打ち	
	両面見え隠れ	6	目違い入れ, 隠しくぎ打ち	〃	

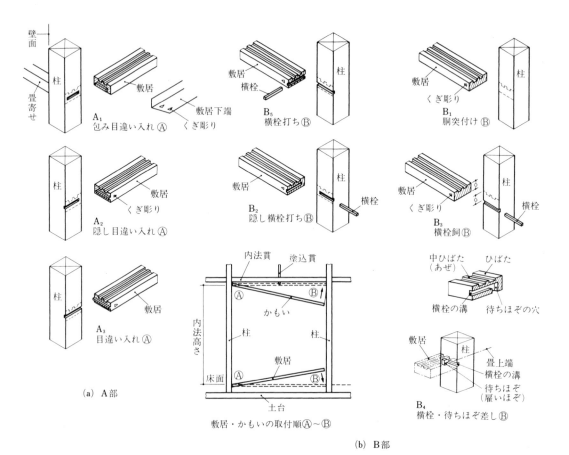

図8・6 敷居の取付け

(2) 敷居と柱との取付け

敷居と柱との取付けは，図8・6のように，柱間に一方を包み目違い入れ，他方を胴突付けとして隠しくぎ打ちなどとする。

敷居の取付け方法は，図8・6および，表8・3のように多くの種類があるので，部材側面の見え掛かりの区分と仕上げの程度によって適当なものをこの中から選定する。

(3) かもいと柱の取付け

かもいと柱の取付けは，図8・7のように，柱間に，一方を包み目違い入れ，他方を胴突付け・目かすがい打ち，隠しくぎ打ちなどとする。

かもいの取付け方法は，敷居よりも少ないが，図8・7および，表8・3の中から適当なものを選んで行う。

かもいの中間部は垂れ下がるので，接する部

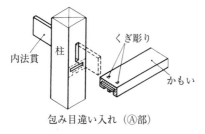

包み目違い入れ（Ⓐ部）

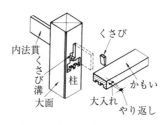

大入れやり返し（Ⓐ部）

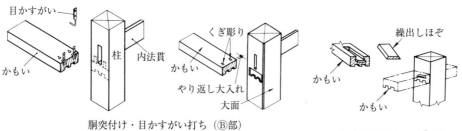

胴突付け・目かすがい打ち（Ⓑ部）　　繰出しほぞ差し（Ⓑ部）

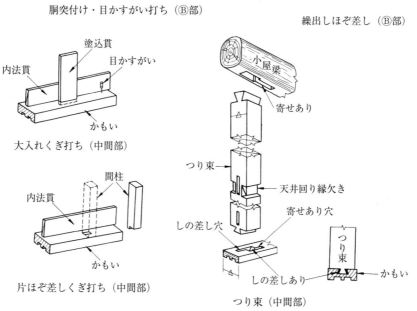

大入れくぎ打ち（中間部）

片ほぞ差しくぎ打ち（中間部）

つり束（中間部）

図8・7　かもいの取付け

材に応じて，目かすがい・塗込貫・間柱とかもいを図8・7のように固定する。

開口部がさらに広いものは，図8・7のように，小屋梁につり束を接合して，これに，かもいをしの差しあり（篠差し蟻）で固定する。

(4) かもい・敷居の溝寸法，皿敷居の寸法

かもい・敷居の溝寸法，皿敷居の形状寸法は，戸の見込み寸法と仕上げで，次のように割り出す。

① 戸溝の寸法は，図8・8（a）のように，溝の幅は21mm，深さは，かもい15mm，敷居2～3mmとし，この溝に建具を建て込む。建具の内側は，溝欠きをした側にする。

② 厚さ30mmの引違い戸の中ひばた（中樋端）は，図8・8（b）のように，ふつう，ふすま（襖）9mm，障子12mmなどとしている。

③ 敷居・かもいが溝付きの場合の中ひばたの位置は，図8・9（a）のように，材の中央にする場合と，図（b）のように柱付きのあき寸法から決める場合がある。

④ 皿敷居とかもいの割出し寸法の例を，図8・10に2例で示した。

建具相互のあき寸法は，内法高さ寸法と建具の仕上げにもよるが，ふつう用いられる寸法とした。

中ひばたの正確な寸法は，このように割り出すのがよい。

(5) 一筋敷居・一筋かもい

一筋敷居・一筋かもいは，図8・11のように，皿敷居・かもいの側面をいんろうじゃくり（印籠決り）にして添え付け，柱当りは，図8・11

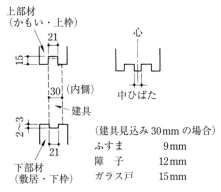

(a) 戸溝の寸法　　(b) 戸溝位置の割り出し方（例）

図8・8　戸溝寸法と割出し例

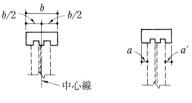

(a) 中ひばたを中心にした場合　　(b) 柱付きのあき（$a=a'$とした場合）

図8・9　中ひばたの位置

（a）のように，えり輪欠きにして大くぎ打ちで取り付けるものと，皿敷居・かもいの側面に添え付ける方法とがある（図（b），（c））。

いずれの場合も，雨仕舞に留意し，一筋かもいには雨押えを，一筋敷居には水切り鉄板をつける。水切り鉄板は，図（b）のように，皿敷居の上面に鉄板を張って垂れ下げるものと，皿敷居へつけたのこ目（鋸目）に鉄板を差し込んで垂れ下げるものがある（図（c））。

図（d）は，皿敷居に一筋敷居を取り付ける場合の戸溝の割出しと，一筋敷居の大きさを示した例である。

(6) 欄間

欄間は，通風・採光の目的から室内小壁面に設けるもので，その位置によって縁側欄間・間仕切欄間に分けられ，いずれも装飾を考えて仕上げる（図8・12）。

一般に縁側欄間は，欄間かもいの上端に柱の1～1.5倍くらいの小壁面を残し，欄間敷居をなげし（長押）の上端に取り付け，障子を建てて採光をはかる。

かもい敷居の幅は柱の面内に納め，その厚さは内法かもいの80％くらいとする。

障子の欄間には図8・12（a）の角柄（つのがら）欄間が主に用いられる。

間仕切欄間は，装飾の上から，板を入れた透し欄間，格子組みにしたおさ（筬）欄間，開口部をくし形（櫛形）にして中に竹を組み入れて小壁を塗り回しにしたくし形欄間などがある（図（b），（c），（d））。

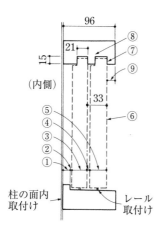

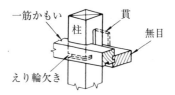

(a) 一筋かもいの取付け

(b) 皿敷居上面鉄板張り

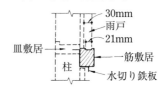

(c) 皿敷居差込み鉄板

		（単位 mm）	
		例1	例2
準備	● 柱の面内に取り付くこと。 ● 皿敷居の見込寸法を知る。		
割出し （上図）	① 水返し上端寸法を決める。	13	15
	② 水返しと建具のあきをとる。	3	3
	③ 建具の見込寸法を記入	30	33
	④ 建具相互のあき寸法	3	4
	⑤ 建具の見込寸法	30	33
	⑥ 建具の外部線を延長して⑦の線を引く。		
	⑧ ⑦より21mmのみぞをとると，中ひばたは	33-21 =12と なる	37-21 =16と なる
	⑨ 外ひばたを17とすれば	17	17
	内法の見込寸法	96	105

図8・10 皿敷居・かもいの割出し例

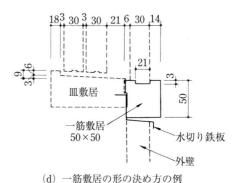

図8・11 一筋かもい，一筋敷居

116　第8章　開口部

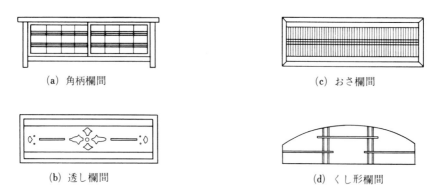

(a) 角柄欄間
(b) 透し欄間
(c) おさ欄間
(d) くし形欄間

図8・12　欄間

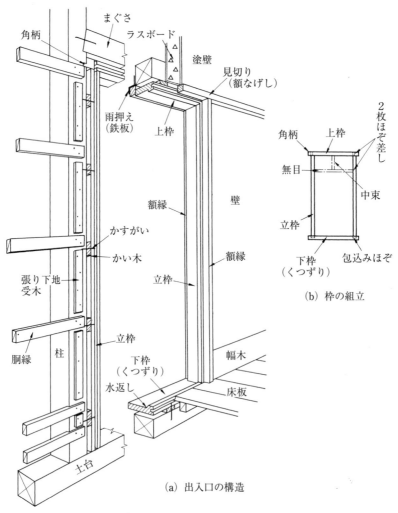

(a) 出入口の構造
(b) 枠の組立

図8・13　出入口の構造

8・3・2 大壁造の開口部

大壁造の開口部は，図8・13，8・14のように，開口部位置・開閉形式・大きさに合わせて左右の立枠と，上下の枠を，戸当りじゃくり，戸溝じゃくり，皿敷居などに加工し，これを，図8・13（b）のように堅固に組み固めて軸組の開口部位置で，上下枠の端部（角柄）を柱にはめ込み，くぎ打ちする。軸組と枠との隙間にはかい木を入れ，くぎやかすがいなどで堅固に取り付ける。出入口枠は必要に応じて，無目かもい（むめ鴨居）・中束などを組み込む。

枠の周囲は，壁の納まりのために額縁を取り

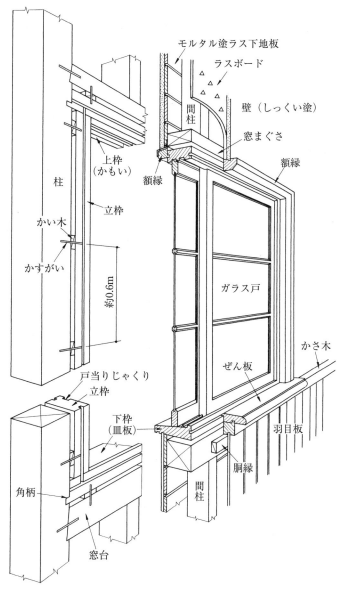

図8・14 窓の構造（引違いの場合）

付ける。

額縁は，装飾を兼ねるので，壁の仕上げによって，図8・15のように，散りじゃくり・羽刻みじゃくり・板じゃくりなどを施し，枠回りには小穴入れとし，枠または軸組に50cm程度の間隔で隠しくぎ打ちとする。ペイント塗のものでは，つぶし頭くぎで取り付ける。

窓の場合は，図のように，下枠に取り付ける額縁に，広幅の板を用いることがあるが，これをぜん板（膳板）という。

(1) 開き戸・開き窓

開き戸・開き窓には，垂直方向に開く片開き・両開きの形式と，水平方向に開く回転窓などの形式がある。

(a) 片開き・両開き　立枠（堅枠）に丁番（ちょうつがい）または上下枠にヒンジを取り付けて建具を開閉させるもので，図8・16のように，内開きと外開きの区別がある。

外部への出入口は，図8・13および図

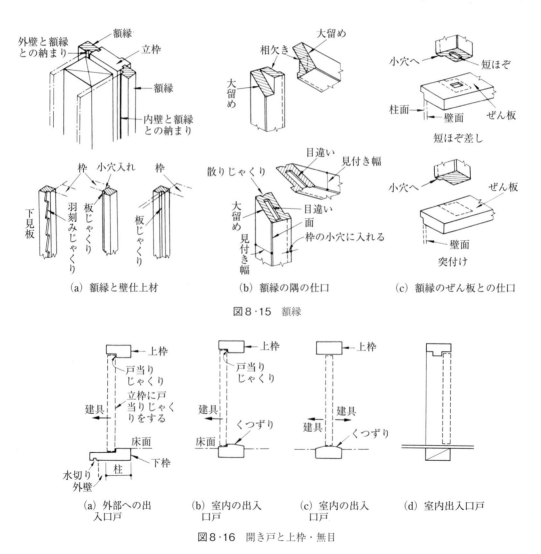

(a) 額縁と壁仕上材　(b) 額縁の隅の仕口　(c) 額縁のぜん板との仕口

図8・15　額縁

(a) 外部への出入口戸　(b) 室内の出入口戸　(c) 室内の出入口戸　(d) 室内出入口戸

図8・16　開き戸と上枠・無目

8・3 木製開口部　119

8・16（a）のように，幅広の皿敷居を下枠とし，上枠と立枠に戸当りじゃくりをして，外開きにする。

室内の出入口戸の下枠は，くつずり（沓摺）といい，床面から1～1.5cmくらい高くし，戸当りと斜面の形につくる（図8・16（b））。

くつずりは，摩耗しやすいので，ブナ・ナラ・ケヤキなどの硬木を用いる。くつずりの幅は立枠よりやや広くする。

また，床面と同じ高さに取り付けるものをさすり面（摩り面）にするという。

現在はバリアフリーへの対策として出入口戸の下枠は取り付けないことがある。しかし，三方枠にすると耐久性上弱点となってしまうので下枠は床材下に設け，立枠を床下まで伸ばして止めつけるとよい（図8・17）。

出入口幅が1mくらいまでは片開きとし，それ以上の場合は，両開きまたは親子扉とし，戸の合せ目（召合せ）は，隙間風を防ぐために，図8・18のように，合じゃくりにしたり，定規縁を取り付ける。

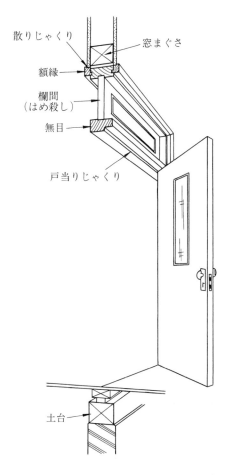

図8・17　開き戸

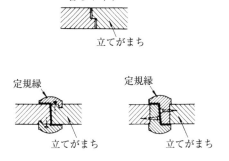

図8・18　召合せ

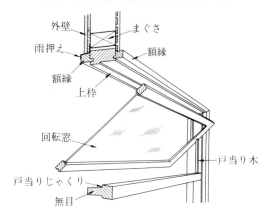

図8・19　回転窓

（b）**自由戸・回転戸**　自由戸は立枠に自由丁番を取り付けて，図8・16（c）のように，内外の両方向に開閉する形式のものである。

くつずりは両斜面につくり，枠には戸当りじゃくりをつけないので気密性に乏しく，戸締りも不完全である。そのため外部には用いず，室内の間仕切に用いることが多い。

回転戸は，上下枠に回転軸を取り付けて，自由に回転させる形式のものである。

（c）**回転窓**　回転窓は，立枠のほぼ中央に軸金物を取り付けて回転させるもので，図8・19のように，立枠に戸当り木を打ち付け，上下枠には戸当りじゃくりをつける。欄間に用いられることが多い。

（2）**引戸・引窓**

建具が枠の上を往復して開閉する形式で，引違い（図8・14）・引分け・片引き・引込みなどがあり，上枠に戸溝を，下枠に戸溝またはレールを取り付け，これに建具をはめ込んで開閉する。一般に戸当りじゃくりを設けないが，外部に設けるものには気密性をよくするために，立枠には溝形の戸当りじゃくりを設けることがある。

また，戸の引きたてを軽くするために図8・20

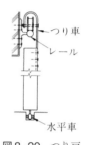

図8・20　つり戸

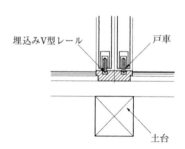

図8・21　埋込みレール

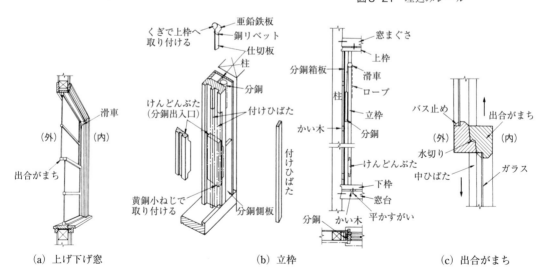

(a)　上げ下げ窓　　(b)　立枠　　(c)　出合がまち

図8・22　上げ下げ窓

のように，上にレールを取り付けてつり戸（吊戸）の形式にするものもある。

下枠と埋込み用レールを用いると下枠が床面と平で納まる（図8・21）。

(3) 上げ下げ窓

2枚の引違い戸が上下に走る形式である（図8・22）。操作が便利であること，雨仕舞がよいこと，開放が適宜の位置にできて通風の調節が便利であることなどの利点がある。逆に閉じた場合も多少の隙間が生じること，工作に手間がかかることなどの欠点がある。立枠は，分銅をつるため図（b）のように分銅箱とする。上部には滑車を取り付け，これにロープを掛け，1本の建具に左右1個ずつの分銅をつるす。この分銅は，建具が任意の位置に停止できるように，建具と同じ重量にする。分銅枠の下部は，分銅の結び替えに便利なようにけんどんぶた（倹鈍蓋）を設け，内部は2個の異なる分銅が互いに触れ合わないように，銅板または木の仕切板をつる。

建具は，図（a）のように立枠の溝へはめ込むが，建込みに便利のため，一方は付けひばた

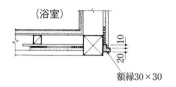

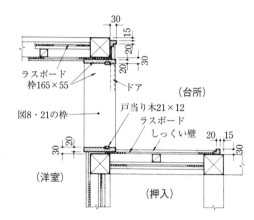

図8・23 枠寸法の割出し

（付け樋端）とする。上下建具の重ね合わせになるかまち（框）を出合いがまちといい，気密を保つように合じゃくりとし，水切りをつける（図8・22（c））。

(4) 大壁と真壁がとなり合う枠の納まりの例

図8・23は，住宅内部の開口部の一部を表したものである。廊下の真壁と台所の大壁の出入

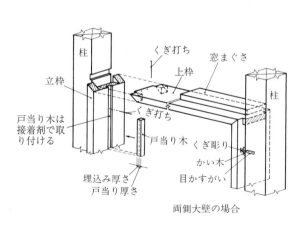

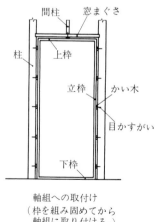

図8・24 額縁を兼ねたドアの枠

口は，柱を見え掛りにしてドアのつり元と，戸当りにして，台所の大壁を額縁納めとした。

また，洋室と台所出入口の開口部枠は，平割り材を用いて額縁兼用の枠をつくり，隣接の出入口の体裁をそろえるようにする。見付け寸法は，20 mm 程度で統一する。

なお，図8・24 は，上記の出入口枠の構造と軸組への取付けを示したものである。

図8・25 は，見え掛りの柱に洋室の内開きドアを取り付けるには，柱に立枠を沿わせて取り付け壁の納まりとつり元とし，柱に戸当り木をつける。上部の下り壁は，隣接の窓枠を水平に通して額縁を取り付けて納める。

8・3・3 出 窓

出窓は，図8・26のように窓枠を壁面から張り出し，これに建具をはめ込む形式のものをいう。室内の空間を増して広く見せ，実用と外観などの意匠的効果が大きく，居間をはじめ，その他用途は多い。

開口部は障子・ガラス戸の引違いまたは開きとしたり，これに雨戸を加えるなど，取付位置に応じて二重戸・三重戸とすることができる。

また，出窓を利用した飾り棚と，下を地袋にして利用することもある。

出窓の構造には，板で枠をつくって柱に取り

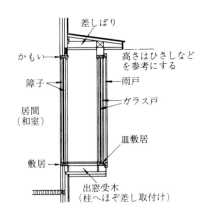

図8・26 出窓

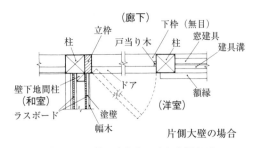

図8・25 柱に立枠をつけた内開き戸

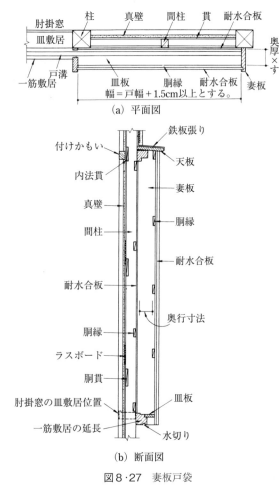

図8・27 妻板戸袋

付ける簡単なものや，図のように柱立て形式にして，出窓受木・差しばりで堅固に組み固めるものがある。また，受木下に方杖を付けたり，出窓の張出し壁に斜材を入れたりして補強する。

8・3・4 戸袋

戸袋は，雨戸・ガラス戸などを格納するために設けるもので，多くは外壁にはね出して設け，袋の形式とするほか，前面を覆わず，枠だけでこれを納めるものがある。

戸袋の奥行と幅は，図8・27（a），（b）のようにして決める。雨戸が8本くらいまでは，妻板戸袋とすることができるが，それ以上の場合は，図8・28のような柱立て戸袋とする。

戸袋の形と仕上げは意匠的に扱って，外部仕上げのささら子下見板張りとするなど，いろいろな仕上げを行う。

戸の繰出しには，妻板の中間部を切り欠くほか，戸袋の内壁に繰出し窓をつける。

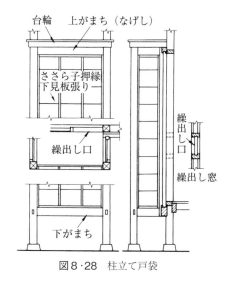

図8・28　柱立て戸袋

8・3・5 木製建具

建具は，開閉に伴って衝撃を受けることが多いので，丈夫であるうえ，使用が軽快で，建付けが正確，かつ狂いが生じないことが必要である。さらに，建築物の外部に面した部分に用いる建具は，外壁に準ずる役目をもつ。したがって，材料をよく選定し，工作も一層精密に，仕上げも丁寧にする。

(1) 建具の種類と名称

木製建具の種類は非常に多いので，一般の建具の形状や仕上げ方法で区別する。組立は仕口を接着剤でのり付けすることが多く，くぎや木ねじは使わない。

仕口のほぞ（柄）は，洋風では通しほぞ，和風では包みほぞとするのが普通である。

次に主な建具の種類・名称を図8・29に示す。

桟戸　横桟に板を張ったもので，仕上げの程度によって使用範囲も広い（図（a））。

唐戸　四周のかまちと帯桟・中立て桟を加えて組み固めたもので，鏡板をはめ込んだものを唐戸（図（b）），腰下の部分に鏡板を，上部へガラスをはめ込んだものを腰唐戸という（図（c））。かまち（框）の大きさは，見込み3.3〜3.6cm，見付け10cm程度で，かまちの見付けは，上・中・下の順に広くする。唐戸の仕口・鏡板の取付けは図（c'）のようにする。

フラッシュ戸　図（d）のようにかまちの中に格子状に骨組を組み，木目の美しい合板や，化粧板等を張り合わせたものがあり，洋室などに広く用いられる。

124 第8章 開口部

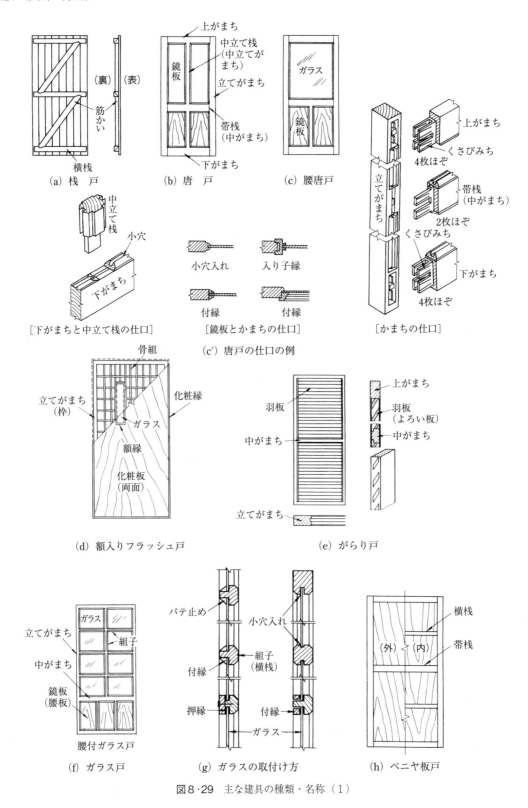

図8·29 主な建具の種類・名称（1）

がらり戸 図（e）のように立てがまちの間に羽板（よろい板・しころ板ともいう）を取り付けたもので，通風の役目も果たす。

ガラス戸 図（f）のように，かまちの間にガラスを入れるもので，ガラスの大きさを加減し，丈夫にするために横桟や組子を組み入れる。ガラスは図（g）のように取り付ける。

板戸 図（h）のように周囲をかまちで組み，桟を取り付け，板を張ったもので，合板を張ったものをベニヤ板戸ともいう。

舞良戸（まいらど） 図（i）のように細い横桟（舞良子）を細かく組み込み，板を張ったものをいう。

ふすま ふすま（襖）は，骨組の両面にふすま紙を張り上げたもので，片面を板戸とした戸ぶすま（図（j）），縁を表さない太鼓張りふすまなどがある。戸ぶすまは，和室と洋室の境の開口部に用いられる。

雨戸 板戸の一種で，外部に面する箇所に用いる。板には耐水合板，がらり，着色鋼板を張ったものなどがある。

格子戸 図（k）のように，周囲をかまちで組み，立て子（格子）に貫を通して格子

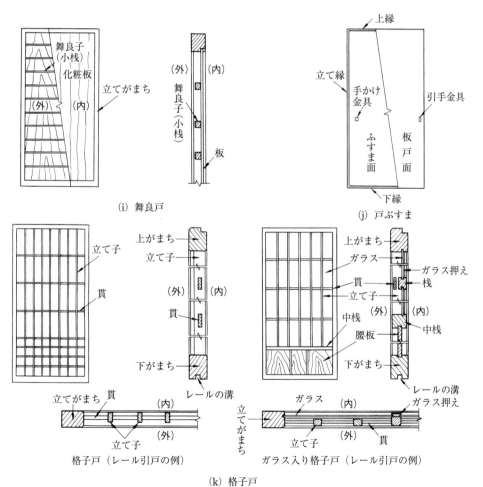

図8・29 主な建具の種類・名称（2）

状に組み立てるもので，和風の門戸などに用いられる。

格子戸の内側にガラスをはめ込んだものは和風の玄関に用いられる。

障子　和風独特の建具（図8・29（3））で，座敷と縁側との間や窓に用いる。四周のかまちと縦横に組んだ組子に和紙を張った無地障子のほか，ガラスをはめ込むあずま障子（東障子）などがあり，種類は非常に多い。縦横の組子の組み方やガラス窓の扱い方などによっていろいろな名称がある。

組子の間隔は，横では障子紙の幅の半分を標準に，横組子または立て組子を密にするものを，横繁障子・立て繁障子という。

障子中央にガラス入りとするものを額入り障子，障子下半部にガラス入りとするも

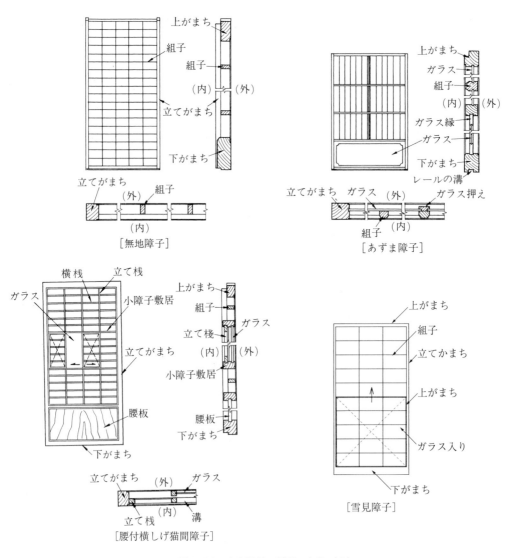

図8・29　主な建具の種類・名称（3）

のを雪見障子といい，さらにこのガラスの部分に小障子をはめて，引分けまたは上げ下げとするものを猫間障子という。

8・3・6 建具金物

建具がその機能を十分に発揮するには，使用する建具金物が用途に適したものでなければならない。

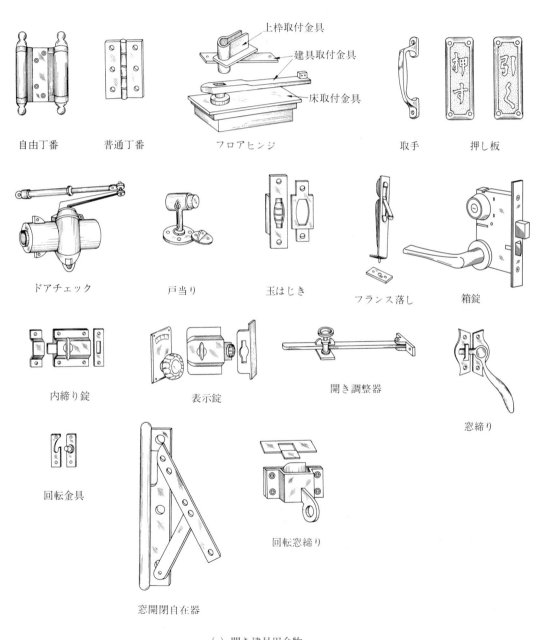

(a) 開き建具用金物

図8・30　主な建具金物（1）

建具金物を誤って用いたり，無理な用い方をすると，建具の機能を減ずるばかりでなく，故障あるいは事故の原因となりやすいので，金物の選定には特に次のことに注意する。

① 建具の重量と遮蔽性
② 使用頻度の程度
③ 取り付けられる室の性格

建具金物を建具の開閉形式などによって表8・4のように区分し，図8・30に形状を示す。

8・4 開口部の設計

住宅の開口部は耐風圧性・水密性・気密性・断熱性・遮音性という多様な性能が求められている。開口形式や大きさは室の使用目的などで選択するが，サッシの性能により見込み，荷重なども大きく，取付けは柱や横架材(受け材)にしっかり固定させて，大壁造や真壁造の仕様により，性能が損なわれない配慮が必要となる。

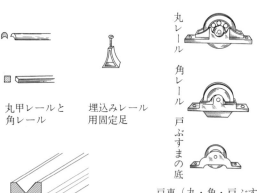

つり戸車

引手

ふすま引手

シリンダー戸締り

打掛け

クレセント

かま錠
(b) 引き建具用金物

ふさ掛け

敷居かすがい

(c) 補助金物

図8・30 主な建具金物（2）

表8・4 主な建具金物

種　　類	主 な 建 具 金 物
開き建具用金物	丁番・フロアヒンジ・取手・押し板・ドアチェック・戸当り・玉はじき・落し・箱錠・内締り錠・表示錠・開き調整器・窓締り・回転金具・窓開閉自在器・回転窓締り
引き建具用金物	レール・埋込みレール用固定足・戸車・つり戸車・引手・かま錠・ねじ締り・シリンダー戸締り・打掛け・クレセント
補 助 金 物	ふさ掛け・敷居かすがい

8・4・1　外部回りの開口部

外部回りの開口部は，木造用アルミサッシを中心に説明する。

アルミサッシは，一般サッシのほか，防音サッシ，木や樹脂と複合させた断熱サッシ，改修向けのサッシなど性能や目的に合わせて種類が多く，開閉形式もさまざまである。

また，ガラスの種類には透明ガラス，型ガラス，および網入り有無のほか，複層ガラス，低放射複層ガラス，防犯性対応ガラスなど高機能をもつものがある。開口部は室内の快適性に影響を与えるため，目的に合ったサッシやガラスを選択する。

サッシの取付形式には，枠の大部分が軸組の開口部内に納まる内付け，枠の一部が納まる半外付け，サッシを軸組材の外に取り付ける外付けがある。どの形式とするかは外壁の構法と仕様などで決めていくが，サッシ取付周囲は漏水しやすい箇所であるため，入念な外壁の雨仕舞に工夫が必要となる。

サッシの取付例を図8・31，8・32に示す。

8・4・2　サッシの規格寸法と取付方法

木造住宅サッシの平面上の幅寸法は，柱の心々910mmモジュールを標準に柱間に納まるようになっている。地方によってはモジュール寸法が異なる場合がある。

サッシの取付けは壁の内隅部分等では壁の仕上げ材との取り合いで，規格が納まらないことがあり，柱をわずかに移動させたり，あるいはサッシ幅をつめる等の調整を行う。サッシによっては幅つめが難しい場合もあるので設計の時点で把握する必要がある。

8・4・3　開口部上部高さの決め方

開口部の上部枠の高さ（内法高さ）は，洋室の開口部を基準にして一定の高さを決め，玄関・台所・出窓などのほかは開口部の上枠の下端（内法高さ）の水平位置を統一する。

一般には，アルミサッシ掃き出し窓の枠上部に取り付けた額縁下端が内法となる。実際はアルミサッシは外付用タイプと内付用タイプによって寸法が異なる場合があるため，内法をそろえるには工夫が必要となる。

130　第8章　開口部

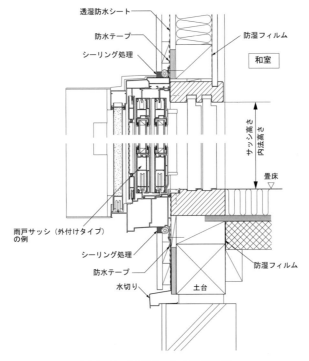

図8・31　雨戸サッシの取付け例

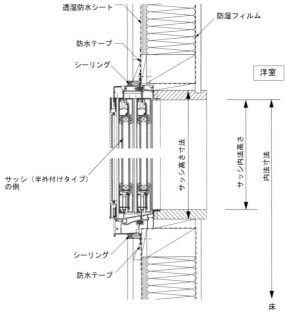

図8・32　洋室サッシの取付け例

第9章
外部仕上げ

建築工事は、建方作業に引き続いて、屋根・開口部回り・外壁の順に外部仕上げを行う。

これらの外部仕上げは、雨・風・雪を防ぎ、熱・光・音を遮るだけでなく、火災に際しては延焼を防ぐ役目をもっている。

また、長期間にわたって紫外線や風雨にさらされるので、耐候性の高い性能が求められる。

外部仕上げは、建築物の形態とともに外観の印象を決定するため、機能だけでなく意匠性も重要である。

9・1 屋根

屋根は、木造住宅では傾斜屋根が一般的で、切妻屋根、寄棟屋根が多い。

屋根は壁面を保護し、雨よけ・日よけのために軒・そば軒を、外壁面から突き出させる。図9・1に各部位の名称を示す。屋根をふくには、地域の気候条件を考慮するとともに、屋根材の基本性能を満足する材料・工法を選定する。

① 耐水性のあるもの
② 熱伝導率の小さいもの
③ 温度・湿度によって伸縮しないもの
④ 凍害を受けないもの
⑤ 軽量なもので、地震や風などの外力で破壊しにくいもの
⑥ ふき方が簡単なもの
⑦ 外観上その建物に調和するもの

屋根材は瓦・スレート・金属板などが一般に用いられる。

屋根勾配は、風の強い地方では緩勾配、雨量の多い地方では急勾配とする。多雪地方では雪が積もらないように急勾配とするか、または計画的に雪おろしができるように緩勾配とする。

また、材料とふき方によって適切な勾配があり、表9・1に示す。

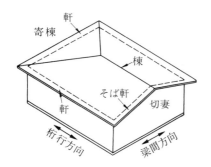

図9・1 屋根の各部位の名称

表9・1 屋根ふき材と勾配

瓦	4.5／10以上
住宅屋根用化粧スレート	3.5／10以上
金属板平ぶき	3／10以上
金属板瓦棒ふき	2／10以上

9・1・1 屋根下地の構造

屋根下地は，一般に垂木の上に野地板を張って，軒先には図9・2のように広小舞を，妻の端（そば軒）にはのぼり（登り）を付け，化粧と見切りを兼ねる。現在では野地板には耐水性の高い合板が用いられ，その上に防水紙としてアスファルトルーフィング等を敷く。また，一般には軒天井を取り付けることが多いが，軒の野地板が下から見える場合には化粧板を用い，軒げた上端には，図のように面戸板を取り付けて，天井裏に風やほこりが入らないようにする。

9・1・2 軒天井

軒先やそば軒（傍軒）下端の部分を軒裏といい，この部分に天井をつけたものを軒天井という。

軒天井は，小屋組・屋根形状と天井位置の構成によって，図9・3のように，垂木下端に張り上げ化粧母屋とするものと，図9・4のように軒げた・鼻母屋などを包んで仕上げるものとがある。

かつては和小屋と洋小屋で軒天井の形式が分かれていたが，現在ではこだわりはない。軒天井には，小屋裏換気のために必要な換気口を設ける必要がある。

また，屋根に準じて防火上重要な部分なので，地域に合った防火性能をもつようにする。

軒は，火災の場合には最も引火しやすい箇所であるので，敷地境界に近接して延焼のおそれのある場所では，不燃材料などで防火上有効に

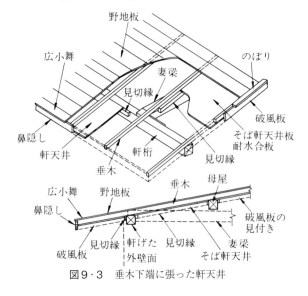

図9・3 垂木下端に張った軒天井

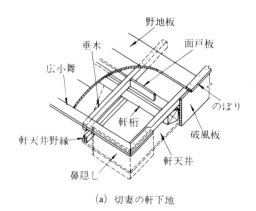

(a) 切妻の軒下地

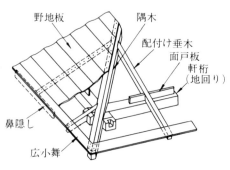

(b) 寄棟の下地

図9・2 屋根下地

9・1 屋根 133

仕上げることが必要である。

この場合には，軒先の鼻隠し・破風板など外部に面する部分すべてが含まれる。

不燃材料として，ケイカル板張り・モルタル塗などが使われる。

張り上げ軒天井は，図9・4（a），（c）のように軒桁下端を軒天井の位置にして，軒先とそば軒を同一面に仕上げる。図（b），（d）の軒天井は，軒先を敷桁下端で水平面にし，そば軒を母屋下端位置で勾配面にして仕上げる。切妻屋根で用いられる。寄棟屋根では軒天井の全体が水平となる。軒先・軒天井・そば軒の納め方の3様式を一覧にしたのが，図9・5である。

① 図9・5（a）は屋根切断位置を明示し，図（b），（c），（d）において断面図で解説している。

② 図（b）は屋根の基本形の構造を，軒先・軒天井をAで，屋根・そば軒をBで，妻部外観の仕上りをCで示した。

③ 図（c）は，垂木下端に直接軒天井を張った場合の各部の納まりを，鼻隠し・破風板を用いて示した。

④ 図（d）は，母屋下端にて軒天井とそば軒天井を同一面に仕上げる場合の軒天井の位置，鼻隠し・破風板の構成，大きさ（寸法の割り出し方）を示した。

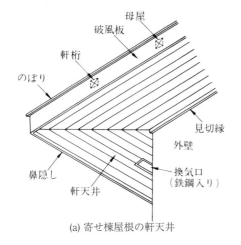
(a) 寄せ棟屋根の軒天井

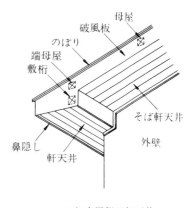
(b) 切妻屋根の軒天井

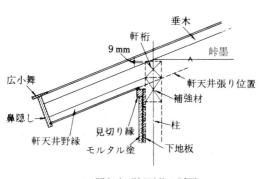
(c) 張り上げ軒天井の断面

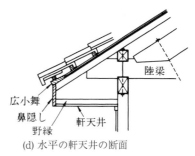
(d) 水平の軒天井の断面

図9・4 軒桁・母屋の木口を隠した軒天井

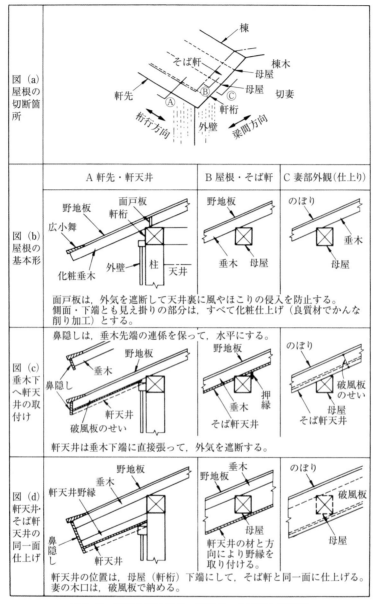

図9・5 張り上げの軒先・軒天井・そば軒の納め方

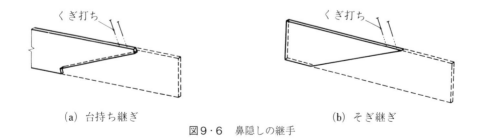

(a) 台持ち継ぎ　　　　(b) そぎ継ぎ

図9・6 鼻隠しの継手

鼻隠しの継手は，図9・6のようにする。

伝統的な真壁造の和風住宅の縁側の軒裏は，内部の縁側の天井と一体にして，図9・7のように化粧軒天井とすることがある。

図(a)は，天井面の勾配を緩くしたもので，図(b)は，屋根勾配とした天井である。図(a)，図(b)とも軒先には広小舞・よどなどを取り付け，そば軒にはのぼり・のぼりよど（登り淀）などを取り付けて納める。化粧軒天井のそば軒の屋根面は，みの甲（箕甲）にしてふき上げる（図9・9）。

化粧軒天井の垂木の間隔は，図9・7（c）の垂木割りに従うこともある。

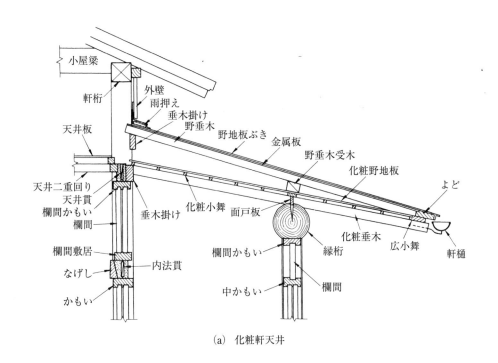

(a) 化粧軒天井

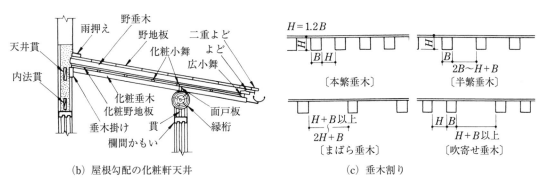

(b) 屋根勾配の化粧軒天井　　　(c) 垂木割り

図9・7　化粧軒天井・垂木割り

9・2 ひさし

ひさし（庇）は，出入口・窓などの上部に設けられ，開口部回りの雨仕舞と日射遮蔽が目的である。また外観にも影響を与えるので意匠的にも重要であるが，洋風の住宅では建具の形式も多様であるため，ひさしを取り付けない場合もある。

9・2・1 洋風ひさし

建物の外壁を大壁式にした開口部の上部には洋風ひさしをつけて外観の調和をはかる（図9・8）。

(1) ひさしの高さの位置

開口部の上部につけるひさしの高さ位置は，軸組の構造から，図9・8（a）で示すように，和室の内法貫上端を基準として，力板ひさしでは妻板下端をこれに合わせて取り付けて，ひさ

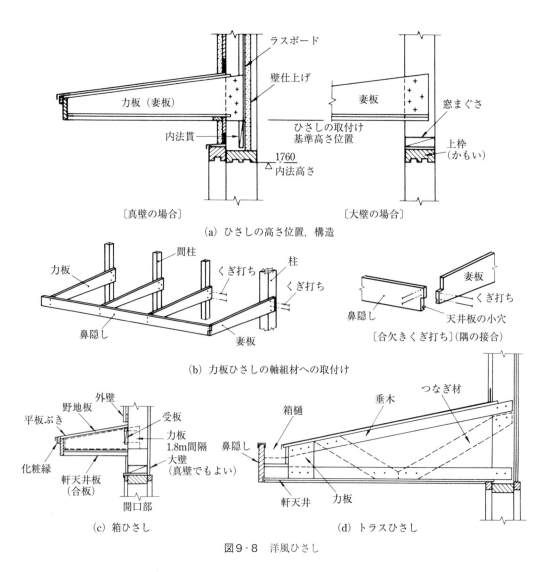

図9・8 洋風ひさし

しの外観を統一する。力板ひさしでは妻板下端を和室貫に合わせて取り付けると，ひさしの高さを統一できる。

(2) 力板ひさし

力板ひさしは，普通に用いられるひさしで，妻板・力板を柱・間柱の側面にくぎ打ちして固定し，鼻隠し・軒天井・野地板を取り付けたものである（図9・8 (a), (b)）。

(3) 箱ひさし

箱ひさしは，力板ひさしよりひさしの出が少ない場合に用いられる構法である。

両端の妻板を柱面に打ち付け，これに鼻隠し・受板を取り付け，さらに軒天井・野地板を取り付ける。

野地板の木口を隠し，化粧納めのために化粧縁を三方に取り付ける。

ひさしの長い場合は，1.8 m間隔に力板を取り付ける（図9・8 (c)）。

(4) トラスひさし

トラスひさしは，力板ひさしより突出の多い玄関のポーチ・台所の入口などの小屋根に用いられる（図9・8 (d)）。

トラスひさしは，水平の軒天井面と屋根の斜面に垂木を配置し，この側面に貫材でトラス状にくぎ打ちにして固めたものである。

外回り三方には鼻隠しを取り付け，小屋根は寄棟にする。

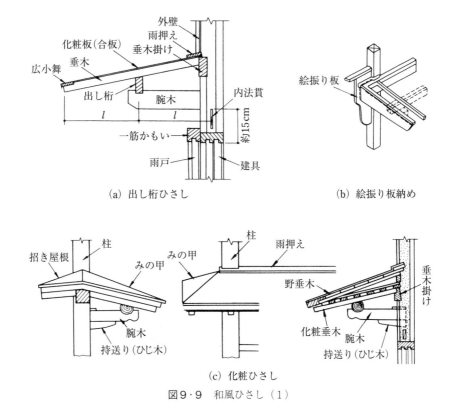

(a) 出し桁ひさし　　(b) 絵振り板納め

(c) 化粧ひさし

図9・9　和風ひさし (1)

9・2・2 和風ひさし

建物の外壁を真壁造の和風にした開口部の上部には，和風ひさしを取り付けて外観の調和をはかる（図9・9）。

(1) ひさしの高さ位置

ひさしの高さ位置は，図（a）のように，内法貫の上端を腕木下端にして取り付け，ひさしを構成する。

(2) 出し桁ひさし

出し桁ひさしは腕木ひさしともいい，一般に用いられる和風ひさしである。柱にほぞ差しした腕木に出し桁・垂木を取り付け，これに化粧野地板（合板）を張ったものである。

建物の出隅部にひさしを設ける場合は，図（b）のように，絵振り板（えぶり板）を取り付けて納めるほか，図（c）のように招き屋根をつけて納めるものがある。

(3) 伝統的な和風ひさし

化粧ひさし ひさしの見え掛り面を化粧垂木・木小舞・化粧板で構成し，この上に野垂木をつけてひさしをつくるもので，両端部の屋根はみの甲納め（箕甲納め）にする（図（c））。

七五三ひさし ひさしの天井を水平にし，屋根面を，三つの勾配で構成したものである（図（d））。

目板張りひさし 垂木を用いずに板を張って，その先端に鼻がらみ（鼻絡み）を取り付けたもので，屋根は鉄板を張らない構造である（図（e））。

霧よけひさし 小さい開口部の上部に用いられるひさしで，両端の持送りに板を取り付けたものである（図（f））。

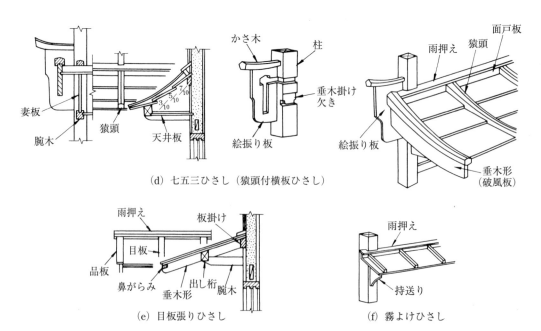

図9・9 和風ひさし（2）

9・3 屋根のふき方

9・3・1 瓦ぶき

瓦ぶき（瓦葺き）は，昔から広く用いられている屋根仕上げで，耐久性が高く不燃性で熱伝導率が小さい。また独特の趣があり修理が容易である。しかし，重量が大きいため屋根全体が重くなる。また，個々にばらけて振り落とされやすいので，地震・強風に対して留意しなければならない。最近では耐震性を考慮して，ふき方や留め付け方法が改良されている。

(1) 瓦

瓦ぶきには，日本瓦ぶきと洋瓦ぶきとがある。日本瓦には，桟瓦・唐草瓦・丸瓦，その他の役瓦があり，洋瓦には，フランス瓦・スペイン瓦・S型瓦などがある（図9・10）。

瓦には，粘土を原料にした粘土瓦のほかに，セメントを主原料にした厚型スレートがある。

粘土瓦は，焼き方によって，次のように区別される。

いぶし瓦 焼上がりの直前に半枯れの松葉でいぶし焼きをし，その表面に銀黒色の光沢を出したもので，耐久・防水の効果がある。粗面磨き・片面磨き・無処理のものがある。

また，いぶし瓦（燻し瓦）は生産地によって，遠州瓦（静岡），三州瓦（愛知），京瓦または大仏瓦（京都），菊間瓦（愛媛）などという。

ゆう薬瓦 溶けやすい石粉または土灰に，着色材として各種の酸化金属を混ぜたものを水溶液にしたゆう薬（釉薬）を，粘土素地に塗って焼き上げたものである。

また，ゆう薬瓦は生産地によって，能登瓦（石川），石見瓦または石州瓦（島根）などという。

塩焼瓦 ゆう薬の代わりに食塩を用いたも

図9・10 瓦の種類

ので，素地がよく焼き締まったとき食塩を投入し，その表面にけい酸ソーダ質の透明皮膜をつくったもので，赤褐色をしている。

厚型スレート　セメントに硬質細骨材を重量比1：2で調合し，混合して加圧成形したものである（図9・11）。

(2) 下ぶき

下ぶきは，仕上げ材の継目からの浸入による雨漏りや金属板ぶきの結露で野地板が腐るのを防ぐ目的で行う。下ぶきはアスファルトルーフィングぶき（図9・12（a））が一般的であるが，伝統的な工法として神社仏閣等ではこけら板，杉板や桧皮などを用いた土居ぶき（図（b））が現在でも行われている。

(3) 日本瓦ぶき

日本瓦ぶきには，一般に，引掛け桟瓦ぶきが用いられる。これは，地震によって滑り落ちるのを防ぐため，引掛け桟瓦の裏面の凸部を桟に

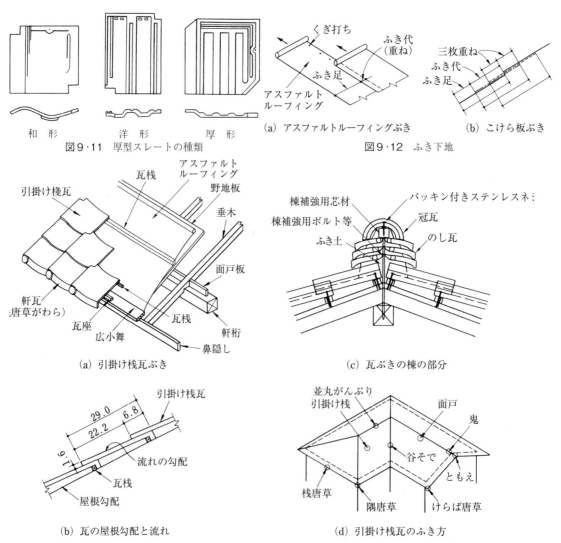

図9・13　瓦ぶき

引っ掛けてふき上げる。図9・13(a)のように，広小舞の上に瓦座を，ふき足（葺き足）に合わせて瓦桟を打ち付け（図(b)），軒から順にふき上げる。

棟は，図(c)のように，のし瓦（熨斗瓦）を積み上げ，がんぶり瓦（雁振瓦）を伏せ，その両端および隅棟の先に鬼瓦を据え，銅線で野地板に緊結する。のし瓦と桟瓦の隙間には，面戸瓦を入れたり，しっくい（漆喰）などを塗り込んで雨水の浸入を防ぐ。

屋根の各部には，図(d)のように，役瓦を用い，軒先やけらば（螻羽）部分の瓦は，風で飛ばないように，それぞれ2枚通り以上を1枚ごとに銅線やくぎで野地板に緊結する。

9・3・2　金属板ぶき

金属板ぶきは，亜鉛鉄板・アルミニウム板・ステンレス鋼板・銅板などを用い，ふき方は平板ぶき・瓦棒ぶき・波板ぶきおよび横ぶきの種類がある。

金属板ぶきは次のような利点・欠点がある。

〔利点〕

① 勾配を緩くして雨漏りしない継目でふき仕上げができる。

② 長い材料（長尺板）と緩い勾配の施工方法で屋根をふき仕上げできる。

③ ほかの材料ではふき難い複雑な箇所も自由にふくことができる。

〔欠点〕

① 熱伝導率が高い。

② 温度による伸縮が大きい。

(1) 材料

亜鉛鉄板　溶融亜鉛めっき鋼板という。焼付塗装を施したものまたアルミニウムとの合金などがある。ふつうに用いられる厚さは，0.4mm程度の板である。

アルミニウム板・ステンレス鋼板　アルミニウム板は，軽量でさびにくく，良質板は放射熱を反射する。瓦棒ぶきとすることが多い。また，同じ目的でステンレス鋼板が用いられる。

アルミニウムは，展性・延性・引抜き加工性に富み，軽いわりに強い。空気中では表面に酸化膜ができ，これが保護膜となるので耐食性が大きい。酸・アルカリに弱く，コンクリートに接する箇所では腐食から防御する対策が必要である。

銅板　銅板は，耐久力が強く加工も容易であり，屋根ふき材料としては最高級品である。亜鉛鉄板と接触すると亜鉛鉄板を腐食させるので注意する。一般に平板ぶきとし，屋根全面にふき上げるほか，瓦ぶきと併用して屋根の軒先・そば軒部分にだけふき上げることもある。

(2) 屋根のふき方

下ぶき　金属板ぶき屋根の下ぶきは，図9・12のように，アスファルトルーフィングを用い，ふき代100mm以上で軒先と平行に長手方向に，下から棟に向かってふき上げる。棟は，左右折り掛けにする。また壁際は120mm（瓦ぶきの場合は250mm）以上立ち上げる。

瓦棒ぶきは，図9・14のように，アスファルトルーフィングをふいてから，瓦棒を垂木位置に打ち付ける。

平板ぶき　一般に，図9・15のような一文字ぶきが多い。長方形に板取りして，横の継手が一の字につながるよう，軒先から棟に向かって左右のいずれかの一方向からふき上げる。板は四方ともこはぜ掛け（小鉤掛け）とし，約30cm間隔につり子を配置してくぎ打ちする。

ふき板の大きさは，45cm×90cmを標準とする。

瓦棒ぶき　図9・16（a）のように，瓦棒の間にU型に加工したふき板を軒先からふき上げ，これに，上ぶた板をかぶせてつり子と共にこはぜ掛けにして，ふき仕上げする。雨仕舞は平板に比べて非常によく，緩勾配の屋根にも適している。特に長尺板を使うと有利であるが，風に対して浮き上がるおそれがあるので，その取付けには十分に注意する。

瓦棒ぶきには瓦棒の心木を用いず，上ぶた板（上蓋板）とのふき加工には機械を用いる方法がある（図（b））。

段ぶき（横ぶき）

一文字ぶきの応用として用いられてきた。図9・17のように，一文字ぶきのやや平面的

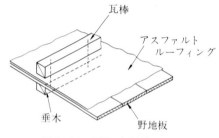

図9・14　瓦棒の打付け

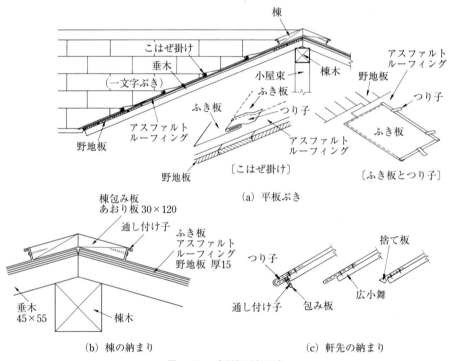

図9・15　金属板平板ぶき

な仕上がりに対して、流れ方向の接合部を段状にして材質に厚みをもたせる。最近は長尺板による段ぶきが主流となり、雨仕舞が改良されているが、いくつかの種類があるため、施工法をそれぞれに確認する必要がある。

9・3・3 住宅屋根用化粧スレートぶき

セメントおよび繊維材料を主原料として加圧成形したもので、表面仕上げに彩色したり、小さいしわ状の凹凸を付けたものなど、多様な種類がある。耐水性・耐火性があり、比較的施工性も良いため、現在は屋根材として普及している。ふき方は金属屋根と同様に下地として野地板の上にアスファルトルーフィングなどを敷く。ふき板は一枚ごとに専用のくぎで野地板に留め付ける。棟、けらばや軒先には役物（やくもの）がある（図9・18（a）、（b））。

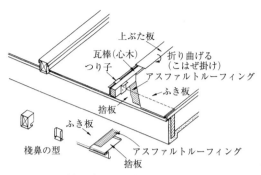

(a) 屋根面・先端部のふき方

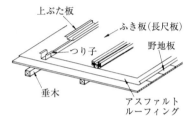

(b) 心木なし瓦棒ぶき

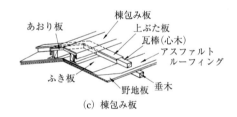

(c) 棟包み板

図9・16 金属板瓦棒ぶき

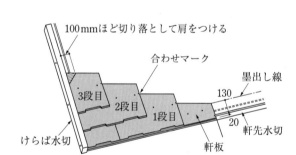

(a) 軒先部のふき方

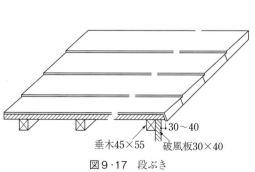

図9・17 段ぶき

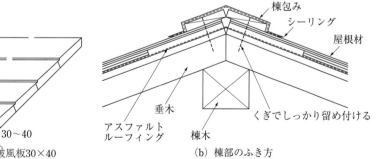

(b) 棟部のふき方

図9・18 住宅屋根用化粧スレートぶき

9・4　樋

樋（とい）は，屋根面からの雨水を地上に導くために設けるもので，軒樋・呼樋・立樋・はい樋などの区別があり，硬質塩化ビニル製・溶融亜鉛めっき鋼板製・銅板製・ステンレス製などがある（図9・19）。

(1) 軒樋

軒樋には，一般に用いられる外樋とひさしの内側に設ける内樋があり，いずれも立樋に向かって1/200以上の勾配をつける。

外樋には，径10～12cmの半円形のものまたは角形のものを用い，60cm前後の間隔に樋受金物で垂木または鼻隠しに取り付ける（図(c)）。

内樋は箱樋とし，勾配をできるだけ急にして，屋根ふき材の下に深く差し込んで雨仕舞をよくし，また，熱による伸縮ができるような留め方とする。なお，谷・陸谷（ろく谷）に設けるものも同様に行う。木造では屋内内部には箱樋を設けないのが基本である。

(2) 呼樋

呼樋は，軒樋と立樋を連絡するもので，丸形または角形のものを用い，その形状からあんこう（鮟鱇）ともいう。

(3) 立樋

立樋（堅樋）は，円形または角形で，約90cm間隔につかみ金物（掴み金物）で支え，下端は排水管や樋受石に連絡して排水する。

(4) はい樋

2階と1階の立樋を屋根面に沿って連絡する樋をはい樋（這い樋）といい，立樋の材料を用いる。

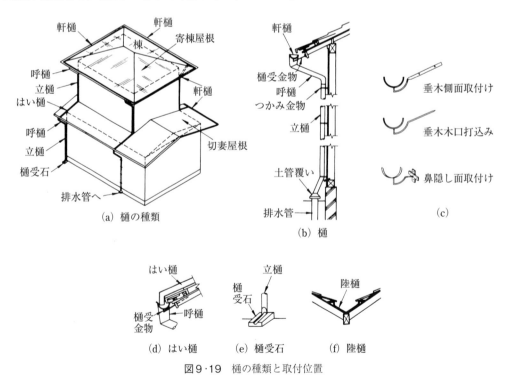

図9・19　樋の種類と取付位置

9・5 外壁

外壁は，建築物の外観を決定するものであるから，美観を備えていることはもちろん，耐震性・防水性・防火性とともに風雨に対する耐候性をもつことが必要である。また，外部からの音を遮断するための配慮も必要である。

外壁は全体を同一材料で仕上げることが多いが，玄関ポーチ回りをタイル張りにしたり，1階，2階の仕上げを変える場合もある。

9・5・1 板 壁

板壁は，サイディングなどが普及する前には木造の外壁として一般に用いられていた。

板を横に張るものを下見板張りといい，縦に張るものを縦羽目板張りという。通常は仕上げとして木製保護塗料等を塗る。

(1) よろい下見板張り

よろい（鎧）下見板は南京（なんきん）下見板ともいわれ，平板や台形断面のなげし引きとしたものを用い，羽重ね（図9・20（a））1.5cmくらいにして雨押えの上から張り上げる。

隅の張り方は，片面を張り上げてから下見板受木を取り付けて張り，出隅の張回しや継手には雨仕舞のために水切鉄板を用いる。継手は，柱・間柱の心で位置を変えて相欠き継ぎまたは突付け継ぎとし，つぶしくぎで留める。

出隅は，図9・20（a），（b），（c）のような張回し・定規柱・見切縁を用いて体裁よく張り上げる。

(2) 箱目地下見板張り

ドイツ下見板張りともいわれ，外面に傾斜をつけず図9・21のように，凹目地の化粧となるように張り上げる。厚さ2cm程度の板の両そばをそれぞれ合じゃくりとし，出隅は大留めに

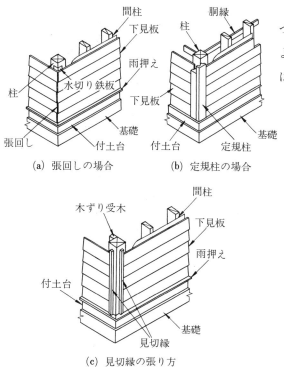

図9・20 よろい下見板張り

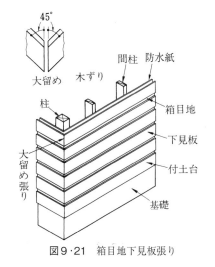

図9・21 箱目地下見板張り

して張り回す。この板張りは，室内の仕上げにも用いられる。

(3) 押縁下見板張り

和風建築の下見板張りとして用いられるもので，雨仕舞がよい。図9・22のように，厚さ8mm前後の下見板を，雨押えの上から張り上げ，その上から押縁を当て，柱・間柱にくぎ打ちで留める。

押縁にささら子を用い，羽重ね小口隠しじゃくりおよび羽刻みを施して下見板を納めたものをささら子下見板張りという（図9・23）。

(4) 縦羽目板張り

内壁の羽目板張りにも用いられる張り方で，胴縁を下地として図9・24のように幅は均等に合わせ張り上げる。

9・5・2 窯業系サイディング・金属サイディング

窯業系サイディングは，セメント質原料と繊維質原料を用いて，板状としたものである。防火性能が高く，都市型住宅の外装として板張りなどに替わって，広く普及している。耐久性・防水性もある。工場成型品で横張りと縦張りがあり，板材の寸法や表面デザインが豊富である。専用のビスを用い，施工性は比較的容易であるが，耐久性を維持するためには，屋根や開口部回りの取り合い部の雨仕舞をしっかり行わなければならない（図9・25）。

金属サイディングは，製品によっては合板下

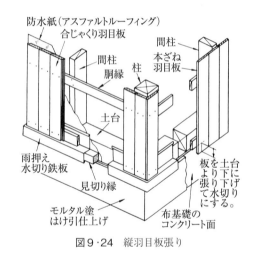

図9・24 縦羽目板張り

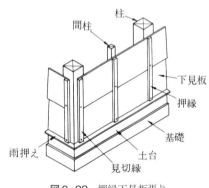

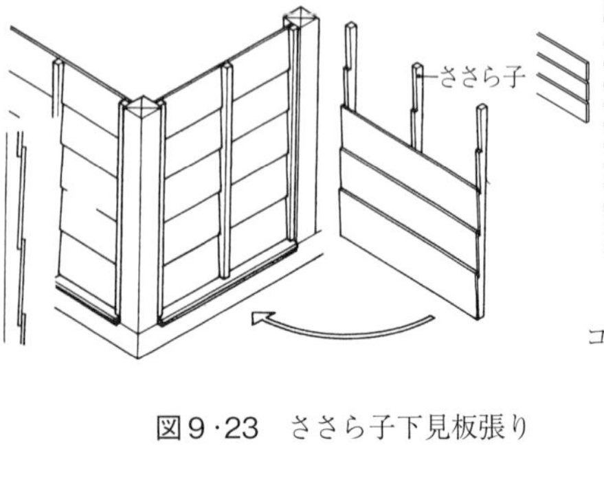

図9・22 押縁下見板張り

図9・23 ささら子下見板張り

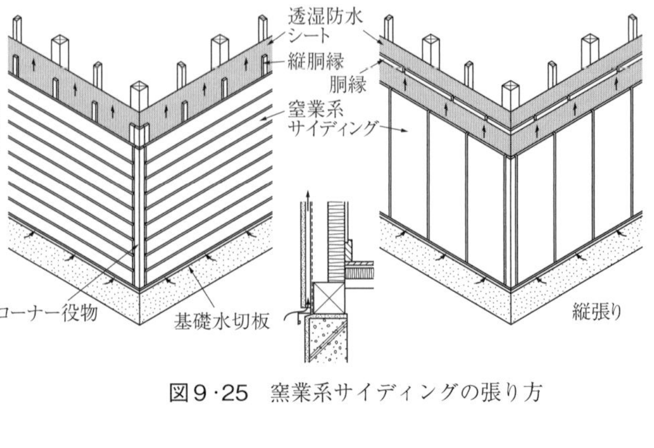

図9・25 窯業系サイディングの張り方

地が必要なもの，防火構造等とするためにせっこうボード等で裏打ちの必要なものがある。また，耐久性・防水性はあるが裏面に結露が生じやすいので，施工方法を工夫する必要がある。

9・5・3　塗壁

塗壁は湿式工法で，継目なく壁面を構成できる。しかし，左官工事は熟練を要したり，乾燥に時間がかかる。また，亀裂が生じやすいという欠点がある。しかし，最近では塗壁特有の質感が見直されている。

(1) 塗壁の下地

下地板の上に防水紙を張り，その上からワイヤラスまたはメタルラスを打ち付け，モルタルを塗る方法が一般的である（図9・26, 27）。また，直接モルタルが施工できる左官下地用合板もある。

(2) 仕上塗材仕上げ

薄塗りと厚塗りの方法がある。薄塗り仕上げとしてセメントリシン，樹脂リシンがある。伸縮性のあるリシンを用いるとモルタルの亀裂をある程度カバーできる。厚塗り仕上げ材にはセメント系，合成樹脂系のものがあり，スタッコ調に仕上げる。

(3) タイル張り

木造住宅では，壁面全体をタイル張りとすることは少なく，玄関回りの壁面やポーチ床等に使用するほうが多い。タイルは寸法，色とともに商品が豊富である。

どの部位においてもタイルの割付が重要である。工法は湿式と乾式があるが，部分施工では湿式が多い。2丁掛けタイル以下ではタイルの裏面に張り付けモルタルを塗り，下地モルタルに押しつけて張る。上部から下部へ施工し，タイル圧着面に隙間が生じると剥離の原因になる。タイル目地には化粧セメントを詰め込み，雨水の浸入を防ぐ。

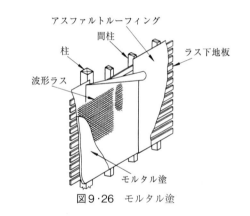

図9・26　モルタル塗

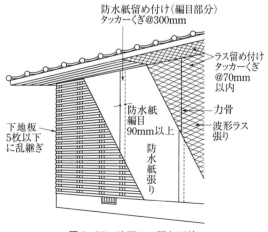

図9・27　波形ラス張り工法

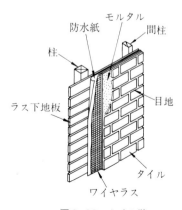

図9・28　タイル壁

9・6　バルコニー

　建物の外部に床を張り出し，その周囲に手すりを設けたものをバルコニーという。バルコニーの形状は跳ね出しバルコニーが一般的で，屋根がないものが多い。軒をバルコニー先端まで深く出したり，柱を設けて屋根をかけることもある。

　床面は平らではなく，根太の寸法を調整して，1/30程度の水勾配をつける。床下地材は2重として，先端の手すり側に段差を設ける方法が多い。仕上げはFRP防水またはシート防水とする（図9・29）。

　下階の部屋上部にバルコニーを設けたものを通称ルーフバルコニーと呼んでいる。この場合はバルコニーの防水を完全に行うだけでなく，下階の天井裏に結露が発生しないよう，断熱と通気をとる必要がある。ルーフバルコニーとする場合はできるだけ，バルコニー先端まで屋根を設けるほうがよい（図9・30）。

　木造住宅のバルコニーの床防水には，次の方法が多く使用されている。

① FRP防水はFiber Reinforced Plasticsの略で，ガラス繊維プラスチックが一般的である。現場施工で下地と一体化させる方法が一般的であるが，木造下地の伸縮や，動きで亀裂などが入る危険性に注意する。また，工場で成型された部品を現場で組み立てる方法もある。

② シート防水は不織布にゴムアスファルトや塩化ビニルなどの高分子化合物を塗り込んで防水層を構成するものである。継目部分やドレーン回りの処理をていねいに行う。

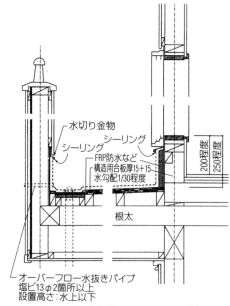

図9・29　跳ね出しバルコニーの例

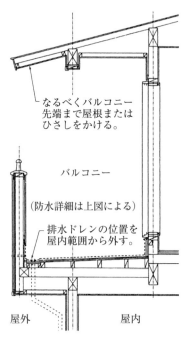

図9・30　ルーフバルコニーの例

第10章
内部仕上げ

　床・内壁・天井によって構成される居室の室内は，人間の日常生活の場所となるので，室内環境の保持について十分な配慮が必要となる。特に，空気，温熱環境や遮音性・防火性などについては，各部の構法や仕上材料の諸性能を十分に検討し，使用目的にそった設計をする。

　室内仕上げは，構法によって真壁による和風仕上げと大壁による洋風仕上げが基本である。しかし現在では，構法と仕上げはさまざまな組合せが考えられ，真壁の洋室や，大壁の和室もある。図10・1に標準的な和室の例を示す。

10・1　床

　床仕上げの選択にあたっては，その場所の使用目的に必要とする機能を考え，それに適した材料を選ぶことが大切である。一般に床仕上げを選ぶための条件には，次のようなものがあげられる。

① 足ざわりがよく，硬さまたは柔らかさ，弾力が適当であること。
② 磨耗・衝撃に強く，耐久性が大きいこと。
③ 清潔で耐水性があり，必要によっては勾配がつけられること。
④ 滑りにくいこと。
⑤ 美しいこと。
⑥ 発生音が少なく，防音性のあること。
⑦ 汚れにくく掃除がしやすいこと。

10・1・1　床下地板張り

　畳や仕上げ床の下地はスギ板張りか合板張りとする。板張りは突付けまたは相じゃくりとして板面からくぎ打ちする（図10・2）。畳敷きの下地は荒床と呼ばれる。現在では床下地材として合板が多く使用されている。床の剛性が必要な場所には構造用合板を張り，洗面所または

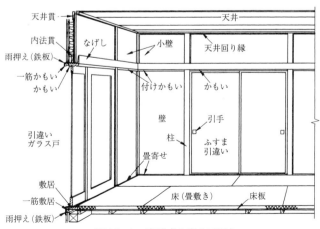

図10・1　真壁式の出入口回り

便所等防湿性が必要な場所には耐水性能がある合板を用いる。また，合板の継目にテープ類を張ることで気密材となり，気密性を高めることができる。

10・1・2　板床

(1)　縁甲板張り・フローリングボード張り

縁甲板は和室の玄関広間，廊下および縁側等に用いられ，ヒノキ・マツ等和風の床材である。長さは 3 m〜4 m と長い。図 10・3（a），（b）のように，厚さ 15〜18mm，幅 10〜12cm の板で木端面を本ざね（本実），板そばを雇いざね（やとい実）とし，直接，根太に隠しくぎ打ちする。幅の広い板や工事の程度によって中央に目かすがいを打付け，根太にくぎ打ちする。

フローリングボードは，洋風床材でナラ，ブナ，サクラ等の広葉樹が用いられる。厚さ 10mm 程度，幅 8cm 程度，長さは 0.6〜1 m で縁甲板より短い。木端面と木口にも本ざね加工が施され，乱状に根太に直張りに仕上げる。板厚が薄い場合や床の剛性を高めるためには，下地板に合板等を用いて 2 重張りとする。

(2)　寄木張り

床下地材の上にさまざまな色や形の天然木の小片を，意匠的に工夫して幾何学状に並べた高級な仕上げである。樹種はフローリングボードと同じで厚さ 8mm 程度とし，接着剤と隠しくぎ等で張り上げる（図 10・4（a），（b））。

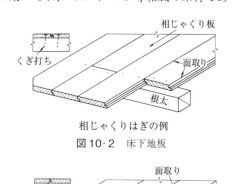

図 10・2　床下地板

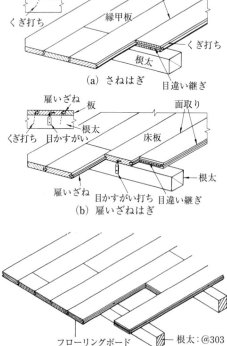

図 10・3　縁甲板張り，フローリングボード張り

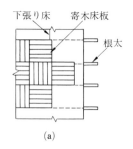

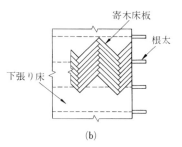

図 10・4　寄木張り床

(3) 複合フローリング張り

表面に薄い天然木を貼り付けた合板やパーティクルボード等を総称して複合フローリングと呼び，多種類な製品がある。価格，施工性が比較的対応しやすいため，現在では多く使用されている。

しかし，ホルムアルデヒドを含んだ複合フローリングや接着剤があるので，ホルムアルデヒドが含まれていない製品を選ぶようにする。

10・1・3　張付仕上床

合成樹脂床にはタイル状とシート状床材があり，住宅ではビニル床タイル張りとビニル床シート張りが一般的である。ビニル床シートには，発泡層のあるもの（クッションフロア）とないものがある。ビニル床シートは防水性が高く，汚れにくく，掃除がしやすいため洗面所や台所によく使用される。その他の床材としてコルクタイルがある。コルクタイルは歩行性はよいが防水性はない。床下地材全面または仕上材の裏面に接着剤を塗布し，張り付ける。

接着剤は，ホルムアルデヒドが含まれていないものを使用する。

10・1・4　畳敷き床・カーペット敷き床

(1) 畳敷き床

畳は畳表，畳床および縁から構成される。

畳表は，い草の茎を織り，縫いあげて作られ，い草の質，長さや色つや，たて糸の種類，打ち込んだい草の量を示す畳表の重量で品質が決まる。

畳床は，大きく分けて，稲わら畳床，稲わらサンドイッチ畳床および建材畳床がある。稲わら畳床は稲わらを縦方向，横方向に交互に配置して，6層あるいは4層に重ね機械で縫って畳床とする。

稲わらサンドイッチ畳床はポリエチレンフォーム板を心材としており，軽量で断熱性能がよいが，足で歩いたときの感触や心地よさは，稲わら畳床に及ばない。

建材畳床は，畳床としてインシュレーションボードが使用され，畳ボードと呼ばれる。稲わらの不足やバリアフリー対応等の薄畳が普及しており，現在では全畳床の70％程度を占めている。

畳縁は布製で，本来は住宅用としては無地のみであったが，合成繊維が使用されるようになって多様な文様の柄織りが出てきた。また，縁なしの畳は台所等で用いられていたが，現在ではデザイン上から洋室との組合せ等で選択されることがある。

畳寸法は住宅の柱間寸法と関係し，京間，中京間，田舎間等多様な呼称がある。

現状では，柱間寸法6尺芯々制が一般的になっているが，関西，中国や四国地方では6尺5寸前後も用いられている。

畳敷きは工事の最後に部屋の内法の寸法取りの上，作成，敷き込まれる（図10・5）。

(2) カーペット敷き床

カーペットにはパイル織りのウイルトン・カー

図10・5　畳敷き現場採寸

ペット，パイル刺繍のタフテッド・カーペット，パイルなしのニードルパンチカーペットがあり，形状から長尺カーペットとタイルカーペットがある。

ウイルトンまたはタフテッド・カーペットを敷き詰める場合はグリッパー工法が一般的である（図10·6）。グリッパーのくぎの先を壁面に向けて桟木をくぎで固定する。この内側床面に下敷き材を敷き並べて留め付ける。カーペットは，たるみ，ふろくなく敷き詰めてグリッパーで留め，その先端を幅木とグリッパーの間に差し込んで納める。

下敷き材を用いないタフテッド・カーペットやニードルパンチカーペット，タイルカーペット等は接着工法とする。床下地に接着剤を塗布し，カーペットを張り付ける。

10·1·5　塗床・タイル床
(1)　塗床

塗床はモルタル・人造石（テラゾーなど）の塗面を，現場塗りするものである。玄関ポーチやテラスの仕上げ材であるが，現在の住宅ではモルタル以外はほとんど使用されていない。

仕上げの塗むらやひび割れを防ぐためと，化粧として目地切りを行う。また，黄銅製，ステンレス製目地棒を縦・横約1.2mごとに入れるとよい。広い面積では伸縮目地を入れる。

(2)　タイル張り床

タイルは，耐水性・防水性・耐候性や耐摩耗性等に優れた材料である。また，規格品においても，色，寸法や表面のデザインが豊富である。

素地の種類と用途は，表10·1のように分類される。

① 床タイル張り：玄関やポーチおよびテラス等に用いられる。浴室，洗面所や便所ではあまり使用されなくなった。

外部や水回りの床では，慣らしモルタルの段階で水たまりが生じないよう適切な水勾配をとる。セメントノロがけ，またはモルタルを塗布してタイルを敷く。

② 内装タイル張り：浴室や洗面所および台所の床や壁の内装材として一般的であったが，現在では乾式工法化と設備機器類の性能が向上し，浴室ユニットの組込みやシステムキッチン一体壁等が用いられることが多くなり，使用場所が限られてきた。

内装タイル張りはモルタル下地に圧着張

図10·6　カーペット（じゅうたん）敷き

表10·1　タイルの種類

呼び名	素地の種類	用途
内装タイル	磁器質・せっき質・陶器質	主に内壁
外装タイル	磁器質・せっき質	主に外壁
床タイル	磁器質・せっき質	主に内部・外部の床
モザイクタイル	磁器質	主に内・外部の壁・床

りとするか，合板やボード等の面材下地に接着剤張りとする工法が一般的である。

10·2　内　壁

内壁には外壁の室内側壁面と室内の間仕切壁面とがあり，下地となる構法と仕様が異なる。また，和風仕上げと洋風仕上げに応じて壁下地・造作材を取り付けて壁面を構成する。

内壁は，壁の下部を腰壁，かもいから上部を小壁と呼ぶ。

10·2·1　洋室の造作

造作材はよく乾燥した良材を選ぶ。洋風では，以前はナラ，シオジ，ラワン等の広葉樹を主として用い，それに塗装を施すものが一般的であったが，現在では上がりかまち，出入口セット（建具枠，建具），幅木，回り縁，見切り材やカーテンボックス等部品化された製品を用いることが多くなった。

造作材の取付けは，塗壁の場合は，壁下地であるせっこうボードやきずり等を，張り壁の場合は軸組に胴縁等を取り付けた直後から行う。

(1) 幅木

床に接して壁の最下部に取り付ける水平方向の部材で，足の当たりやすい壁下部を保護するとともに床材との取り合いを納める。幅木材は木製，塩化ビニルまたはゴム系のソフト幅木やタイル等があり，床仕上げ材に合ったものを選択する。

幅木の高さはふつう6cm～10cmくらいで，図10·8（a）のように隠しくぎ打ちで取り付

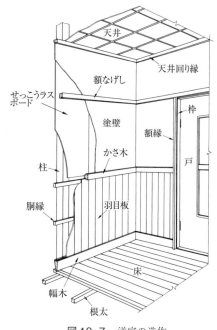

図10·7　洋室の造作

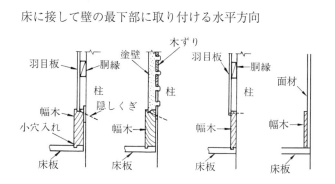

(a) 幅木の納まり

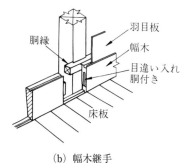

(b) 幅木継手

図10·8　幅木

ける。木製幅木の継手は、ていねいな施工では図（b）のように柱心で行う。

　取付けは、幅木を先に取り付けてから床板の上端を欠き取って差し込む方法（図10・9（a））と、床板を張ってから幅木を床に添え付け、幅木の裏面からくぎ止めする図（b）などの方法も行われている。

　押入・納戸などの板張り床には、図10・10のように、ぞうきんずりを打ち付けて納める。

　ソフト幅木は壁仕上げ材に接着し、水回りにおけるビニル床材との取合い部分は接着して隙間なく施工する。

(2) 羽目

　壁面を板・合板などで張り仕上げした、壁面の保護と意匠を兼ねるもので、高さ1mくらいまでのものを腰羽目、それ以上のものを高羽目という。腰羽目上縁の見切り材をかさ木（笠木）という。

羽目の仕上げは樹種によって、ワニスやペイントなどの塗装をする。

　平板張りは0.5mくらいの間隔で水平に柱・間柱に取り付けた胴縁を下地とし、図10・7のように羽目板を幅木へ小穴入れに差し込み、上端にかさ木を取り付けて張り上げる。単板の板そばは、相じゃくり・本ざねはぎで張り上げる。

　また、横張りにする場合もある（図9・21参照）。表面につぶし頭くぎが出る場合は、化粧

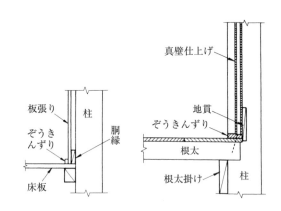

図10・10　ぞうきんずり

〈参考〉
幅木の取付けは、図面の 小穴入れを現場作業では 幅木を先に取り付けてから、床板を 欠き取ってあと張りにしている。

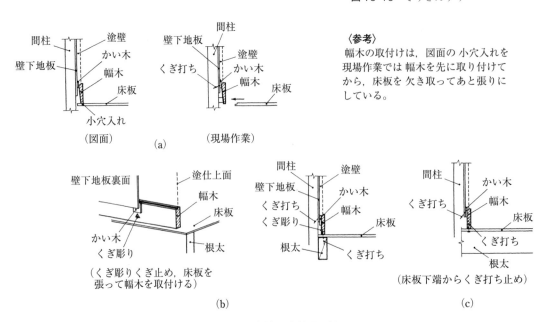

図10・9　幅木の取付けの例

くぎ打ちとするか，ペイント塗とする。

特殊合板等を用いる場合は，はぎ目相じゃくり加工で塗り仕上げとし，目透かし張りをして接着剤と仮止め押えくぎで張り付ける。

鏡板張りは，図10·11のように，かまち・桟・鏡板で組み立てる。重厚な仕上げの室内の羽目に用いられ，広葉樹を用いて，ワニス塗仕上げとし，素地を生かす。

かまちと桟は，図（b）のようにほぞ差しに組み，これに鏡板を小穴入れとしてはめ込む。下がまちから上がまちまで裏面をボルトで組み固め，一つのパネルとし，これを幅木に差し込み，かさ木を取り付けて固定する。かさ木は，散りじゃくりから受材へ，くぎ打ちで取り付ける。

また，鏡板は入りこぶち（図（b））を用いるほか，図（c）のように鏡板との取合せになる枠回りをしゃくり欠きにして壁に取り付け，後から鏡板を付け縁で取り付ける方法もある。

鏡板は，上質の合板のほか，一枚板またははぎ合せの板を用いるが，必要に応じて，裏面に吸付き桟を取り付ける（図（a））。

(3) **額なげし**

面桟ともいい，床上2mくらいの壁面に取り付け，額などをつるため，また，これを境として壁仕上げや色彩の変化をつけるために設けるもので，その取付けは幅木と同様である。

図10·7のように，出入口枠の上額縁を額なげしの延長にすることもある。

(4) **天井回り縁**

壁上端部の見切り縁として，小角材やくり形状の木材か，塩化ビニル製の規格品を用いる。また，見付面を出さない隠し回り縁とする方法は，壁材上端部や天井の壁際を目透かしとする（図10·19（大壁側）を参照）。

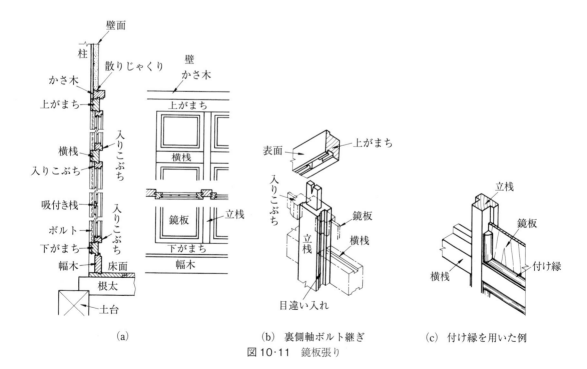

(a)　　　　　　　　　　(b) 裏側軸ボルト継ぎ　　　(c) 付け縁を用いた例

図10·11　鏡板張り

10・2・2　和室の造作

和室の造作は，開口部の内法材のほかに，畳寄せ，付けかもい，なげし（長押）や天井回り縁がある（図10・12）。

造作材の取付けは，塗壁の場合は，壁下地であるきずり等を取り付けた直後から行う。

和室の造作材も集成材等の部品を用いることもあるが，ここでは造作工事の基本として，ていねいな方法を述べる。その場合，造作材は柱の材料に調和した樹種のまさ目材を用い，かんな（鉋）削り素地仕上げとする場合が多い。

(1)　畳寄せ

畳寄せは，図10・13, 14のように，敷居の延長に壁の納まりとしてつけられるもので，柱面に合わせて，一方を短ほぞ差し（図10・14(a)），他方を胴付き（図(b)）とし，隠しくぎ打ちで取り付ける。畳寄せの中間部は，図(c)のように，かい木を取り付け，くぎ彫り位置から根太にくぎ打ちで固定する。根太が畳寄せと平行している場合は，図(d)のように大引の上に畳寄せ取付下地を打ち付け，これにくぎ打ちする。

(2)　付けかもい

付けかもいは，かもいの延長上の壁面に取り付けるもので，柱の面内に隠しくぎ打ちで取り

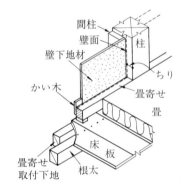

図10・13　畳寄せの取付け (1)

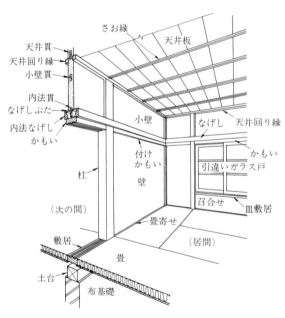

図10・12　和室の造作

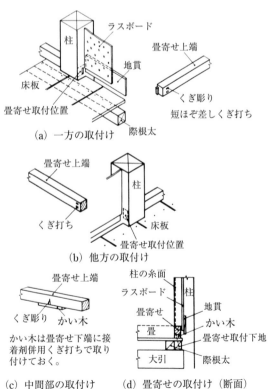

図10・14　畳寄せの取付け (2)

付ける（図10·15）。

なげし付きの場合は，図のように上端溝付きにして添え付けやすいようにする。

付けかもいの中間は，付けかもい取付板を内法貫等に打ち付けて固定する。

(3) なげし

なげしは，かもい上端に水平に取り付ける材のことで，内法なげしともいう。取付け位置によって，天井なげし，あり壁なげし，胴なげし，地なげしなどがある。

なげし材はなげし挽きとしたもののほか，面皮なげしを用いることもある。

なげしは，そのせい（成）が柱幅の80〜90%のものを本なげし，60〜70%のものを半なげしという。

伝統構法では，かもい・なげし・回り縁その他の造作部材の寸法は柱寸法を基準として決めることがあり，これを木割りという。

一般的な薄いなげし挽き材の取付けは，図10·16のように，かもいに載せ掛けて柱の取付け溝になげしの加工部を差し入れて竹くさびで締め付けたり，くぎ彫り位置からくぎ打ちで取り付ける。入り隅は下端大留め目違い入れとする。

また，床の間の柱となげしの納まりは，なげしの取付け方によって，図10·17のような方法がある。

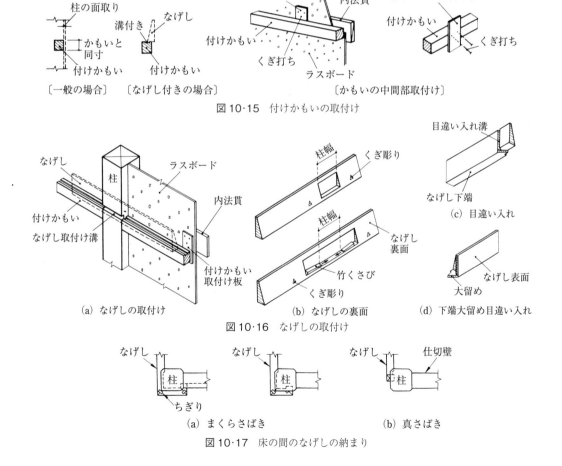

図10·15 付けかもいの取付け

図10·16 なげしの取付け

図10·17 床の間のなげしの納まり

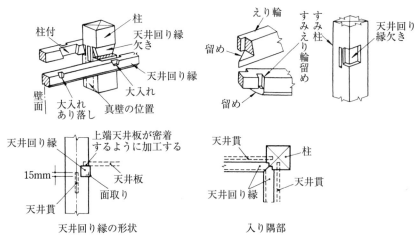

図 10・18　天井回り縁の取付け

(4) 天井回り縁

天井回り縁は，壁上端の見切り縁として柱面に取付け天井を支える。

天井回り縁は，下端と側面の見え掛りの2面がそれぞれ水平，垂直になるように加工した上で，その角を面取りし，天井回り縁欠きした柱へ天井回り縁を載せ掛け，面出しにして取り付ける（図10・18）。

図10・19は，間仕切壁の大壁・真壁の造作・仕上げの例を示したものである。

10・2・3　内壁

内壁には，塗壁・張り壁があり，塗壁は湿式工法，張り壁は乾式工法という。

(1) 塗壁

土塗壁・繊維壁・しっくい塗・プラスター塗・モルタル塗などがある。

塗り下地には，図10・20のように，小舞を組み，貫に組み固めたもの（図(a)，(b)），木ずり（木摺）を打ち付けたもの（図(c)），下地用せっこうボードをアルミくぎで張り付けたもの（図(d)）がある。

しっくい壁　石灰，砂，のり，すさが主な材料で，これらを水でよく練って塗る。土塗壁の上塗だけをしっくいにするものと木

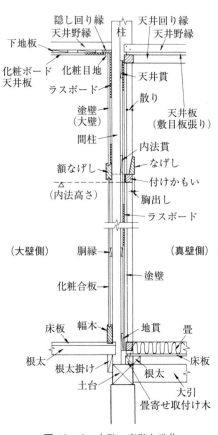

図 10・19　大壁・真壁と造作

10・2 内壁　159

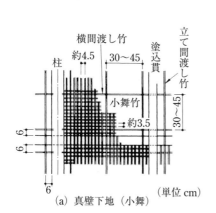
(a) 真壁下地（小舞）

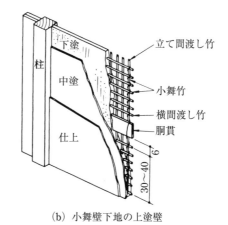
(b) 小舞壁下地の上塗壁

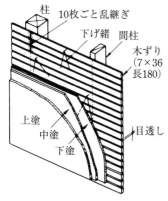
(c) 木ずり壁下地

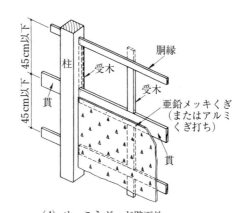
(d) せっこうボード壁下地

図 10・20　塗壁下地

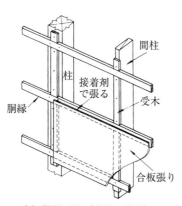
(a) 胴縁下地（大壁の場合）

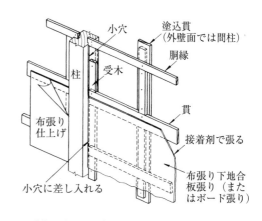
(b) 胴縁下地（真壁の場合）

図 10・21　張り壁

ずり下地に下げ緒をつけ，下塗・むら直し・かのこずり（鹿の子摺）・中塗・上塗の順に，調合の多少異なったしっくいを塗って仕上げるものとがある。

<u>土塗壁</u>　壁土は山土，田畑の土，川土など建設地域のものを使う。関東では荒木田の土が粘りがあってよいとされている。

荒壁の上にむら直し・中塗をして上塗する。上塗材料によって，土物砂壁・大津壁・砂壁・しっくい壁などがある。

(2)　張り壁

合板・繊維板・せっこうボード・木毛セメント板などを張り，塗装仕上げと，それらを下地にして紙・布を張る仕上げがある。

大壁，真壁のいずれも図10・21のように，間柱・胴縁にくぎ打ちまたは接着剤で取り付け，柱・間柱・胴縁の上で突付けとする。塗装仕上げとする場合の継目部分は，布などを用いて，パテずりをして目地処理をていねいに行う。

10・3　天井

天井は，屋根，小屋組や上階の床組の下部に設けるもので，室内空間の上方を限る。屋根からの熱を緩和させるとともに上階からの音を遮り，室の音を反響させないようにする。また，暖房時には天井面の温度上昇，湿気に対しても考慮する必要がある。

さらに，照明器具をつり下げるための強度も要求される。

10・3・1　天井の高さ

天井の高さは，室内の大きさとのバランスで決める（図10・22）。

居室の天井の高さは，2400cm～2700cm程度であり，部屋が広いほど，天井を高くする。

大きな部屋の天井面は，水平に張ると垂れ下がったような圧迫感を与えるので，室の中央で室幅の1/200くらいの反り上がり（むくり（起り））をつけるとよい。居間などでは天井を吹

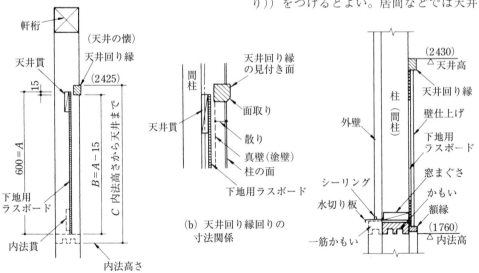

(a) 和室の小壁・天井の高さ　　　(b) 天井回り縁回りの寸法関係　　　(c) 洋室の小壁・天井の高さ

図10・22　天井の高さ

き抜けとしたり，傾斜天井として室内空間に変化をつけることがある。

また，浴室の天井は，結露した水滴を流すために，傾斜天井とすることがある。

10・3・2　天井骨組

洋風天井は，仕上材に応じて天井骨組の組み方を決める。一般には，表10・2に示す，部材により，図10・23（a）のように，約4.5cm角の野

表 10・2　天井骨組部材の役割と間隔

骨組部材名	目　的	部材間隔
野　縁	天井下地材を直接受け持つ骨組材で，仕上材によって間隔を決める。	45cm, 50cm
野 縁 受	野縁材を支持し，天井面を固定する骨組材である。	90cm, 100cm
つ り 木	骨組を正しい位置につり下げて，つり木受に固定する。	方90cm角, 方100cm角
つ り 木 受	つり木の上部を固定し，天井の荷重を小屋組または床組に分担させる。	90cm, 100cm

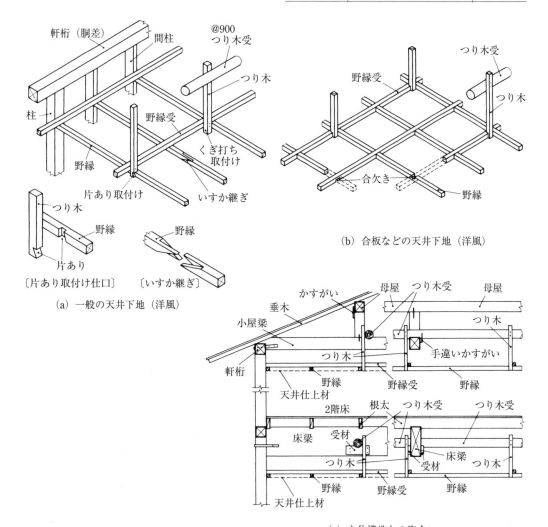

図 10・23　天井骨組みの構成

縁を約45cm間隔で配置し，これに直角方向に，約4.5cm角の野縁受を約90cm間隔に取り付け，この交差部につり木を取り付け，図（c）のように，小屋梁上部や床梁側面に取り付けたつり木受からつり下げる。

また，建材の化粧合板や吸音テックス（乾質繊維板）等の天井の骨組は，仕上材の寸法に合わせて野縁の間隔を決めて格子に組み，下端をそろえてつり下げる（図（b））。

和風天井のさお縁天井や格天井は，化粧材であるさお縁（竿縁）や格縁が天井の力骨となり，この上端に仕上材を張り付けながら天井を構成する。

10・3・3　洋風天井

(1)　塗天井

一般天井の骨組の下端に木ずりや下地用せっこうボードを打ち付けて，図10・24のように，しっくいプラスター・モルタルなどで塗装と同様な方法で行う。つり木による天井の塗仕上げは落下のおそれがあるため，避けたほうがよい。

(2)　張り天井

平板張りは，一般天井の骨組の下端に杉等の板を張って，図10・25（a）のように仕上げる。ふつう，板幅10cmくらいのものが用いられ，板の継手は千鳥にし，野縁の心で行う。板の張り方は，その厚さと側面の加工によって，図10・25（b）のような種類がある。

張上げ天井は，吸音ボード張りとする場合は図10・26のように，一般天井骨組の下端に下地を取り付けて，これに接着剤とくぎで張り上げる。下地板は合板または板野縁を用いる。板野縁とする場合は厚さを均一に削り，目違いのないようにする。

合板・せっこうボードやその他のボードなどの張上げ天井は，図10・27（a）のように，仕上材料に合わせて格子状に組んだ骨組に，直接くぎ打ちで張り上げる。

目地は，図（b）のように，面取り・目透しの方法があるが，クロス張りの下地とする場合は突付けとする。重い照明器具の取付部分には部分的に合板を張る。

(3)　洋風天井の回り縁

洋風天井の回り縁は，壁や天井の仕上げによ

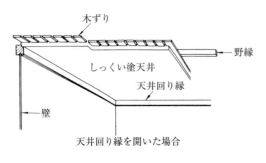

図10・24　塗天井

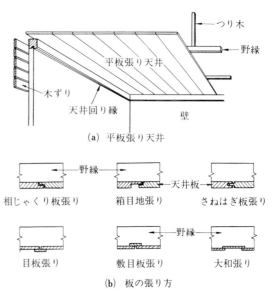

図10・25　平板張り天井

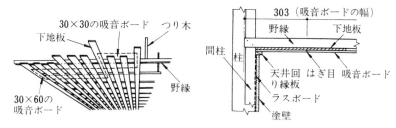

(a) 吸音ボード張り天井の下地　　(b) 天井下地板の構成・取付け

図10・26　吸音ボード張り天井

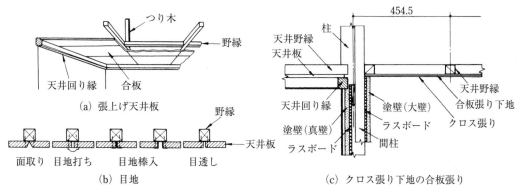

(a) 張上げ天井板

(b) 目地

(c) クロス張り下地の合板張り

図10・27　せっこうボード・合板張り天井

って，図10・28のように，いろいろな種類の納まりがある。

10・3・4　和風天井

(1) さお縁天井

さお縁天井は，図10・29のような板張り天井で，和風住宅などに多く使われてきた。

天井回り縁にさお縁（竿縁）を36～60cmくらいの間隔で柱割りに配置し，天井板を図(b)のように板の裏側からくぎ打ちして張り，これに野縁をさお縁と直角に打ち付け，さらにつり木を取り付けて仕上げる。つり木の取付けは，天井板を張りながら約90cm間隔に野縁を取り付け，これをつり木で固定する。

さお縁の方向は，床の間のある室では床の間と平行にし，床の間のない次の間であれば主の

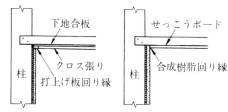

(a) 天井回り縁　　(b) 目透し式の回り縁

(c) 打ち上げ板の回り縁　(d) 合成樹脂の回り縁

図10・28　洋風天井の回り縁

間にならい，廊下・押入などは長手方向に配置する。さお縁のせいは，ふつう，柱幅の25～30％または天井回り縁のせいの60％とする。

さお縁はなるべく継目のないものを用いるが，やむを得ない場合は，図（c）のように，いすか継ぎまたは目違い入れとして千鳥に配置する。

天井板は，厚さ9mm前後のスギ・ヒノキの柾目板や木目の美しい高級品のほか，薄くした銘木を合板に接着した化粧合板を用いる。この板は，羽重ね部が図（d）のように羽重ねじゃくりが施してあるので，取付けに便利である。

単板の天井板には，羽重ねの密着のため，さお縁の間の板裏に，稲子（いなご）を取り付ける（図e）。

また，このほかにさお縁を猿ぼう面（猿頬面）に面取りして猿ぼう天井としたり，さお縁を吹寄せにして吹寄せさお縁天井とすることもある（図10・30（a）（b））。

さお縁の断面寸法の割合は，図（c）のようにする。

(2) 格天井

格天井は，格縁を碁盤目に組み，この中を鏡板張りとして仕上げるもので，荘重な感じがす

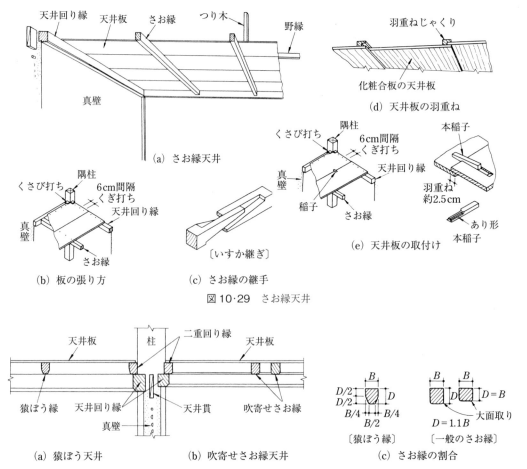

図10・29 さお縁天井

図10・30 猿ぼう天井・吹寄せさお縁天井

る天井である（図10·31）。

格天井には，平格天井・小組格天井・折上げ格天井などがある。

平格天井は，図（a）のような碁盤目のものをいい，小組格天井は格縁の中を更に細かく格子状に区切ったものをいう。折上げ格天井は，図（b）のように，折上げ縁（かめの尾）を用いて四辺から曲面に立ち上げるもので，二重・三重に立ち上げるものもある。

格縁には，猿ぼう面・ぎんなん面（銀杏面）などのくり形をつくり，鏡板との取合いには，小穴入れにしたり，板じゃくりにする。

格天井の仕上げは，格縁・鏡板をナラ・ケヤキ・ラワンなどの広葉樹を用いて，ワニス塗で仕上げるものと，スギ・ヒノキなどの針葉樹を格縁にして，鏡板をクロス張りにするものなどがある。

つり木は格縁に，図（c）のように，片あり差しくさび打ちとしたり，寄せありで取り付ける。

(3) 目透し張り天井

目透し張り天井は，図10·32（a）のように，幅の広い板を幅方向に敷目板となる雇いざねを入れ突き合わせて，目透しに張り上げるもので，平らに張るものや舟底に張る舟底天井がある。

舟底天井の場合は，中央部に化粧丸太などを用いて板の継目を隠すようにする。

板幅は室の幅を均等に割り付けたものにする。現在では，裏面に桟木を取り付けたパネル状の工場製品が普及している。面材は初期はス

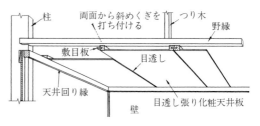

(a) 目透し張り天井

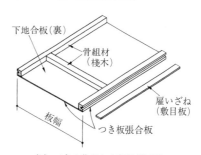

(b) パネル化された敷目板天井

図10·32 目透し張り天井

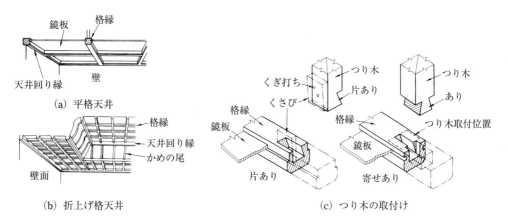

図10·31 格天井

ギむく板であったが，最近は合板にスギのつき板を張ったものが多い。

天井のつり方はさお縁天井に準じ，天井板の桟木に取り付けた野縁につり木を打ち付けてつるす。

10・3・5 内壁仕上げの設計例

内壁仕上げの設計は，展開図・詳細図などで表されるが，ここでは，2階建住宅例のかなばかり図（矩計図）で全体の仕上げを表すことにした（図10・33）。

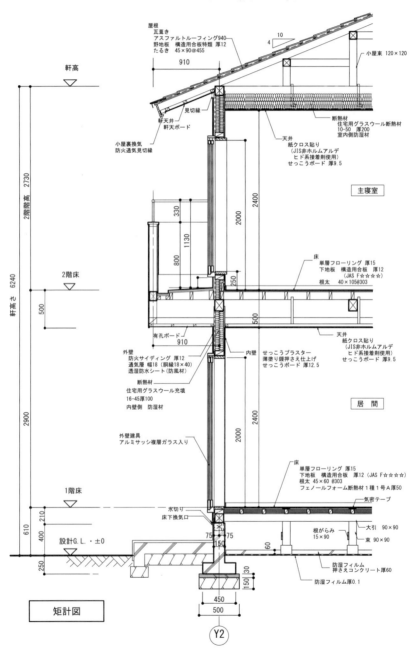

図10・33　かなばかり図

10・4 床の間, 床脇, 書院

床の間は, 日本の住宅の和室の象徴である。書画を掛け, 工芸品を飾り, 花を生ける等, 日常生活を豊かにするものであり, 主要な座敷には設けられる。床の間, 床脇, 書院の各部分の名称を, 図10・34に示す。

床の間は平面上の配置で, 向かって左側に書院, 右側に床脇を配置する。書院は庭に面し, 床の間は正面, 床脇は庭から遠いほうにとる。左右を反対に配置するのは逆勝手という。図10・34は本勝手の形式である。

10・4・1 床の間

床の間には, 次のような形式のものがある(図10・35)。

本床 典型的な形式で床がまち(床框)を設け, 1段高くしたもの。10・4・2床の間の構成において詳しい説明を加える。

踏込床 床がまちを用いないで, 床の間の地板を畳の上端と同じ高さ(ぞろ(揃))に張ったもの。

けこみ床 床がまちの代わりに, 床板と畳寄せの間にけこみ板(蹴込板)を入れたもの。

袋床 踏込床の前面脇にそで壁(袖壁)をつけて深みをもたせたもの。そで壁には下地窓をつくる。

ほら床 床の間の種類に関係なく, 床の間の奥隅に柱を見せないように壁を塗り回し, ほら(洞)に仕上げたもの。

織部床 床の間としての場所がなく, 天井

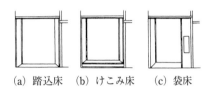
(a) 踏込床　(b) けこみ床　(c) 袋床

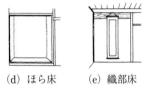
(d) ほら床　(e) 織部床

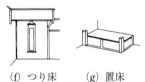
(f) つり床　(g) 置床

図 10・35　床の間の形式

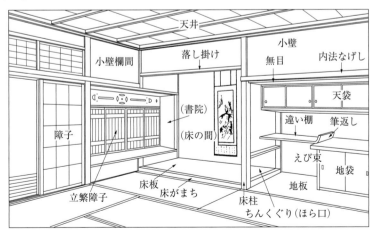

図 10・34　書院, 床の間, 棚

回り縁下端の壁面に幅広い銘木板（織部板）を取り付け，これに折れくぎを打ち付けて掛軸が掛けられるようにしたもの。

つり床　天井から束を下げて，これに小壁・落し掛けを取り付けたもの。床の間としての床面積はとらない。

置床　床形の台を置き，床面に床の間の形式を整えるもので，移動することができる。

10・4・2　床の間の構成・各部の取付け

本床は，床柱を中心に，床がまち・床板・落し掛け・天井などで構成され，これらの材料には，角材のほか磨き丸太・絞り丸太，化粧板張り材など，種々変化に富んだものが用いられる。なお，壁は砂壁とし，床には畳または薄べりを敷くのが正式とされている。また，天井は鏡板天井やさお縁天井とする。

各部の取付けは次のようにする。

床柱　床の間の中心的な柱で座敷の構えによりさまざまな銘木が用いられる。

床がまち　床の間を一段高くする場合のかまち。せいを柱の1～1.5倍，幅を柱の80～90％とし，板じゃくりを施し，床柱へかね折れ目違い（図10·36（a））などで取り付ける。

床板　床の間の地板である。ケヤキ，アカマツ，クス，トチ等の材が用いられる。1枚物の場合には，床板裏面に間隔60cmくらいに根太兼用の吸付き桟（図（b））を取り付け，床がまちのほぞ入れに差し込み，

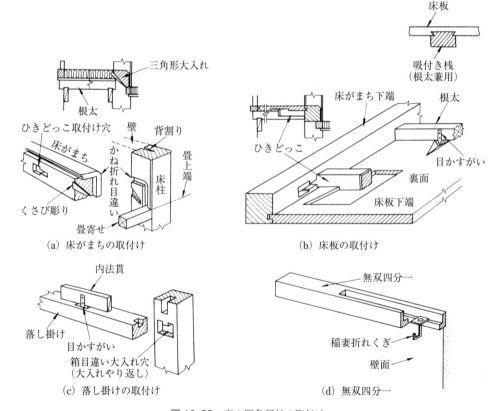

図 10·36　床の間各部材の取付け

ひきどっこ（引き独鈷）や目かすかいで床がまち・根太へ留める。化粧板張り合板の揚合は，根太間隔36cmくらいにして接着剤と仮止め押えくぎで取り付ける。床板と壁回りの取り合い部分は，ぞうきんずりを取り付ける。

落し掛け 上部小壁を受ける横木で，ヒノキ，キリ等の平角の柾目を正面に向けたもの，タケを使用したもの等がある。せいを床柱の40～50%，幅を床柱の70～80%とし，かもいまたはなげしの上端から柱幅の約1.5倍以上に，図10・36（c）のように，大入れやり返しで取り付ける。

無双四分一 奥正面の天井回り縁の下端に取り付ける細木である。掛け軸を吊るす稲妻折れくぎを，左右に動がせるようにするための溝を彫って取り付けておく。

10・4・3 床 脇

床の間の脇に設けられるもので，天袋・違い棚・地袋などで構成される。棚の形式には，図10・37（a）のように，違い棚・やぐら棚（櫓棚）・通し棚などがあり，これらを適宜に組み合わせて自由な形式をとっている。

一般に棚板は，周囲の貫に載せ掛けるか，または図（b）のように大入れくぎ打ちとし，袋戸棚のふすま当りは，下げ束または戸当り束を貫に隠しくぎ打ちで取り付ける。

違い棚の上棚は，図（c）のように，えび束（海老束）で連結する。えび束は，きちょう面

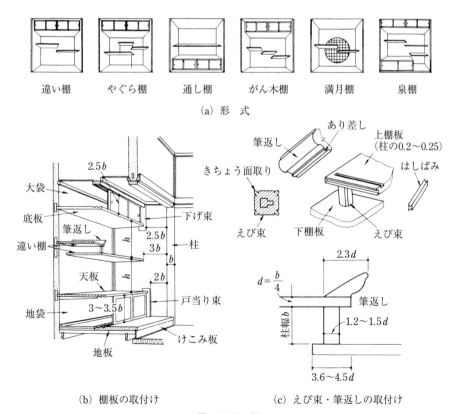

(a) 形 式

(b) 棚板の取付け　　(c) えび束・筆返しの取付け

図10・37 棚

取り（几帳面取）とし，上下とも寄せありで取り付ける。

棚板の木口は，つばくろあり（燕蟻）ではしばみ包み（喰み包）とし，上棚板には筆返しを隠しあり差しに取り付ける。

10・4・4　書院

書院は，床と縁側との境の壁に設ける開口部で，立て繁障子などを建て込む。

壁に敷居とかもいを取り付けた平書院（図10・38（a））と，縁側へ張り出して設ける付け書院（出書院ともいう，図（b））とがある。

書院の高さのうち，敷居または地板の高さは室の内法高さの1/5にとり，3/5を障子の内法，1/5を欄間とする。

付け書院は，平書院のかもい・敷居の位置に無目や地板を納め，本柱の70％くらいの太さの柱を付け書院の柱として，20～40cm縁側へ張り出し，地覆・台輪を回して仕上げる。

10・5　押入

和室には，物品の収納のため押入，または天袋付押入を設ける（図10・39）。

一般に押入には，かもい・敷居の中程の高さに中棚を設け，前面にふすまを建て込む。

中棚は，根太掛けと中棚かまちを両端の柱へ欠き込み，隠しくぎ打ちとし，根太を大入れに受け，これに厚さ9mm程度の合板を張り，壁付き回りには，ぞうきんずりを取り付ける。

現在では押入内部の天井，壁は合板張りとすることが多く，壁は大壁として仕上げる。

また，床下改め口・天井改め口を押入に設ける場合が多い。

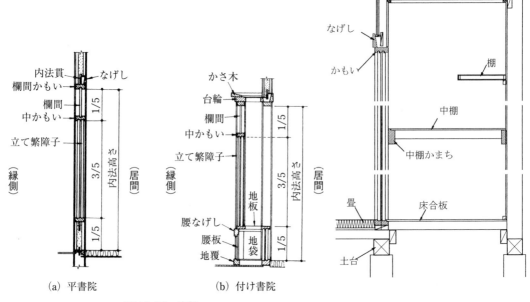

(a) 平書院　　(b) 付け書院

図10・38　書院

図10・39　押入

第11章
縁側・ポーチ

11・1 縁側

　縁側は，和風住宅に欠かせない空間である。伝統的には図11・1のように和室前面に下屋建に張り出し，床を板張りにしたもので，縁甲板を長手方向に張ってくれ縁（榑縁）とする。幅の広い場合は，和室側半分を薄べり（薄縁）や畳敷きとして入側縁とすることがある。

　下屋の構造は，本屋よりも10％くらい細めの柱をくつ石（沓石）に建て，上に縁げたを受ける。縁げたは普通，背割りした磨きスギ丸太を用いる。

　床高は，畳側の敷居より3cm程度低くすることが多い。外面に縁がまち（縁框）を取り付け，柱の根元を緊結するとともに敷居（一筋敷居）と根太掛けの役目も兼ねる。縁がまちの垂れ下がるのを防ぐために図のように縁束を用い，かもいの垂れ下がりには，つり束を取り付ける。最近は和室との床の段差をなしとすることが多くなった。

　天井は，図11・1および図9・7のように化粧軒天井とし，縁げたの下に欄間をとることが多い。

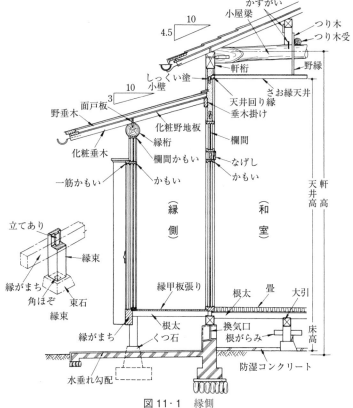

図11・1　縁側

縁側の下は開放し，地盤面より10cm程度高くコンクリートを打ち，水垂れ勾配をつけておく。

現在では，屋内に設ける縁側（広縁）（図11・2）が一般的である。この場合は，軸組の内部仕上げとして行う。また，和室との床の段差をなしとすることが多くなった。

縁がまち，敷居回りの取付けと外壁の納まりは図11・3のようにする。

11・2　ぬれ縁

掃出し窓の屋外に設ける縁側をぬれ縁（濡れ縁）といい，室内から見て縁板（すの子板）を縦に張ったものを切り目縁といい，横に張ったものをくれ縁という。ぬれ縁の突出長さは，軒の出の内側とし，60cm程度が多い。図11・3（a）のように根太掛けを設け，根太・縁板は建物と離す。図（b）のように，板掛けを土台に付けず建物寄りに縁束を立てることもある。

縁がまちを支える縁束は70角以上とし，1～1.5mの等分に配置する。

切り目縁は，外へ向かって1/100くらいの水垂れ勾配をつける。

なお，束石はコンクリート製あるいは鞍馬石などが使われる。

居間の屋外ではデッキとして奥行きの広いぬれ縁を設け，居間の延長として利用することがある。

11・3　ポーチ

ポーチは，玄関の出入口の上部にひさし・小屋根などを設けて，玄関の位置を明らかにしたり，雨水の玄関内部への吹込み防止などの役目をする。

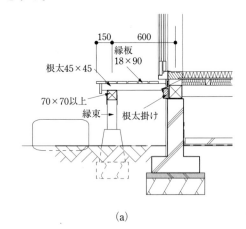

(a)

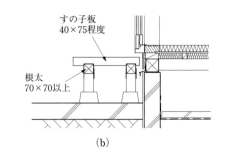

(b)

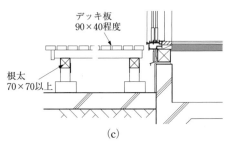

(c)

図11・3　ぬれ縁

図11・2　屋内の縁側（広縁）

第12章
住宅の設備

　住宅の設備には，電気設備，給排水衛生設備，ガス設備のほか，換気および冷暖房の空調設備がある。このほかに，非常用設備，通信やセキュリティに関するもの等があり，建築全体における設備工事の占める割合はだんだん大きくなっている。生活スタイルに合わせて，多機能で高性能な設備機器類の必要性を選択する時代になった。

　設備工事では，機器類が安全で操作性がよいというだけでなく，使用時に省エネルギーであること，維持管理がしやすいことが求められる。また，各設備にはそれぞれの耐久性能があるが，建物躯体と比べて耐用年数が異なるため，機器や配管類は点検や清掃がしやすく，取り替えしやすいことが重要である。したがって，点検や清掃をする際に，建物の主要な構造躯体の性能を損なうことがないように取合い部を配慮する必要がある。

　なお，冷暖房，換気，照明および給湯設備においては，エネルギー消費効率の高い機器類を選択して省エネルギー化をはかることが重要で，太陽熱等の自然エネルギー利用も含めた計画が求められる。

12・1　電気設備

12・1・1　木造住宅用配線

　電気工事は，電気事業法のほか種々の規定に基づいて専門業者が施工を行う。電気配線は，

図12・1　建物への引込み

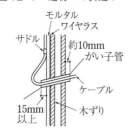

図12・2　ケーブル引込み図

屋外，屋内ともに丸型ビニル外装ケーブル（VVRケーブル）または平形ビニル外装ケーブル（VVFケーブル）が使用される。

　建物への引込みは，架空配線で直接建物の外壁や屋根のけらば部分に取り付ける方法があるが，敷地内へ引込み小柱を設置し，そこから地中埋設ケーブルで引き込む方法があり，電力量計も小柱に取り付ける。外壁などが傷つくことがなく建物回りもすっきりする。図12・1は門柱に電力計ボックスを組み込んだ例である。

　引込みは外壁がモルタル下地メタルラス等の場合は，金属を貫通する部分に合成樹脂管またはがい子管で絶縁保護を行う（図12・2）。

屋内配線は，通常は天井裏，床下や壁内部の隠ぺい配線となる。配線工事によって，天井や壁に充填された断熱材取付け部に隙間が生じたりしないように注意が必要である。

また，柱，梁等の構造材を意匠上露出させる構法においては，天井ふところがなかったり壁内部を通しにくい場合がある。この場合は露出配線になってしまう。配線は，収納内部等を利用してできるだけ意匠上目立たなくする工夫を行う。

電気のもつ安全性や操作簡易性から家庭電気製品が普及している。しかし，調理器具や冷暖房器具等には大容量，高出力のものがあるため，コンセント設置には使用器具に対応した計画が必要となる。

12・1・2　照明器具の種類と取合い

照明器具の種類は，大別して次の4種類の型がある（図12・3）。

（a）埋込み照明器具（ダウンライト）
（b）直付け照明器具（シーリングライト）
（c）吊下げ照明器具（コードペンダント）
（d）壁付け照明器具（ブラケット）

照明器具の光源（ランプ）には，白熱ランプ，蛍光ランプ，LEDランプがある。

白熱ランプは，ガラス球内のフィラメントのジュール熱による輻射を利用したもので，発光効率が低いため省エネ効果が薄い。安価で寿命は短いがチラツキがなく演色性に優れている。

蛍光ランプは，放電で発生する紫外線を蛍光体に当てて可視光線に変換する。多くは水銀蒸気中のアーク放電による。長寿命で経済的である。

LEDランプは，発光ダイオードが光源で紫

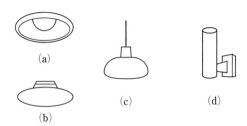

図12・3　照明器具の基本の型

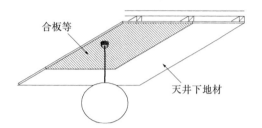

図12・4　天井補強の方法

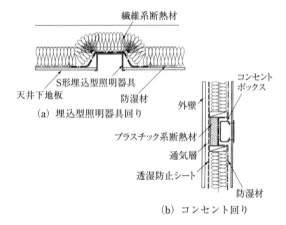

図12・5　スイッチと断熱材との納まり

外線や赤外線をほとんど含んでいなく，低消費電力で長寿命という特徴がある。点光源のため，光の放射範囲を広くする工夫が求められる。

なお，光色には電球色，昼白色，昼光色がある。したがって，省エネや経済性，室内の雰囲気づくりなど，室の用途や使い方に合わせて照明器具を選択したい。

照明器具の取付けで，設計上考慮が必要な点を次にあげる。

① 重量のある照明器具の取付けは，天井下

地材に補強用合板を用いたり，補強用つり木を使い，梁や柱等の構造材に直接取り付けるようにする（図12·4）。

② 天井の断熱材の敷込み場所に埋込型照明器具を取り付ける場合には，過熱による発火防止のために，断熱材で覆わないようにするか，S形ダウンライトを選択する（図12·5(a)）。

12·1·3　スイッチ，コンセントの取合い

壁付きのスイッチおよびコンセントの取付けには，アウトレックスボックスやスイッチボックスを使用するが，外周壁では充填断熱材をカットしたり，圧縮して取り付けることになる。

必要以上には断熱材を大きく切り込んだり，隙間が生じると断熱構造の弱点になってしまうので気をつける（図12·5(b)）。

12·1·4　弱電設備

電話配線，テレビアンテナ配線，インターフォンやチャイム等は弱電設備という。ホームセキュリティ設備として，防犯や防災と緊急通報を統合化された方式がある。

また，インターネット情報を家庭で利用するために，電話回線またはCATVケーブルとパソコンおよび周辺機器の配線を検討する。無線方式の場合は，ハブ機器等の設置位置とLAN配線を計画して，露出配線にならないようにする。

12·2　給排水・衛生設備

12·2·1　給水・給湯・排水工事

給水・給湯工事および排水工事は，配管工事

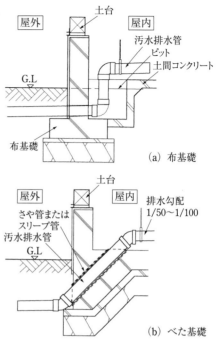

図12·6　排水管基礎部の貫通

と給湯機器，衛生機器等の取付けである。

給水・給湯および排水配管敷設は，維持管理や将来の取替えが容易にできることを考慮に入れて配置，経路を計画し，建物との納まりを検討する。配管敷設は基礎工事と平行して行い，建物への取込み位置を決めて基礎部分を貫通して建物へ取り込む。

基礎貫通部分は，配管が直接コンクリートへ埋設しないように，スリーブ管またはさや管を埋め込んでおく（図12·6）。

貫通する屋外部分では，さや管と配管に隙間が生じないようにシーリング処理等を行う。

なお，凍結のおそれがある地域では，基礎底盤は凍結深度以下とし，かつ基礎底盤の下で配管させるか，または貫通させる。

配管の内面は，平滑で接続部分は段差が生じないようにする。

現在では給水・給湯管はさや管ヘッダー方式による配管方法が普及している（図12・7）。この方式は，基礎貫通部付近でヘッダーと呼ばれる部材に給水・給湯配管を結び，その先は直接，機器類まで単独に配管していく。配管はさや管でカバーし，取替時には内管を引き抜いて交換でき，継手の接続は配管の両端部だけとなる。

12・2・2 設備機器類の取合い

住宅設備機器類には，便器，化粧洗面台等の衛生機器と浴室ユニット，キッチンセット，洗濯機用パン等がある。

便器は現在では，ほとんどが洋式腰掛便器である。汚水縦配管と根太がぶつからないよう，根太は配管を挟んで幅方向に根太を配置する（図12・8）。

化粧洗面台やキッチンセットは早めに機器を選定し，機器と排水たて管の接続がずれないように正確に配置し，内面が蛇腹状の管は用いない。

浴室ユニットやキッチンセットには，車いすで使いやすいもの，操作がしやすいものがあるので，必要に合わせて計画する必要がある。

設備機器と配管の接合部分は日常の点検および清掃が必要であり，機器との接続部分には，排水の逆流や臭いを封水するトラップを設ける。その部分に点検・清掃が可能な点検口を設ける。

12・3　ガス設備・ガス機器等設置

ガスには，都市ガスと液化石油ガス（プロパンガス：LPG）がある。都市ガス用設備工事は，ガス事業法や規定等に基づいた責任施工となっている。液化石油ガスの場合，高圧ガス保安法等の規定で液化ガス設備士が施工，試験と検査が行われる。

ガス機器は供給されるガスの種類に適合するもので，できるだけ燃焼ガスを室内に出さないタイプを選択するほうが安全である。屋内の機器取付けに際しては，室内の換気設備があること，また，ガスコンロの燃焼ガスタイプは火気使用室となるので，内装は不燃材で仕上げる必要がある。常時ガスを使用する台所にはガス漏れ警報器等の設備を行う。都市ガスは比重が軽いので天井面に，液化石油ガスの場合は比重が

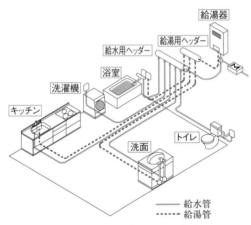

図12・7　さや管ヘッダー方式

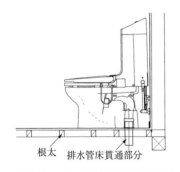

図12・8　便器の排水管と根太の取合い

重いので下方に設置する等、ガスの種類で警報器取付位置が異なる。

なお、ガスメーターは外部から検針しやすい場所に設置する。

12・4　換気・暖冷房設備

12・4・1　暖房・冷房設備

住宅における暖房・冷房設備には、主として次の方法があり、エネルギー消費量の少ない機器を選択する。

（a）部分間欠暖房の場合

主にルームエアコンディショナー（以下、エアコン）、FF暖房機、ファンコンベクター、電気ヒーター式床暖房がある。

エアコンは夏期には冷房となる冷暖房方式である。各居室に室内ユニットを取付け、熱源機は屋外に設置し、居室に取り付けた室内ユニットと接続する。室内ユニットと熱源機の位置はできるだけ近くに配置して、冷媒管が露出しないよう計画する。暖冷房設備として省エネ型の機器である。

フロアヒーターは、輻射熱暖房で温風が直接身体に当たらない、静かである、などの利点がある。

床仕上げ施工時にくぎをパネルに打ち込まないよう気をつける。なお、フロアヒーターの上部に敷く床材は熱によるひずみがないものを選択しなければならない（図12・9）。

（b）居室連続暖房の場合：居室の他、洗面脱衣室、便所等

主にパネルラジエーター、温水床暖房、電気蓄熱式暖房機がある。

パネルラジエーター、温水床暖房とも熱源は石油、ガス、電気ヒートポンプがあるが、いずれも省エネ対策は現状では乏しい。

12・4・2　換気設備

住宅では、内装材や家具から放散するホルムアルデヒドなどの有害物質や日常の生活行為から生じる湿気、熱や臭いを屋外に排出し、新鮮空気を取り入れるために換気設備を設ける。特に居室の換気については、建築基準法によるシックハウス対策が求められており、計画には詳細な規程がある。詳しくは、13・7空気環境の節を参照。

換気設備には、家全体を24時間計画的に換気を行う全般換気と、便所や台所の加熱器等の局所に設ける局所換気がある。

(1) 居室の換気計画

一般には、機械換気設備または自然換気とその組合せで行う。基本は居間や寝室に外部から給気を行い、出入口のドア下等の隙間（図

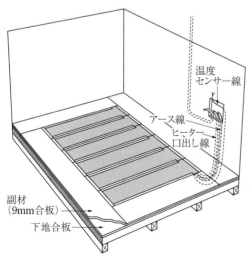

図12・9　電気ヒーター式床暖房の施工例

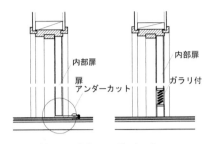

- 扉に、1cm程度のアンダーカット
- 扉にガラリを取付
- ふすま等の引き戸

図12·10 扉アンダーカット

12·10扉アンダーカットによる）から通路を通り，便所，脱衣室や台所から外部へ排気を行うことである。この場合，居室内部と天井裏等の領域を分けて考え，その構造方式には3種類の方法がある（図12·11）。

① 第1種換気

　給気は給気機（給気用換気扇等機械換気），排気は排気機（排気用換気扇等機械換気）を用いる方法。この場合は居室内部の空気圧が，天井裏等の空気圧を下回らないようにする。

② 第2種換気

　給気は給気機により，排気は排気口（ガラリ・レジスター等による自然換気）による方法。

③ 第3種換気

　給気は給気口（ガラリ・レジスター等による自然換気）により，排気機を用いる方法。この場合は居室の排気機とは別に天井裏の排気機を設ける必要がある。

(2) 局所換気

(a) 台　所　調理や煮炊きによって発生する煙，熱や臭いを排出するために加熱器上部の壁面に設ける。換気扇は油が付着すると排気能力が落ちてしまうので，レジスターは清掃しやすいものがよい。

(b) 便　所　排泄の臭いは残留するため，換気扇スイッチを切っても一定時間作動するディレイドスイッチ付きが望ましい。

(c) 浴　室　入浴に伴う湿気を排出する。最近では換気のほかに乾燥や暖房を組み込んだ方式がある。

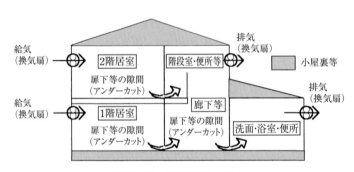

図12·11　居室換気システム

第13章
住宅の性能と構法

13・1　住宅の性能

　建物を性能の観点から見ようとするのは，国際的な潮流であり，日本では，2000年の建築基準法の改正・施行は，構造設計の性能規定化がキャッチフレーズだったし，また同年に新たに制定された「品確法（住宅の品質確保の促進に関する法律）」は，もっと直接的に住宅を性能面から評価しようとするものである。

　住宅に関する性能は多種多様であるが，大きく二つに分かれる。そのひとつは，住宅が厳しい自然環境や生活環境に耐えて存続するための性能である。特に近年では，長寿命化すなわち「いいものを作ってよく手入れをして長く使う」ことの重要性が強く認識されるようになってきている。作る時点で，間取りの可変性や，維持管理のしやすさなどを考えた住宅を長期優良住宅として認定する制度ができている。

　住宅性能のもうひとつは，住まいとしての快適性に関する性能である。その快適性のひとつに温熱環境があるが，これは地球温暖化対策のひとつとしての省エネルギーときわめて密接な関係がある。

　本章では，前者すなわち存続性能に関する性能として，構造，防・耐火，耐久性，維持管理，後者すなわち快適性に関する性能として，温熱環境，空気環境，防音，バリアフリー，また安全に関し防犯をとり上げる。

　なお，戸建の長期優良住宅の条件として，品確法の性能のうち，耐久性・耐震性（構造），温熱環境，維持管理が対象となっている。

13・2　構造計画（耐震・耐風）

13・2・1　耐震・耐風設計の考え方

　建物の構造設計では，荷重・外力として，固定荷重（自重）と積載荷重のように，常時鉛直荷重として加わるものと，地震力や風圧力のように，一時的に加わるものとを考慮する。ここでは，後者に対する設計法について解説する。

　地震時には，地震動によって建物が水平方向に揺れる。上下方向にも揺れるが，建物はもともと自重を支えており，上下方向には十分に強く作られているので，木造住宅の設計の実務上は，上下動は無視して差し支えない。

　水平方向には，前後左右に揺れるが，設計の実務上は，桁行方向（または長手方向，X方向など）と梁間方向（または短手方向，Y方向など）に分けて考える。

　さて，ここで地震力といっているのは，建物が揺れることによって生じる加速度による慣性力である。力学的には，慣性力＝質量×加速度で表される（質量＝重量／重力加速度）。したがって，耐震設計上は，加速度としてどんな値をとればよいかということが問題である。

　この加速度に関して，現在の耐震設計法では，次のように考えている。まれに起こるような地

震（中地震動）では，地震動の最大加速度が80〜100ガル（ガルは加速度の単位で，cm/秒のこと）であるとして，これに建物による増幅率（2〜3倍）を乗じて，建物には最大200ガル程度の加速度が生じるとしている。また，きわめてまれに起こるような地震（大地震動）では，地震動が300〜400ガルで，同じく建物には1000ガル程度の加速度が生じるとしている。

1981年の新耐震基準法（建築基準法における耐震設計法の改正内容）では，前者に対する設計を許容応力度計算で行い，これを1次設計と呼び，後者に対するものを保有水平耐力計算で行い，これを2次設計と呼んでいる。

さて，一般的な規模の木造住宅（床面積500m²以下で2階建以下）では，構造計算をすることが義務づけられてはいない。しかし，後で述べるような，壁量による耐震設計をする必要がある。その壁量による耐震設計の前提になっているのは，前者，すなわち中地震動によって建物に生じる最大200ガル程度に相当する地震力に対する許容応力度計算である。

次に，風に対する設計であるが，風による力は，屋根を吸い上げるような力と，建物全体を横から押すような力とがある。ここでは，後者について考える。強い風が吹いているとき，建物の風上側の壁面には当然それを押すような圧力が働く。しかも風下側には，その壁面を吸引するような圧力（風下向きの圧力，マイナスの圧力）が働く。この両者の和が建物に水平方向の力を与える。木造住宅の現行の耐風設計法では，この水平力の大きさとして，最大瞬間風速約60m/秒に相当するものを想定している。そして，そのような水平力に対して，許容応力

度計算をすることにしている。

以上のような地震力，風圧力に対して，一般的な木造住宅では，耐力壁で抵抗させる。耐力壁とは，筋かいが入った壁や合板などの面材を張った壁で，これらの水平力に抵抗するように作られた壁である。

以下に説明する壁量計算では，各階各方向について，次のような不等号が成り立つように耐力壁を設ける。まず，耐震設計では，

必要壁量＝

床面積×耐震用の必要壁率（表13・4）

≦Σ（壁倍率×その壁の長さ）

＝存在壁量

となっている。この式の中には，直接は地震力が入っていない。しかし，この式の左辺の床面積は，実は建物の質量（重量）の代わりであり，左辺全体が地震力に対応している。他方，右辺は建物の水平抵抗力を表している。したがって，この式によって，地震力よりも水平抵抗力が大きいことを確認することができるというわけである。

次に耐風設計では，

必要壁量＝

見付面積（地盤面から1.35m以上の部分）

×耐風用の必要壁率（表13・5）

≦Σ（壁倍率×その壁の長さ）

＝存在壁量

となっている。ここで，左辺が風圧力に対応している。したがって，この式によって，風圧力よりも建物の水平抵抗力が大きいことを確認できる。

なお，品確法における耐震等級の計算では，若干異なる方法が用いられる。

13・2・2 耐力壁とその倍率

上記のように，木造住宅では，耐力壁によって地震力と風圧力に抵抗する。そこで，各種の耐力壁の水平抵抗力を知る必要があるが，実務上はそれを「壁倍率」で表している。木造の耐震・耐風設計では，許容応力度計算を前提としているので，耐力壁の水平抵抗力も許容耐力で表す。

木造の耐力壁には，多様なものがあるが，それらの水平加力実験の結果から，高さに対して120分の1傾いたときの抵抗力を許容耐力と見なすことが多い。その程度の変形では，まだほとんど損傷がなく，しかもまだ相当の余力があるからである。このようにして求まった許容耐力を，基準の強さである1.98kN/mで割って壁倍率としている。

耐力壁には，土塗壁や筋かい等を用いたものと，面材を張ったものとがある。筋かい等の耐力壁の倍率を表13・1に示す。面材耐力壁には，大壁と真壁がある。さらに，大壁には直張り仕様と胴縁仕様があり（図13・1），真壁には，受け材タイプと貫タイプがある（図13・2）。それらの倍率を表13・2，表13・3に示す。

以上のような耐力壁に加えて，近年では，次のような壁も耐力壁として壁倍率を与えられている。

① 新しい種類の面材（例えば，3・2・5で説明した各種の建築ボード）を張った壁など。
② 伝統構法の再評価の流れにともない，多様な仕様による土塗壁や面格子壁，落とし込み板壁など。

なお，耐力壁が壁倍率に応じた耐力を発揮するためには，その左右端の柱の柱頭・柱脚が，横架材（桁，胴差等や土台）に緊結されていなくてはならない。

表13・1 筋かい等の耐力壁の倍率（建築基準法施行令46条による）

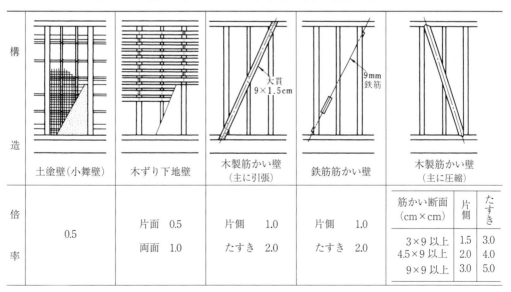

注1) 土塗壁や木ずり下地壁に筋かいを入れたものは両者の倍率を加算できる（ただし5.0までとする）。
注2) 合板その他の面材を張った耐力壁については表13・2, 13・3を参照。

表13・2 面材耐力壁（大壁）の倍率

面材耐力壁の種類	最小厚さ(mm)	くぎ打ちの方法 くぎの種類	くぎ打ちの方法 くぎの間隔	倍率 直張り仕様	倍率 胴縁仕様
構造用合板(JAS)	7.5	N50	15cm以下	2.5	0.5
パーティクルボード(JIS A 5908)	12				
構造用パネル(JAS)	—				
ハードボード(JIS A 5907)	5			2.0	
硬質木片セメント板(JIS A 5417)	12				
構造用せっこうボードA種(JIS A 6901)	12			1.7	
構造用せっこうボードB種(JIS A 6901)	12	GNF40またはGNC40		1.2	
せっこうボード(JIS A 6901)	12			0.9	
強化せっこうボード(JIS A 6901)	12				
シージングボード(JIS A 5905)	12	SN40	1枚の壁材につき，外周部分は10cm以下，その他の部分は20cm以下	1.0	
ラスシート(JIS A 5524)	0.6	N38			

注1) JAS：日本農林規格，JIS：日本工業規格。

表13・3 面材耐力壁（真壁）の倍率

面材耐力壁の種類	最小厚さ(mm)	くぎの種類	くぎの間隔	受け材タイプ	貫タイプ
構造用合板(JAS)	7.5	N50	15cm以下	2.5	1.5
パーティクルボード(JIS A 5908)	12				
構造用パネル(JAS)	—				
せっこうラスボード(JIS A 6909)	15	GNF32またはGNC32		1.5	1.0
構造用せっこうボードA種(JIS A 6901)	12	受け材タイプではGNF40またはGNC40 貫タイプではGNF32またはGNC32		1.5	0.8
構造用せっこうボードB種(JIS A 6901)	12			1.3	0.7
せっこうボード(JIS A 6901)	12			1.0	0.5
強化せっこうボード(JIS A 6901)	12				

ただし最近では，耐力壁の両側の柱脚の浮上りを許容する設計も認められているが，その場合の条件を守る必要がある。

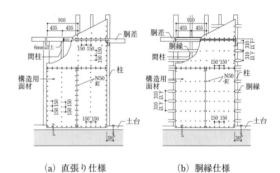

(a) 直張り仕様　　(b) 胴縁仕様

図13・1　面材耐力壁（大壁）の仕様

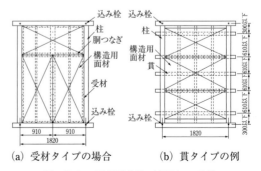

(a) 受材タイプの場合　　(b) 貫タイプの例

図13・2　面材耐力壁（真壁）の仕様

13·2·3　必要壁量

必要壁量とは，13·2·1で耐震設計と耐風設計について示した不等式の左辺のことである。しかし，その値を求めるためには，必要壁率が必要である。その値は地震力と風圧力に対して，それぞれ次のようにして決められている。

まず，地震力については，重い屋根（粘土瓦ぶきなど）と軽い屋根（鉄板ぶきなど）とに分け，平屋建，2階建，3階建のそれぞれについて，いくつかの仮定をした上で，床面積1平方メートルあたりの地震力を算出している。その値を1.98kN/mで割って必要壁率としている。その結果を，表13·4に示す。

次に，風圧力については，壁面の見付け面積1平方メートルに対する風圧力を算出した上で，やはり基準の強さ1.98kN/mで割って，必要壁率としている。その結果を表13·5に示す。

13·2·4　耐力壁の配置

以上は耐力壁の量（長さ）に関する検討であるが，地震に対する揺れや風による圧力のかかり方によっては，建物がねじれ，それによって大きな被害を受ける可能性がある。特に地震に関しては，重心と剛心のずれの程度（偏心率という）が大きいと危険である。例えば，道路に面してガレージがあったり，店舗になっていたりすると，偏心率が大きくなる。また，南側にガラス戸が連続していたり，北側に勝手口や浴室などの大小多くの開口が並ぶような場合にも，偏心率が大きくなる。そこで，耐力壁を「つりあいよく配置する」ことが求められる。その方法として，「4分割法」と呼ばれる簡便な方法と，偏心率そのものを計算する方法とがあるが，詳細は他書に譲る。

13·2·5　水平構面

小屋梁面や2階床面を，力学的な観点から水平構面と呼ぶ。水平構面は，当然，屋根荷重や2階床荷重による鉛直方向の力に対して抵抗しなければならない。

表13·5　風圧力に対する必要壁率（cm/m²）

区域	見付面積1m²あたりの耐力壁の必要長さ（cm）
一般の区域	50
しばしば強い風が吹く区域	50〜75

表13·4　地震力に対する必要壁率（cm/m², 軟弱地盤では表の値を1.5倍して適用）

建物の種類	床面積1m²あたりの耐力壁の必要長さ（cm）					
	平屋建	2階建		3階建		
		1階	2階	1階	2階	3階
瓦ぶきなどの重い屋根，土蔵倉などの重い壁の建物	15	33	21	50	39	24
金属板，石綿スレートなどの軽い屋根の建物	11	29	15	46	34	18

184　第13章　住宅の性能と構法

それと同時に水平構面は，地震力や風圧力による水平方向の力を耐力壁に伝えなければならない。すなわち，水平構面には，水平面内の剛性と耐力をもたせることが必要である。

伝統的には，その剛性・耐力を火打（梁）に期待していたが，現在の木造住宅では，床面等に構造用合板を張り詰めるのが一般的になっている。

13・2・6　壁量の計算例

壁量計算は，地震力に対してと風圧力に対してと，別々に行う。また，各階・各方向ごとに計算する。ここでは，その基本的な手法を示すために，2階建の1階の桁行方向の例のみを示す。対象となる木造住宅の1階平面図と東側妻面の立面図を，図13・3と図13・4に示す。

(1)　屋根と耐力壁の仕様

屋根は，粘土瓦ぶきである。これは「重い屋根」に相当する。

耐力壁としては，外周については構造用合板張り（厚さ12mm）を，内部には二つ割り（45×90）の筋かいを，片筋かいにしたものを採用する。それぞれの壁倍率は，表13・2，表13・1から，それぞれ2.5倍，2.0倍である。

(2)　必要壁量の計算

まず，地震力に対しては，表13・4から，重い屋根の場合で2階建の1階では，1m²あたり33cmの耐力壁が必要である。他方，1階の床面積は，図13・3から93.6m²であるので，桁行方向・梁間方向ともに，壁量すなわち総延長（Lr）として次の長さの耐力壁が必要である。

Lr（地震に対する必要壁量）：

93.6×0.33＝30.89m

次に，風圧力に対しては，表13・5から，見付面積1m²あたり50cmの耐力壁が必要である。他方，見付面積としては，桁行の場合，妻側の面積をとる。また，1階に関する見付面積としては，基礎上端から1.35mまでの部分を除いたその上方全体をとる。その見付面積は，図13・4から39.6m²であるので，1階の桁行方向には，総延長（Lr）として次の長さの耐力壁が必要である。

Lr（風に対する必要壁量）：

39.6×0.50＝19.8m

さて，上記の地震力に対して必要な壁量Lr（地震）と風圧力に対して必要な壁量Lr（風）とを比較すると，この場合は，地震力のほうが大きい。したがって，耐力壁の総延長としては，30.9m以上にすれば，風圧力に対しても十分である。

(3)　耐力壁の量的な配置

上記の必要壁量，すなわち耐力壁の総延長を満たすように耐力壁を配置する。ここで，必要壁量は，耐力壁の倍率を基準値の1.0とした場合の値なので，倍率の高い壁を用いた場合は，それより少なくてよい。そこで図13・3から，合板張りの耐力壁と筋かい耐力壁を合わせた耐力壁の総延長は，次のようになる。

Le：2.5×0.91×11＋2.0×0.91×4＝32.3m

以上より，次の関係が成り立つので，量的には耐震・耐風計算ができたことになる。

Lr（30.9m）＜Le（32.3m）

なお，耐力壁のつりあいよい配置については，ここではその検討の記述を省略する。ただし，この例の場合は，おおむねつりあいよい配置といえる。

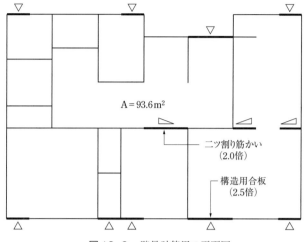

図 13・3　壁量計算用の平面図

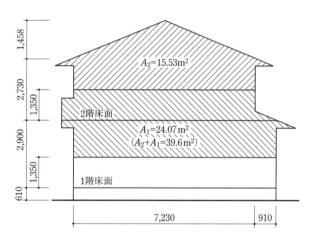

図 13・4　見付面積計算用の立面図

13・3　防・耐火計画

13・3・1　住宅の防・耐火対策

　防火とは，周辺の建築物から発生した火事の影響を防ぐことで，外壁や屋根，軒裏などに延焼しにくさを規定している。一方で耐火とは，建築物自体の火事に対する燃えにくさのことで，火災による燃焼に対して，壁や柱などの主要構造部が変形や溶解にどれだけ耐えられるかを規定している。

　戸建住宅の安全対策には，外部からの延焼をしにくくすること，台所や居間など屋内で発生した火災をいち早く感知し，避難できることで，特に3階建の場合は脱出方法の確保が重要である。

　現在は，木造建築物の用途・規模が拡大している中，木造の防・耐火性能は材料の試験結果や，実大火災実験による科学的な知見に基づいて，技術的に避難安全確保や周囲への危険防止

等が確認できたものとする性能合理化の考え方で，木造の耐火建築物や準耐火建築物が可能となっている。

また，住宅においても準防火地域の3階建規模では，準耐火構造が要求されるなど，用途，規模に応じた建築基準法上の構造制限があり，建設地の地域により要求水準が異なる。木造で建築可能な規模，構法の概要を表13・6に示す。

なお，延焼のおそれのある部分とは，敷地境界または前面道路の中心線から，1階で3m以下，2階で5m以下の範囲をいう（図13・5）。

13・3・2 防火材料の性能

防火材料の性能は表13・7のように区分され，性能の条件に耐える一定時間は表13・8のように規定されている。

13・3・3 防火構造・準防火構造

(1) 防火構造

防火構造とは，建築物の周囲において通常の火災による延焼を抑制するための防火性能を有するもので，対象とする部分は外壁と軒裏である。木造の外壁の防火構造は，図13・6のように，屋外側の防火被覆と屋内側の防火被覆を組

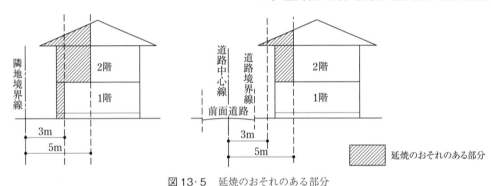

図13・5　延焼のおそれのある部分

表13・6　指定区域における木造建築物の構造制限と延焼のおそれのある部分の防火制限の概要

指定区域	延べ面積・階数に対し必要な建築物の構造	延焼のおそれのある部分		
		外壁	軒裏	開口部
防火地域 （法第61条）	延べ面積 >100 ㎡ 階数3（地階を含む）以上	耐火建築物		・防火設備（防火戸・他（告示第1369号） ・遮炎性能20分
	延べ面積 ≦100 ㎡，階数2または1	準耐火建築物(※1)		
準防火地域 （法第62条）	地上階数4以上	耐火建築物		
	延べ面積 ≦1500 ㎡，地上階数2または1	準耐火建築物		
	延べ面積 ≦500 ㎡，地上階数3	準耐火建築物　または 技術的基準適合建築物(※3)		
	延べ面積 ≦500 ㎡，地上階数2または1	—	防火構造(※2)	防火設備
第22条区域 （屋根不燃化区域）	延べ面積 ≦1000 ㎡，地上階数2または1	—	準防火性能	—
	上記以外	—	準防火性能	—

（※1）準耐火構造より性能の高い耐火構造は準耐火構造として対応できる。
（※2）防火構造より性能の高い耐火構造，または準耐火構造は防火構造として対応できる。
（※3）技術的基準適合建築物：準防火木三戸と呼ばれ，一定の防火措置を行えば木造とすることができる。

み合わせて防火構造とするか，土蔵造りまたは土塗壁とする。ただし，真壁造の外壁の柱や梁は被覆しなくてもよい。木造下地の軒裏の防火構造は土蔵造りとするか，または防火被覆を行う。防火被覆材の組合せなどは，外壁は表13・9，軒裏は表13・10にまとめている。このほかに，個別に認定された建材が使用できる。

(2) 準防火性能

準防火性能は外壁だけが対象となっており，準防火性能は表13・11による。木造下地外壁では，表13・12のように，屋外側の防火被覆と屋内側の防火被覆を組み合わせて準防火性能とする。ただし，真壁造の外壁は柱や梁は被覆しなくてもよい。この表のほかに個別に認定された建材が使用できる。なお，準防火性能より性能の高い準耐火構造や防火構造は，準防火性能としても使用できる。

表13・7 防火材料の区分と性能

区分	防火材料（一部例示）	時間 （加熱開始後）	性能の条件 （令第108号の2）
①不燃材料 （法第2条9）	国交省告示第1178号（最終改正平成16.9.29） コンクリート，瓦，繊維強化セメント，鉄鋼，アルミニウム，ガラス，モルタル，石，他	20分	・燃焼しないこと ・防火上有害な変形，溶融，き裂その他の損傷を生じないこと ・避難上有害な煙またはガスを発生しないこと ※ 外壁仕上げは①，②とする
②準不燃材料 （令2条5）	建設省告示第1401号（平成12年5月30日） 厚さ15mm以上の木網セメント板，他	10分	
③難燃材料 （令2条6）	建設省告示第1402号（同上） 難燃合板（厚さ5.5mm以上），他	5分	

※ 不燃材料であるものは準不燃材料でもあり，難燃材料でもある（包含関係にある）。

表13・8 防火性能の技術的基準（令170条の2）

部　位		非損傷性 [1]	遮熱性 [2]	
外壁	耐力壁	30分	30分	H12建設省告示第1359号第1第一号
	非耐力壁	—		H12建設省告示第1359号第1第二号
軒裏		—	30分	H12建設省告示第1359号第2

※1：耐力壁にあっては火災時，一定時間以上構造耐力上支障のある変形，熔解，破壊その他の損傷を生じないこと。
※2：火災時，一定時間以上屋内面で可燃物が燃焼するおそれのある温度に達しないこと。

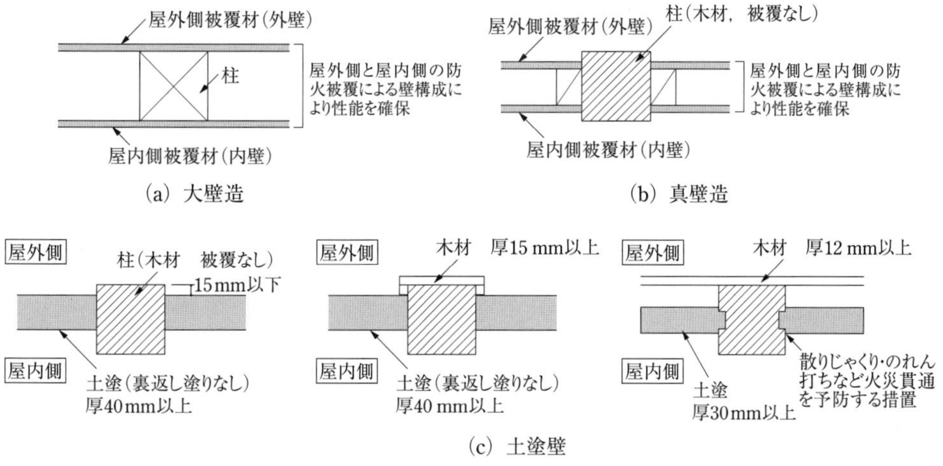

図13・6 外壁（耐力壁・非耐力壁）の防火構造例示

(3) 開口部の防火構造

　防火地域および準防火地域における，建築物の外壁における延焼のおそれのある部分の開口部は防火設備の対象となっており，細かい規定がある。開口部の大きさにより，サッシの形式が制限されており，アルミサッシで網入りガラスが一般的であるが，そのほかにも対応する個別認定の防火サッシ等があり，種類も多い。

　建設する地域区分や建物の規模に応じて配慮が必要となり，ここでは省略する。

表13・9　外壁（耐力壁・非耐力壁）の防火構造仕様一覧（平成12年建告第1359号）

	屋外側（いずれかを選択）	屋内側（いずれかを選択）
防火被覆を両面に張る場合	・鉄網モルタル塗（20 mm以上） ・木ずりしっくい塗（20 mm以上） ・木毛セメント板の上にモルタル塗（15 mm以上）またはしっくい塗（15 mm以上） ・せっこうボードの上にモルタル塗（15 mm以上）またはしっくい塗（15 mm以上） ・土塗壁（20 mm以上） ・土塗壁（20 mm以上）＋下見板張り ・せっこうボード（12 mm以上）の上に金属板張り ・ロックウール保温板（25 mm以上）の上に金属板張り ・モルタル塗の上にタイル張り　合計厚25 mm以上 ・セメント板張りまたは瓦張りの上にモルタル塗　合計厚25 mm以上 ・硬質木片セメント板張り厚12 mm以上 ・窯業系サイディング張り厚15 mm以上（中実品） ・窯業系サイディング張り厚18 mm以上（中空品で中部を除く厚さが7 mm以上）	・せっこうボード　厚9.5 mm以上 ・合板・構造用パネル・パーティクルボード，木材　各厚4 mm以上（壁体内に厚75 mm以上充填） ・土塗壁厚30 mm以上

※防火構造より性能の高い準耐火構造は，防火構造として使用できる。

表13・10　軒裏の防火構造仕様一覧

軒裏被覆材（いずれかを選択）
○土蔵造り
○軒裏防火被覆材 　・鉄鋼モルタル塗（20 mm以上） 　・木ずりしっくい塗（20 mm以上） 　・木毛セメント板の上にモルタル塗（15 mm以上）またはしっくい塗（15 mm以上） 　・せっこうボードの上にモルタル塗（15 mm以上）またはしっくい塗（15 mm以上） 　・土塗壁（20 mm以上）　または土塗壁（20 mm以上）＋下見板張り 　・モルタル塗の上にタイル張り合計厚25 mm以上 　・セメント板張りの上にモルタル塗　合計厚25 mm以上 　・瓦張りの上にモルタル塗　合計厚25 mm以上 　・せっこうボード（12 mm以上）の上に金属板張り 　・ロックウール保温板（25 mm以上）の上に金属板張り 　・硬質木片セメント板（厚12 mm以上） 　・窯業系サイディング張り厚15 mm以上（中実品） 　・窯業系サイディング張り厚18 mm以上（中空品で中空部を除く厚さが7 mm以上）

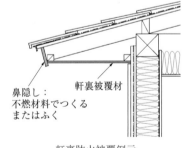

軒裏防火被覆例示

※防火被覆材を張らずに垂木，野地板，面戸板等を木材あらわしとする場合は，準耐火構造（平成12年建設省告示第1385号）の仕様とする。

13·4 耐 久 性

13·4·1 耐久性の対策

　木造住宅の耐久性とは，住宅の構造や下地を構成している木材が，腐朽やシロアリ等の蟻害によって劣化が進むのを，いかに遅らせるかということである。

　木材を腐朽させる菌はバクテリア，カビ，キノコ類などであり，中でもキノコ類は強力に木材の成分を分解してしまう。これらの腐朽菌は，空気と水があり，温度が適当であれば繁殖する。また，木材に蟻害を及ぼす主なシロアリには，本来ヤマトシロアリとイエシロアリの２種類があり，ヤマトシロアリはほぼ日本全域に，イエシロアリは静岡以西に生息している。

　木造住宅を腐朽や蟻害から守るには，腐朽菌やシロアリが繁殖しにくい環境をつくることが基本である。それには，木材を湿潤状態にしないことである。そのためには，床面を地表面から離したり，床下に防湿フィルムを敷き込んだりして，地面からの湿気が上がってこないようにすることや，屋根や外壁からの雨漏りを防ぐこと，また外壁内の内部結露（壁内結露）が起こらないようにすることが必要である。さらに木材が栄養にならないようにすること，シロアリの巣をつくりにくくすることなどである。

　外壁からの雨漏りや壁内結露に対しては，開口部回りに防水テープを施したり，小屋裏に換気口を確保したり，外壁を通気構造とすること

表13·11　準防火性能の技術的基準

部　　位		非損傷性 ※1	遮熱性 ※2	仕　様　例
外　壁	耐力壁	20分	20分	H12 建設省告示第 1362 号
	非耐力壁	―		

※1：耐力壁にあっては火災時，一定時間以上構造耐力上支障のある変形，熔解，破壊その他の損傷を生じないこと。
※2：火災時，一定時間以上屋内面で可燃物が燃焼するおそれのある温度に達しないこと。

表13·12　延焼のおそれのある部分の外壁の準防火性能仕様一覧

耐　力　壁	非耐力壁
・防火構造とすること	
・防火被覆（真壁造とする場合の柱・梁を除く）	

屋　外　側	屋　内　側
土塗壁（30mm 以上）	(a) せっこうボード（厚 9.5mm 以上）
土塗壁（30mm 以上）＋下見板張り	(b) ・グラスウール（75mm 以上）
準不燃材料＋金属板	・ロックウール（75mm 以上）
石綿スレート（3.2mm 以上）	＋
せっこうボード（準不燃材料・防水処理品）	・合板（4mm 以上）
木毛セメント板（準不燃材料・防水処理品）	・構造用パネル（4mm 以上）
アルミニウム板張りペーパーハニカム心（パネルハブ）パネル	・パーティクルボード（4mm 以上）
	・木材（4mm 以上）
	（※ 防火構造の屋内側と同じ）

などがある。なお，防腐・防蟻措置の方法は，13・4・5で説明を行う。

13・4・2 外壁の通気構造

壁内結露を防ぐために外壁から水蒸気が放出できる構造を総称して通気構造という。それに

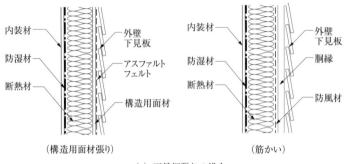

(a) 下見板張りの場合

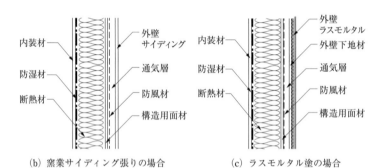

図13・7 外壁の通気構造

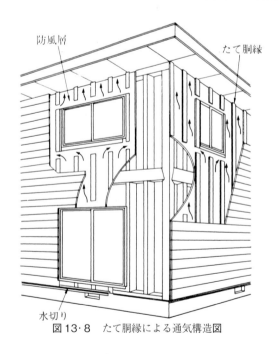

図13・8 たて胴縁による通気構造図

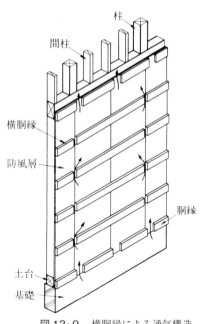

図13・9 横胴縁による通気構造

は，外壁仕上げを9・5・1の板張り工法として直接外壁から水蒸気を放出する方法（図13・7(a)），あるいは真壁工法として柱や梁の軸組材を外部に露出する方法がある。板張り工法や軸組材を露出させる場合は，雨掛かりになってしまうと逆に劣化の原因となるために，軒は90cm以上出す必要がある。このほかに，現在では一般的となっている大壁の通気構造がある。それは図13・7（b），(c) で示すように，軸組外面に透湿防水シート（防風材）を張り，その外側に通気層を設ける方法である。

通気層は通気胴縁の厚さにより15～25mmとなるが，18mm程度が標準である。外壁仕上げの張り方でたて使い（たて胴縁）としたり，横使い（横胴縁）とする（図13・8，9）。

通気の取り方は，土台の取り合い部分に給気口を設け，壁体の通気層を通過して，壁の頂部または軒天井や小屋裏から排気する。軒天井や小屋裏には換気口を設ける。

また，土台水切りは，通気可能なものを取り付ける。

13・4・3　床下防湿・床下換気

(1) 床下防湿（図13・10）

基礎の立上り高さは400mm以上とするのがよい。かつ床下防湿として，次の①から③の方法がある。

① 床下地盤は地盤面より盛土し，全面に厚さ0.1mm以上の防湿フィルムを敷き詰め，防湿フィルム全面をコンクリート，または乾燥した砂，または砂利で押える。

② 床下全面に厚さ60mm以上のコンクリートを打設する。

③ 基礎の構造を鉄筋コンクリート造べた基礎とする。

(2) 床下換気

外壁下部の基礎立上り部分には，壁の長さ4m以下ごとに有効面積300cm²以上の床下換気口を設け，内壁下部の基礎には，適切な位置に通風と床下点検を兼ねた基礎開口を設ける。床下換気口は数多いほうがよいが，基礎に多くの開口部を設けると配筋を分断することになり，構造上の問題が出てくる。その対応策として急に広まってきたのが，壁の全周にわたって，壁長さ1m当たり有効面積75cm²以上の換気口を

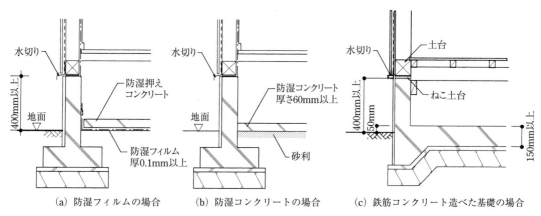

(a) 防湿フィルムの場合　　(b) 防湿コンクリートの場合　　(c) 鉄筋コンクリート造べた基礎の場合

図13・10　床下防湿の方法

設ける方法で、すなわち、ねこ土台である。これは基礎を欠き込まないので基礎の面からは具合がよい。しかし、ねこ土台の配置は厳密で正確に行う必要がある。

換気口には、ねずみ等の侵入を防ぐために、スクリーンなどを堅固に取付け、雨水が流入しないように、モルタルで水勾配を外側に付ける（図13·11）。なお、断熱方式を基礎断熱とする場合には換気口は設けない。

13·4·4　小屋裏換気

独立した小屋裏ごとに換気口を2箇所以上、有効な位置に設けて自然換気を行う。小屋組の形状に合わせて、表13·13および図13·12に示すように有効換気面積を確保する。しかし、断熱材を天井裏でなく屋根下に施工するときは、小屋裏では換気を行わず、屋根仕上げ材と断熱材の間で通気を設ける。

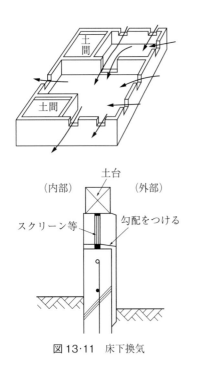

図13·11　床下換気

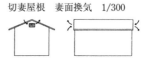
切妻屋根　妻面換気　1/300

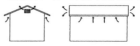
寄棟屋根　軒天井相互換気　1/250

切妻屋根　軒天井給気・妻面排気　1/900

切妻屋根　軒天井給気(1/900)・小屋裏頂部棟排気(1/1200)

寄棟屋根　軒天井給気(1/900)・小屋裏頂部棟排気(1/1200)

図13·12　小屋裏換気方式のイメージ

表13·13　小屋裏換気の取り方

屋根の形と換気口の位置	有効換気面積率※		注意事項
切妻で妻面小屋裏換気	1/300以上（吸排気両用）		できるだけ上部に設ける。
寄棟で軒天井相互換気	1/250以上（吸排気両用）		
入母屋または切妻で妻面および軒天井換気	吸気口(軒天井) 1/900以上	排気口(妻面) 1/1,600以上	吸気口と排気口は垂直距離で910mm以上離す。
寄棟で軒天井吸気棟の換気筒排気	吸気口(軒天井) 1/900以上	排気筒など 1/1,600以上	排気筒などはできるだけ小屋裏頂部に設ける。

※有効換気面積率とは、有効換気面積の天井面積に対する割合である。

13·4·5 木部の防腐・防蟻

外壁の軸組および下地は，土台，柱，間柱，筋かいや胴縁および合板などの壁下地材が対象で，地面より1m以下の部分について防腐・防蟻の措置を行う（図13·13）。

木部の防腐・防蟻措置は，従来は薬剤で処理を行うのが一般的であったが，現在では建物の通気，換気を考慮した工法とした上で，耐腐朽性・耐蟻性の高い木材を使用するか，断面寸法の大きい材とするか，または薬剤による防腐・防蟻措置をするかの方法から選ぶようになった。

① 土台はヒノキ，ヒバ，ベイヒノキ，ベイヒバ，コウヤマキ，クリ，ケヤキ等の耐腐朽性・耐蟻性の高い樹種の心材を用いるか，JASに定める保存処理K3相当以上の防腐・防蟻処理材としたもの，例えば，工場で加圧注入された土台用加圧式防腐処理木材等を使用する。

② 外壁軸組については，表13·14にある樹種とするか，断面寸法が12cm角以上であれば薬剤は使用しなくてもよい。これ以外では薬剤を現場で塗布，浸積，吹付けを行う。

③ 外壁木質系下地材については薬剤処理を施した材料とするか，現場で塗布を行う。

④ 薬剤の品質は，工場処理と現場処理による規格がある。種類は多様であるため，使用場所に合わせて選択する。なお，防蟻用に使用されてきた有機リン系薬剤のクロルピリホスは，現在は全面的に使用禁止となっている。

⑤ 薬剤は腐朽しやすい部分に塗布するのが目的であるから，木口，ほぞ，ほぞ穴まで入念に行うが，室内に見え掛かりになる部分，例えば和室の柱などは行わなくてもよい。また，給排水の塩化ビニル管に接する部分はクレオソートが塩化ビニル管を腐食させるので塗らないほうがよい。

表13·14 薬剤によらない外壁軸組の樹種・寸法

方法	内　容
工法	① 外壁通気構造としたもの
	② 外壁を板張りとし，直接通気可能とした構造
	③ 軒の出が90cm以上で真壁造としたもの
樹種	ヒノキ，ヒバ，ベイヒノキ，ケヤキ，台湾ヒノキ，スギ，カラマツ，ベイスギ，クリ，ダフリカカラマツ，ベイヒバ，コウヤマキ，サワラ，ネズコ，イチイ，カヤ，クヌギ，ベイマツ（ダグラスファー），ミズナラ，ウエスタンレッドシーダー，アピトン，ウエスタンラーチ，カプール，ケンパス，セランガンバツ，タマラックまたはパシフィックコーストイエローシーダーを用いる，あるいは，これらの樹種を使用した化粧張り構造用集成柱，構造用集成材または構造用単板積層材を用いる。
断面寸法	断面寸法　120mm×120mm以上の製材，構造用集成材または単板積層材を使用した部分

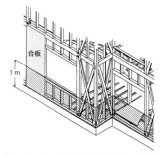

図13·13　防腐・防蟻処置の範囲

13·4·6 床下地面の防蟻対策

ヤマトシロアリやイエシロアリは，地中から基礎，床束等，地面とつながっているものを伝わって建物内に侵入する。これを防ぐために地盤の防蟻処理を行うが，薬剤の土壌処理は地下

194　第13章　住宅の性能と構法

水などの汚染に影響するおそれがあるので慎重に計画する必要がある。

防蟻剤で布基礎内周部および束石の周辺20cm程度の土壌処理を行う方法のほかに，一般的にはべた基礎とするか，地面を一様にコンクリート（布基礎と一体になったもの）を打設する方法がある。このほかに，最近では防蟻効果があるシートを床下全面に敷く工法や，樹脂皮膜を形成する方法などがある。防蟻処理は，北海道，東北地方と新潟県，富山県，石川県および福井県の寒冷地域では省略してかまわない。

しかし近年，アメリカからの輸入木材等により運ばれたアメリカカンザイシロアリが本州以西から全国的に拡がり，地域によっては深刻な被害を及ぼしている。

13・4・7　浴室・脱衣室などの防水対策

浴室や脱衣室は常時湿潤の状態になるために防水対策を考慮する。しかし，腰高基礎でコンクリート下地となる部分や，浴室ユニットを組み込む場合は防水は不要である。

防水の方法は，耐水性のある下地材を用いて防水性のある材料で仕上げる。

耐水性のある材料：シージングせっこうボード・構造用合板特類などがある。

防水性のある仕上げ材：タイル・ビニル壁紙・ビニルシート床材などが一般的である。

そのほかには，軸組・壁下地材・床組と浴室の天井を13・4・5で示した防腐・防蟻処理を行う。

13・5　維持管理・更新のしやすさ

住宅は，構造躯体など比較的耐用期間が長い部分と，設備配管や内装など比較的に耐用年数が短い部分との組合せで構成されている。したがって，構造躯体の劣化を防ぐ対応とともに，日常の配管などの点検，清掃，補修を行いやすくすることで，住宅全体を長持ちさせることができる。

13・5・1　専用配管

排水管は，敷地内最終ますから設備機器との接続部までの配管を示し，給水管は，水道メーターから住戸内の給水栓または設備機器との接続部までの配管，給湯管は，給湯設備から住戸内の給湯栓または設備機器との接続部までの配管をいう。

(1)　給水管，給湯管，排水管は点検，清掃および取替時に，構造躯体を損傷することなく行えるように，それらの配管はコンクリートに埋め込まないようにする。床下から屋外に配管する場合には，基礎立上り部または床のコンクリート部分を貫通する部分では，あらかじめ，さや管などを埋め込んでその中に挿入する（図13・14）。貫通する屋外部分では，さや管と配管に隙間が生じないようにシーリング処理を行う。

なお，凍結のおそれがある地域では，基礎底盤は凍結深度以下とし，かつ基礎底盤の下で配管させるか，または貫通させる。

(2)　地中埋設管の上にコンクリートを打設しないようにする。ただし，建物の基礎と

13・5 維持管理・更新のしやすさ

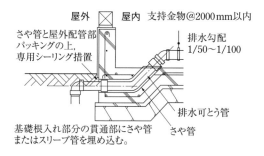

図13・14 基礎根入れ貫通部に埋め込むさや管

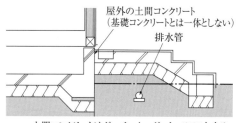

図13・15 屋外の土間コンクリート

縁を切って，躯体と一体とならない土間コンクリート（ポーチ，カーポート，テラス等）の打設は，点検時における解体で躯体の基礎に影響を与えないため，さしつかえない（図13・15）。

（3） 配管の内面は，平滑で接続部分は段差が生じないようにし，接着およびねじ接合，または専用金物を用いた接合とする。

床下の横引き管は，たわみ，抜けなどの変形が生じないように，支持金物等を用いて2m程度の間隔で固定する。

13・5・2 専用排水管の掃除口等（点検口）の設置

水回りの設備機器と専用配管の接合部分は日常の点検および清掃が必要であり，機器との接続部分には排水の逆流や臭いを封水するトラップが設けられ，その部分に点検・清掃が可能な点検口を設ける。なお，トラップには椀型，S型，P型の形状がある。また，給水・給湯配管接続部の点検も別に必要である。

台　所：一般にはシンク下部にトラップが設けられ，収納扉を開けて点検可能とする。
給水・給湯接続部は壁側または収納部で露出，取り外して点検可能とする。

便　所：便器は取外しによる点検などを原則とする。または，1階の場合では便所部分の外壁から1m程度内に排水桝を設置して点検可能とする。

洗面・脱衣室：洗面器の接続部にはトラップを設置。露出またはカウンター収納扉を開けて点検可能とする。洗濯機パンには排水口にトラップを設置。蓋を外してトラップを点検可能とする。給水・給湯接続部は壁側または収納部で露出，取り外して点検可能とする。

浴　室：浴槽排水管は通常，床排水部にトラップを設置して，その部分に接続する。床点検口を外してトラップを点検可能とする。浴室の形式により異なるが，給水・給湯管壁部の点検口（15cm角等の小規模なものを含む）を外して点検可能とする。

196　第13章　住宅の性能と構法

13·6　温熱環境

13·6·1　これからの住まい

　適切な温熱環境は，住宅の居住空間を冬は暖かく，夏は涼しく，年間を通して温度差の少ない快適な状態を保ち，結露やカビの発生を防ぐことである。この快適さは，居住者，特に高齢者などの健康維持に効果的とされる。このために，居室の熱損失を防いで，エネルギー消費量を節約しながら，暖冷房の効果をあげることが重要である。

　一方，居住者の「住まい方」もエネルギーの消費に影響する。これら省エネルギー対策として，現在は建築による手法と設備による手法の2面から考える。建築による手法とは，住宅の外壁および窓などを断熱化・気密化した上で，かつ，窓などの開口部からの日射を夏期には遮蔽し，冬期には取得する方法である。また，設備による手法とは，居住者の生活スタイルに見合った設備機器類の選択と使用方法の組合せで省エネ化を考えることである。

　さらに，太陽光，熱等の自然エネルギーの取得を創エネルギーといい，その活用が期待されている。これからの住まいは，単に省エネ基準値を満足させた快適性だけでなく，使用するエネルギーを省エネ基準値より10%以上削減する低炭素住宅や，使用エネルギーと創エネルギーの組合せでZEH（ゼロエネルギー）といった高性能な住宅も推奨されている（平成28年省エネルギー基準・他）。

13·6·2　建築による省エネ計画

　建物の外気に接している部位を外皮（床，外壁（窓も含む），天井，屋根等）という（図13·16）。外皮を断熱構造として，温熱環境を屋外と屋内に区分けする。建物は断熱材ですっぽり包み込まれた状態で断熱化されるため，隙間があると，熱効率が悪くなり，結露の原因となる。

　また，窓等の開口部は外壁に比べて熱損失が大きいので，枠，ガラス等の開口部材の断熱性能をより高めることが有効となる。その上で開口部の日射遮蔽・取得を考慮する。冬はなるべく日射による熱を室内に入れることで暖房に必要なエネルギーを節約でき，夏は逆にひさしやブラインドなどを取り付けることで，日射を遮蔽して室内温度を抑え，冷房に必要なエネルギーを節約する。

　外皮の性能を高めることは，省エネ効果を上げるだけでなく，居間とトイレ，脱衣室等の室間の温度差が少なくなり，温度環境の質が上がる。また，冷房に頼らなくても自然の風を取り入れることで，夏の暑さを和らげられる。したがって，方位や建物の形状により開口部の位置等を工夫して，日射のコントロールや通風などを計画することが望ましい。

13·6·3　設備による省エネ計画

　設備計画では，居住者の家族構成，生活スタイル（趣味，外出の頻度，入浴頻度，来客の多さ）のほかに，快適性や経済性等に対する考え方等のライフスタイルに合わせることが基本となる。給湯や照明による消費エネルギーは居住者数・生活スタイルの影響を受け，暖冷房・換気の消費エネルギーは居住空間の大きさに影響

13・6 温熱環境

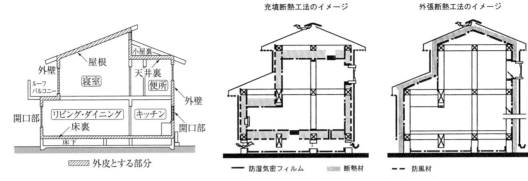

図 13・16 外皮（断熱構造）とする部位　　図 13・17 断熱工法の種類

を受ける。したがって，冷暖房，換気，照明および給湯設備計画では，それぞれの機器類の特徴から生活に見合った総合的な選定をすることが求められる。

13・6・4 地域区分

原則として，各地域の標準暖房度日（D18-18）を勘案し，全国を気候条件，また，特性を考慮して市町村単位で地域区分が設定されている。近年の気候変動により，平成25年に見直しが行われ，1地域〜8地域までの8地域に区分けしている（図13・18）。8地域は沖縄県である。建物の断熱性能は地域区分に応じて検討する。

13・6・5 断熱性能（断熱設計）

(1) 断熱工法

断熱構造とする外皮の断熱工法には，大別すると，主にグラスウールなどの繊維系断熱材を軸組の部材間に詰め込む充填断熱工法と，主に発泡プラスチック系断熱材を軸組の外側に取り付ける外張断熱工法がある（図13・17）。

外張断熱工法は軸組部材も含めて外皮をすっぽり覆うため，必要な断熱材厚さが薄くなる。また，充填断熱工法だけで必要な断熱材厚さが確保できない場合には外張断熱材を付加することもできる。

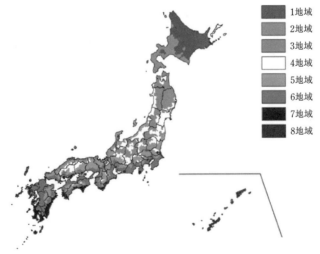

図 13・18 省エネ地域区分

なお，充填断熱工法では断熱材の室内側には防湿層を設け，外部側には水蒸気を逃がすために防風層と通気層を設ける(図13・19)。外張断熱工法では，発泡プラスチック系断熱材自体が空気を通しにくいので室内側の防湿材を兼用できるが，継目や周囲の取合い部の目地処理が必要となる。また，断熱層の外側には通気層を設ける。

(2) 断熱材の種類と性能

外皮の断熱性能は，各部位に使用する断熱材やその工法により異なる。なお，断熱材の種類は形状から分類すると表13・15のようになる。形状や材種により，適する施工部位や施工方法が異なり，材料ごとに断熱性能が違うため，使用目的に合わせて総合的に選択することが求められる。

断熱材の性能を示す指標として熱伝導率と熱抵抗があり，熱伝導率が小さい材料ほど断熱性能が高く，逆に，熱抵抗値が大きい材料ほど断熱性能が高い。表13・16に主な断熱材を抜粋した性能表を示す。

必要な断熱性能を確認する方法として，1つは「外壁，窓等を通しての熱の損失の防止の基準」とした，各部位の必要な熱抵抗値を確保する断熱材の厚さを示す仕様規定があり，この場合には外壁面積に対する開口部面積の比率が影響する。もう1つには「外皮の平均熱貫流率の基準」と「冷房期の平均日射取得率」を計算により確保する性能規定がある。建設地の地域区分に応じた基準値を満足することが求められるが，実際に必要な断熱材の厚さ算定はここでは省略する。

(3) 断熱材の施工と防露対策

建物は必要な断熱性能を確保した上で，断熱材の施工は結露の発生を防止する対策を行う。

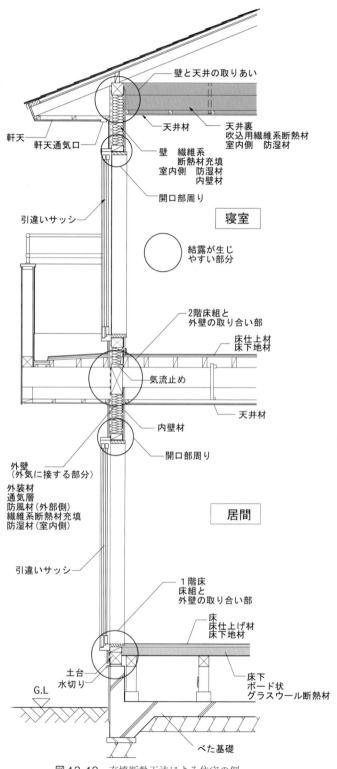

図13・19 充填断熱工法による住宅の例
(6地域 平成28年省エネルギー基準レベルの場合)

13·6 温熱環境 199

表13·15 断熱材の形状による種類

形 状	種 類	
	材 種	材 料 名
フェルト状断熱材	無機繊維系断熱材	グラスウール断熱材
		ロックウール断熱材
ボード状断熱材	無機繊維系断熱材	グラスウール断熱材
		ロックウール断熱材
	木質繊維系断熱材	タタミボード（15mm）
		A級インシュレーションボード（9mm）
	発泡プラスチック系断熱材	ビーズ法ポリスチレンフォーム断熱材1号
		押出法ポリスチレンフォーム断熱材
		硬質ウレタンフォーム断熱材
		ポリエチレンフォーム断熱材
		フェノールフォーム断熱材
吹込用断熱材	無機繊維系断熱材	吹込用グラスウール断熱材
		吹込用ロックウール断熱材
	木質繊維系断熱材	吹込用セルロースファイバー
現場発泡断熱材	発泡プラスチック系断熱材	建築物断熱用吹付け硬質ウレタンフォーム

表13·16 断熱材の種類による性能（標準的な断熱材を抜粋）

種類・材料名				備 考 密度（kg/m³）	熱伝導率 {W/(mK)}	規格等
繊維系断熱材	グラスウール断熱材（通常品）抜粋（GW/住宅用グラスウール断熱材）	10 − 50		10±2	0.050 以下	JIS A 9521
		16 − 45		16±2	0.045 以下	
	グラスウール断熱材（高性能品）抜粋（HGGW/高性能グラスウール）	HG16 − 38		16±2	0.038 以下	
		HG24 − 36			0.036 以下	
	吹込用グラスウール断熱材	(13K, 18K)		−	0.052 以下	JIS A 9523
		30K, 35K		約32, 約35	0.040 以下	
	ロックウール断熱材	MA		30 以上	0.038 以下	JIS A 9521
		MB			0.037 以下	
		MC			0.036 以下	
	吹込用ロックウール断熱材	25K		25 以上	0.047 以下	JIS A 9523
		65K		60 以上	0.039 以下	
発泡プラスチック系断熱材	ビーズ法ポリスチレンフォーム断熱材	1号		30 以上	0.034 以下	JIS A 9521
		2号		25 以上	0.036 以下	
		3号		20 以上	0.038 以下	
		4号		15 以上	0.041 以下	
	押出法ポリスチレンフォーム断熱材	1種 a	A	20 以上	0.040 以下	
			B		0.038 以下	
			C		0.036 以下	
		2種 b	A	25 以上	0.034 以下	
			B		0.032 以下	
			C		0.030 以下	
	硬質ウレタンフォーム断熱材	1種		35 以上	0.029 以下	
		2種	1号	35 以上	0.023 以下	
			2号	25 以上	0.024 以下	
			3号	35 以上	0.027 以下	
			4号	25 以上	0.028 以下	
	建築物断熱用吹付け硬質ウレタンフォーム	A種	1	−	0.034 以下	JIS A 9526
			2	−	0.034 以下	
			3	−	0.040 以下	
		B種		−	0.026 以下	
	ポリエチレンフォーム断熱材	1種	1号	10 以上	0.042 以下	JIS A 9521
			2号	10 以上	0.042 以下	
		2種		20 以上	0.038 以下	
		3種		10 以上	0.034 以下	
	フェノールフォーム断熱材	1種 1号	A	45 以上	0.022 以下	
			B		0.021 以下	
			C		0.020 以下	
			D		0.019 以下	
			E		0.018 以下	

断熱材は，軸組間に隙間なく取り付けることが基本である。断熱材の継目や屋根（天井）と外壁・外壁胴差部・外壁と床等の取合い部等は隙間が生じやすい。

断熱材の外側には防風材を設け，通気や雨水により断熱材の性能が損なわれないようにする。また，断熱材の室内側には防湿材または防湿気密材を設け，断熱材は防湿材に密着させて取り付ける。防湿材は，室内の水蒸気が壁内へ浸入するのを防ぐ。また，天井と壁，壁と床の取合い部には気流止めを設けて，天井裏や床下からの通気と湿気の侵入を防ぐ。

防湿層が施工不良の場合，また軸組材が乾燥不十分であったり，工事中雨水に濡れたままの材を用いるとすると，水蒸気を含んだ空気が壁内に留まり，壁内結露を起こす。壁内結露は断熱性能の低下だけでなく，木材の耐久性を減じてしまう。このため，壁内に侵入した水蒸気を外気に放出させる方法が必要である（図13・20）。

13・6・6　開口部の断熱性能

開口部は，窓と出入口の総称で，その断熱性能とは，ある水準の断熱性・気密性・日射遮蔽性をもたせることである。一方，開口部には採光，通風，遠望および出入りという開放の機能の兼備が必要で，そのバランスを考慮する。

断熱性・気密性は建具の仕様，ガラスの種類またはその組合せで対応させる（表13・17）。日射遮蔽は夏期の日射侵入量を設定し，軒，ひさし等で押さえ，ガラスだけの仕様によるか，シャッターや雨戸（または外付ブラインド）等の付属部材を利用して遮熱対策をはかる。

13・7　空気環境

13・7・1　シックハウス対策（内装および天井裏等）

室内の空気には，ほこりや微生物のほか，建材や設備機器をはじめ，日常生活から発生する水蒸気や一酸化炭素，二酸化炭素および多様な化学物質が含まれている。これらの化学物質の中には，空気中の含有量がわずかであっても，人が刺激を感じたり，健康への影響があると指摘されているものがある。

現在の住宅は，内装材としてさまざまな建材を使用する一方で，気密化もはかっている。そ

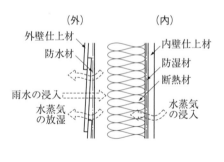
(a) 外壁を板張りとし，直接通気を可能とする構造

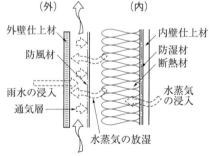
(b) 外壁に通気層を設け，壁体内通気を可能とする構造

図13・20　外壁内通気の方法

表13·17　建具とガラスの種類と組合せ

	建具の仕様	ガラスの仕様	中空層の仕様		開口部の熱貫流率（W/m²K）
			ガスの封入	中空層の厚さ	
窓等の大部分がガラスで構成される開口部　一重構造の建具	木製建具または樹脂製建具	2枚以上ののガラス表面に低放射を使用した低放射三層複層ガラス	されている	7mm 以上	1.60
		低放射三層複層ガラス	されている	6mm 以上	1.70
			されていない	9mm 以上	1.70
		低放射複層ガラス	されている	12mm 以上	1.90
				8mm 以上 12mm 未満	2.33
				4mm 以上 8mm 未満	2.91
			されていない	10mm 以上	2.33
				5mm 以上 10mm 未満	2.91
		遮熱複層ガラス／複層ガラス	されている	10mm 以上	2.91
			されていない	6mm 以上 10mm 未満	3.49
		単板ガラス	—	—	6.51
	木と金属の複合材料製建具または樹脂と金属の複合材料製建具	低放射複層ガラス	されている	16mm 以上	2.15
				8mm 以上 16mm 未満	2.33
				4mm 以上 8mm 未満	3.49
			されていない	10mm 以上	2.33
				5mm 以上 10mm 未満	3.49
		遮熱複層ガラス／複層ガラス	されていない	10mm 以上	3.49
				6mm 以上 10mm 未満	4.07
	金属製熱遮断構造建具	低放射複層ガラス	されている	8mm 以上	2.91
				4mm 以上 8mm 未満	3.49
			されていない	10mm 以上	2.91
				6mm 以上 10mm 未満	3.49
		遮熱複層ガラス／複層ガラス	されていない	10mm 以上	3.49
				6mm 以上 10mm 未満	4.07
	金属製建具	低放射複層ガラス	されている	8mm 以上	3.49
				4mm 以上 8mm 未満	4.07
			されていない	10mm 以上	3.49
				5mm 以上 10mm 未満	4.07
		遮熱複層ガラス／複層ガラス	されていない	10mm 以上	4.07
				4mm 以上 10mm 未満	4.65
		単板ガラス2枚を組み合わせたもの	されていない	12mm 以上	4.07
				6mm 以上 12mm 未満	4.65
		単板ガラス	—	—	6.51

の結果として，揮発性化学物質が室内に滞留して，空気汚染を引き起こしやすくなっている。

近年，内装および天井裏等の下地材に使用される建材などから発散される揮発性の化学物質

202　第13章　住宅の性能と構法

により，健康上の被害例が報告され「シックハウス症候群」として社会問題になった。

揮発性化学物質にはさまざまなものがあるが，代表的なものがホルムアルデヒドである。ホルムアルデヒドは接着剤や塗料を用いた木質建材に含まれている。これらの材料を特定建材という。特定建材は下記に示すように種類が多い。一方これらの揮発性剤は数年を経ると希釈され，問題がなくなるといわれる。

平成15年に建築基準法で，居室を有する建物にはクロルピリホスを添加した建材の全面使用禁止と，ホルムアルデヒドを発散する建材の使用面積制限と換気設備の義務づけが施行された。クロルピリホスは，従来，防蟻用に使用さ

れてきた有機リン系薬剤である。

ホルムアルデヒド発散建築材料については，表13·18で示すように，第一種ホルムアルデヒド発散建築材料は，使用禁止で，第二種および第三種に該当する材料について使用面積が制限される。なお，製材（無垢材）等は規制対象外である。

また，第二種および第三種ホルムアルデヒド発散建築材料を用いる場合のシックハウス対策は，① 内装仕上げ材の制限，② 換気設備の義務づけ，③ 天井裏等の制限を一体に計画する。

表13·19は主要なホルムアルデヒド発散建築材料と規制対象外の建築材料を揚げている。

表13·18　内装仕上げ材の建築材料の区分と規制

建築材料の区分		居室の内装仕上げの制限
建築基準法による種別 ホルムアルデヒド発散速度	JIS·JAS 規格表示	
第一種ホルムアルデヒド発散建築材料 発散速度：$120\mu g/m^2h$ 以上	F☆	使用禁止
第二種ホルムアルデヒド発散建築材料 発散速度：$120\mu g/m^2h$ 以下　$20\mu g/m^2h$ 超	F☆☆	使用面積を制限
第三種ホルムアルデヒド発散建築材料 発散速度：$20\mu g/m^2h$ 以下　$5\mu g/m^2h$ 超	F☆☆☆	
規制対象外 発散速度：$5\mu g/m^2h$ 以下	F☆☆☆☆	使用制限がない

表13·19　主要なホルムアルデヒド発散建築材料と規制対象外の建築材料

項　　　目	建築材料の種類
特定建材 ホルムアルデヒド発散建築材料	合板，木質系フローリング（単板フローリングを除く），構造用パネル，集成材，単板積層材，ＭＤＦおよびパーティクルボード，木材のひき板または小片等をユリア樹脂，メラミン樹脂，フェノール樹脂，レゾルシノール樹脂を使用した接着剤により，面的に密着し，板状に成型したもの，壁紙，保温材，断熱材（ホルムアルデヒドを含むもの），塗料
規制対象外の建築材料	製材，丸太，単板積層材（接着剤を使用していないもの） 土壁水和硬化型，プラスターボード類 金属類，コンクリート類，天然石材，ガラス，タイル等 告示対象外の塗料，接着剤

13·7·2　換気対策

　ホルムアルデヒドを発散する建材を使用しない場合でも，家具等からホルムアルデヒドが発散するため，居室には24時間稼働する機械換気設備が必要となる。住宅の居室等は0.5回/h以上の換気回数が必要とされる。また，表13·20で示されるように，0.7回/hとする場合は換気設備の性能はそれに合わせる。

　ここで取り上げる居室とは通常の居室（建築基準法2条第四号）のほか，居室との間に常時，通気がある空間居室と一体として扱う。すなわち，ふすまや障子など隙間の多い建具やアンダーカットされた扉で仕切られている廊下や収納スペースはこれに当たる。

　また，天井裏等（天井裏，床下，壁内，収納スペース等）から居室へホルムアルデヒドの流入を防ぐための規制がある。換気対策は，①天井裏等の使用材料はF☆☆☆以上のものを使用する。②気密層または通気止めを設けて，天井裏と居室とを区別する。屋根断熱や換気計画上一体になっている場合は，居室扱いとなるため①の方法とする。③換気設備を居室に加えて天井裏等も換気できるようにする。

13·8　防　音

13·8·1　音の概念と防音

　音はそれが人間の耳に伝わる経路によって，空気伝搬音（空気音ともいう）または固体伝搬音（固体音）に分けられる。

　空気音とは何かの衝撃で発生した音源が空気を振動させ，音波として人間の耳に達して聞こえることをいう。音波は振幅が大きいほど大きな音となり，音の大きさは騒音の単位として「ホン」，音圧の単位として「デシベル（dB）」で表し，ほぼ「ホン」と「dB」は同じ状態と考えてよい。また，音は周波数（単位はヘルツ（Hz），振動数ともいう）が小さいほど低く，大きいほど高くなる。

　固体音は，建物の上階の足音や物の落下音等である。

　一般に戸建住宅の防音対策は，騒音である空気音を中心とした遮音と吸音の方法を合わせて計画する。

表13·20　居室の種類・換気回数と建材の使用制限

居室の種類	換気回数（＊3）	N_2（第二種）	N_3（第三種）
住宅等の居室（＊1）	0.7回/h以上（＊2）	1.2（0.8倍以内　＊4）	0.20（5倍以内　＊4）
	その他（0.5回/h以上0.7回/h未満）（＊2）	2.8（0.3倍以内　＊4）	0.50（2倍以内　＊4）
住宅等の居室以外の居室	0.7回/h以上（＊2）	0.88	0.15
	0.5回/h以上0.7回/h未満（＊2）	1.4	0.25
	その他（0.3回/h以上0.5回/h未満）（＊2）	3.0	0.50

＊1　住宅等の居室：住宅の居室，下宿の宿泊室，寄宿舎の寝室，家具その他これに類する物品の販売業の店舗の売場
＊2　換気：表中の換気回数の機械換気設備を設けたもの，または同等とされるもの
＊3　換気回数：1時間当たり，室内の空気が何回入れ替わるかを示す数値。
＊4　建材の使用可能な目安を床面積の倍数で表示

13·8·2 遮音

遮音とは，空気音を閉じこめて外部に音が伝わらないようにすることである。例えば，車の騒音を遮断して屋内に伝わらないように，逆に屋内のピアノの音を外側に伝えないようにする。遮音性能は空気音の透過しにくさであり，図13·21で示すように，壁や窓などの遮音性能は，音源側と受音側のレベル差をいい，透過損失（TL 単位：dB）で表す。この例では壁の透過損失は30dBで，これが遮音性能となる。

遮音の特徴としては，次のことがいえる。

① 重い材質ほど，また，厚いほど遮音性能が大きい。すなわち，同じ厚さでは木材よりコンクリートのほうが遮音性能が大きく，同じ材料では厚いほど遮音性能が大きくなる。

② 高い音ほど遮音効果が大きい。同じ仕様の壁で，高音は遮断されても，低音は伝わってしまう。

③ 隙間など遮音性能が部分的に低いところがあると，全体の遮音性能は極度に落ちる。コンクリート造の壁でも気密性の低い窓を取り付けると，遮音性能は窓の性能で決まってしまう。こういう場合は，窓回りのシーリングを行うと効果がある。

遮音は，共同住宅を対象に性能表示制度に基づく床や界壁などの細かい規定があるが，ここでは省略する。

13·8·3 壁の遮音構造

遮音性のある壁としては表13·21による構法があるが，特に遮音を必要とする場合は，図13·22のように，二重壁の下地の間柱等を独立させると効果がある。

表13·21 遮音壁の構法

断面・密度	面密度 kg/m²	透過損失 dB(500Hz) 遮音等級
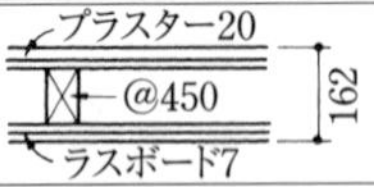 プラスター20 / @450 / ラスボード7　162	82	43 D-45
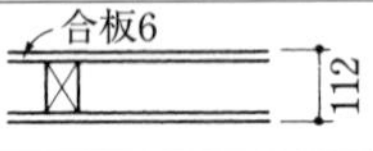 合板6　112	10	29 D-10
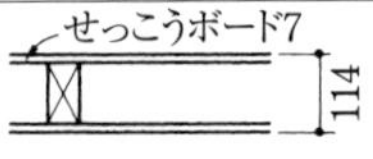 せっこうボード7　114	15	36 D-30
 せっこうボード7 / ロックウール50　114	16	40 D-35

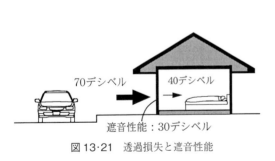

図13·21 透過損失と遮音性能

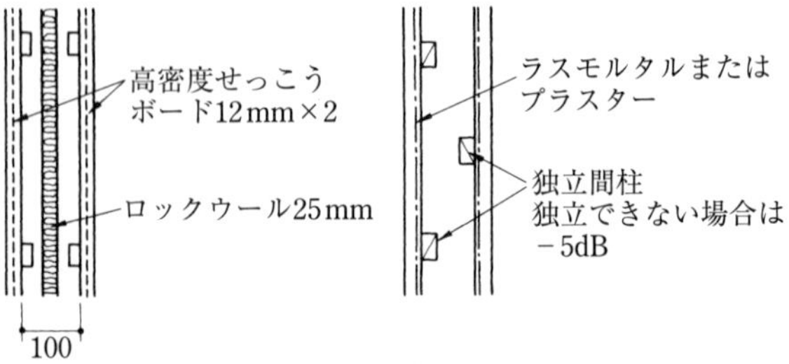

図13·22 遮音壁の設計

13・8・4 床・天井の遮音構造

床
- 床は根太を太くしたり，間隔を密にすることで騒音を抑えることができる。
- 畳やフェルト付カーペットは，足音を軽減する。

天井
- 天井下地に遮音材を張る。
- 上階の固体音を少なくするには，つり木はつり木受けに留め付ける。

13・8・5 吸音

吸音は，ある物体に音があたった場合に，反射してくる量を少なくすることである。

遮音材料が水を入れた容器とすると，吸音材料は水を吸収するスポンジの役目をする。

床，壁，天井を吸音しない材料で仕上げた室内では，音は何度も反射を繰り返し，エコーが起きて不快になる。しかし，吸音材だけで室内を仕上げると音の反響がなく，音声が響かない。したがって吸音の目的は，必要以上の音の反射を防ぎ，音の響きをコントロールすることである。なお，高い周波数ほど吸音効果をあげやすい。

各部位での吸音には，次に示す方法がある。

① 床では，畳やカーペットは吸音性が高く，足音を消す効果がある。木質系フローリングは，本来はあまり吸音しにくいが，防音を施した材料がある。
② 壁は砂壁，荒い土壁または厚いクロス張りがよい。
③ 天井には穴あきせっこうボードが有効で，天井裏に繊維系断熱材を敷き込むと効果が高い。

和室の杉板張り合板はそれ自体は吸音は高くないが，床の畳と組み合わせると反響が生じにくい。

④ 開口部のガラス面では音は反響をするが，カーテンや障子を取り付けることで，吸音効果がある。

13・9 バリアフリー住宅

加齢による身体機能が低下し，障害が生じた場合でも，基本的にそのまま住み続けられることが可能なように，必要な対策を講じた住宅をバリアフリー住宅という。国土交通省告示「高齢者が居住する住宅の設計に係る指針」によると，対策の水準には推奨レベルと基本レベルがある。基本レベルは高齢者等のみならず一般住宅であっても，確保したい水準である。したがって，ここでは基本レベルの具体的な項目と内容を示す。これは，品確法性能表示制度の該当項目ではおおむね等級3にあたる。

13・9・1 部屋の配置

日常生活空間のうち，図13・23のように，少なくとも高齢者の寝室と便所は同一階に配置する。

図 13・23 部屋の配置

13・9・2 段差

日常生活空間の範囲では床段差をなくする。床段差がないということは5mm以下をいう。ただし、上がりかまち・勝手口では規定はなく、表13・22にあげる部分は、許容される段差の範囲を示している。

出入口回りの段差をなくす方法の例を図13・24に示す。

13・9・3 階段

階段は、安全性が強く求められる部分である。高齢者の寝室が1階にあっても、階段の勾配や形状に配慮する必要がある。

(1) 階段の形状は直階段か折返し階段のように安全なものとし、部分的に回り階段を含む場合は下階などに接した位置とする（図13・25）。踏み段は廊下に突出させたり、廊下を欠きこんだりすると危険である（図13・26）。なお、踏み段の蹴込みは、足がひっかからないよう30mm以下に納める。

(2) 階段の勾配など

勾配はけあげ寸法と踏面寸法で決まり、その勾配は22/21以下とし、けあげの寸法の2倍と踏面の寸法の和は550mm以上、650mm以下、踏面の寸法は195mm以上とする必要がある。

階段の設計は7章3節 階段による。

13・9・4 手すり

手すりには、歩行用補助、立ち座り動作用補助手すりとバルコニーや吹抜けの周囲に設ける転落防止用手すりがある。

歩行用補助手すりは連続して取付け、端部は

表13・22 段差の許容範囲

室　名	段　差
玄関出入口	くつずりと玄関外側：20mm以下 くつずりと玄関土間：5mm以下
浴室と脱衣室	20mm以下・手すりを設置して高低差120mm以下・またぎ段差180mm
バルコニー	180mm以下（踏み段を設け360mm以下）の単純段差。手すりを設置して250mm以下の単純段差
居間の畳コーナー部分	300mm以上450mm以下の段差

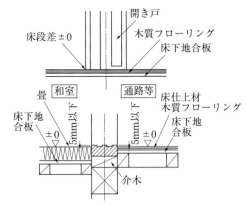

図13・24 出入口回りの段差をなくす方法

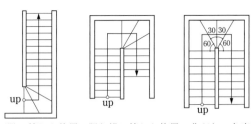

図13・25 部分的に曲がり階段とする場合の考慮

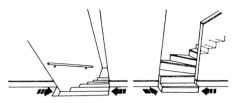

階段の一番上のステップが廊下にくい込むと危険である。階段の一番下のステップが突出していると、つまづき、転倒の原因になる。

図13・26 危険な階段

壁側または下側へ折り曲げて，衣類などが引っかかりにくくする（図13・27，表13・23）。

転落防止用手すりは，床からの高さを十分に確保して，手すり子は子供の頭がすり抜けできない間隔や形を考える（表13・24）。

13・9・5　通路幅・出入口の幅の確保

(1) 通路幅は780mm以上，柱が突出している部分では750mm以上とする。

(2) 出入口の有効幅
　　　居室や便所：750mm以上
　　　玄関出入口：有効幅750mm以上
　　　浴室出入口：有効幅600mm以上

(3) 介助用車いす，自走式車いすを使用する場合の配慮

① 使用が想定される車いすに必要な回転スペースを確保しなければならない。

② 通路幅と出入口の関係は，通路が狭いほど出入口幅の広さが必要となる。

13・9・6　便所・浴室・寝室の大きさ

① 便所は長辺が内法寸法で1,300mm以上を確保する。なお便器の前方について，便器と壁の距離が500mm以上ほしい。

② 浴室は短辺方向の寸法が，内法で1,300mm以上確保し，面積は，内法寸法で2.0m²以上ほしい。

③ 高齢者の寝室は1人用で面積が内法で9m²（6帖），2人用では12m²（8帖）以上を基本にする。

●手すりの端部は，原則として壁側または下側に曲げる。

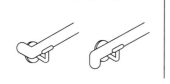

図13・27　補助手すり

表13・23　補助手すりの設置位置

室名	手すり
階段	片側に，勾配が45度を超える場合は両側に設置
便所	立ち座り用手すりの設置
浴室	浴槽の出入り用手すりの設置
玄関	上がりかまちの昇降用に設置するか将来用に壁下地の補強をしておく
脱衣室	衣類着脱用に設置できるよう壁下地の補強をしておく

表13・24　転落防止用手すりの設置基準

部位	腰壁等・寝台等の高さ	手すりの高さ
イ．バルコニー等	1) 80mm以上1,100未満／650mm以上800mm未満	床面から1,100mm以上
	2) 300mm以上650mm未満	腰壁等から800mm以上
	3) 300mm未満	床面から1,100mm以上
ロ．2階以上の窓	1) 650mm以上800mm未満	2階：床面から800mm以上／3階：床面から1,100mm以上
	2) 300mm以上650mm未満	寝台等から800mm以上
	3) 300mm未満	床面から1,100mm以上
	4) 800mm以上	規定しない
ハ．階段および廊下（いずれも開放側）	1) 650mm以上800mm未満	床面から800mm以上
	2) 650mm未満	腰壁等から800mm以上

※階段にあっては踏面の先端部からの高さとする。

13・10　防犯性能（対策）

13・10・1　防犯対策の必要性

　家の安全性には，地震や風水害，または火災などの災害に対する安全性があげられるが，これに加えて昨今の犯罪の深刻化に対して，住宅の防犯という安全性への意識が広まってきた。

　戸建住宅への侵入窃盗（空き巣，忍び込み，居空き）の侵入経路は半数以上が窓からであり，その他は勝手口，玄関の順である。窓や出入口の多い戸建住宅は，外部から見通しの悪い開口部が狙われやすい。しかし，4階以上の共同住宅においても最も多いのは窓からの侵入で，1度住戸に侵入するとベランダやバルコニーを伝わって他住戸に侵入する例が多い。

　性能表示制度では，平成16年から「防犯」が住宅の性能として追加された。防犯対策とは侵入防止対策のことで，侵入可能な開口部において，ガラスや鍵などの侵入されにくい仕様の強化である。戸建住宅では開口部からの侵入防止を中心とするが，それ以外にも住宅周囲の見通し，カメラ・センサー等の設備，警備会社のセキュリティシステム等がある。

13・10・2　開口部の侵入しやすさ

　侵入可能な開口部の大きさとは，人体が通過しうる開口部で形状により，図13・28の大きさ以上をいう。

　また，開口部の種類や侵入の足場となる部分からの垂直，水平離距離などに応じて（侵入，接近しやすさ），次の3種類のグループに分けられる（図13・29）。

　グループⓐ：玄関，勝手口など，直接に住戸の出入口として使用する開口部。

　グループⓑ：サッシを対象に，足場となる部分に立って，そのまま，腕を伸ばしたり上体をまげたりすれば，破壊作業ができる範囲にある開口部。

　グループⓒ：グループⓐおよびⓑに掲げるもの以外の開口部や設置範囲のもの。

　侵入可能な規模の開口部は，ⓐ，ⓑ，ⓒごとに，開口部直下の地面までの最短距離やバルコニー，下屋等から直下の最短距離の規定，先端からの最短の水平距離が規定され，「侵入防止対策上有効な措置」とされる。

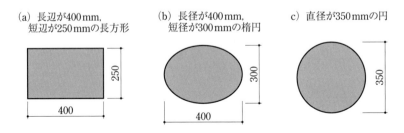

図13・28　侵入可能な開口部の大きさ

図13・29 グループⓐ，ⓑ，ⓒの垂直，水平の最短離距離の例

13・10・3　侵入を防止する性能

侵入手口には，主に特殊な工具で不正に解錠するピッキングなどの騒音が発生しにくい手口（a）と，ドアをバールでこじ開けたり，窓ガラスを割ったりする「ガラス破り」等の騒音を伴う手口（b）がある。

対策として，開口部が破壊されにくい防犯性能の高い部材や設備とは次の考え方である。

（a）　騒音の発生を可能な限り避ける浸入行為に対しては，5分以上耐えること。

（b）　騒音をともなう侵入行為に対しては，騒音をともなう打撃回数7回（総攻撃時間1分以内）を超えて耐えること。

上記の防犯性能の高い建築部品や設備は開発や普及が進んでいる。

なお，住宅の防犯性は建物や設備だけでなく，敷地や周辺の状況，地域の防犯性も含めて総合的に捉えることが基本となる。それは周囲からの見通しを確保する，防犯カメラ等を活用する，また，居住意識を高めて地域のコミュニティ形成の中で，接近しにくい環境づくりなどである。

第14章
木造住宅の生産

14・1　生産のプロセス

14・1・1　工事に関わる職種

　木造住宅の生産に関わる人々や会社は多種多様である。例えば，施工現場に出入りする専門工事業だけでも20職種以上を数えることができる。その中でも，中心的な役割を果たすのが，施主が直接契約を結ぶ設計者あるいは工務店や住宅メーカーである。

　一方，施工現場に目を向けると，実質的に工事の中心となって作業を進めているのは，大工を中心とした職人たちであり，彼らの技能が住宅のできばえを左右する。木造住宅の生産プロセスをフローチャートで示したものが図14・1である。

(1)　大工・工務店

　歴史的には，大工棟梁が他のすべての専門工事業を統率して住宅づくりを行ってきた。その中から経営的才能のあるものが工務店を起こし，現在でも地方では住宅づくりの中心となっている。工務店のうち元請けとして規模の大きくなったものを，地域ビルダーと呼んでいる。しかし，都市部では大手住宅メーカーの協力工務店になったり，フランチャイズに加入したりと大きく変化してきている。

(2)　専門工事業

　現場施工の中心は大工であるものの，とび・大工，左官，屋根，内装など，20職種以上の専門工事業が施工に関わっている。一般的に木工事以外は材工共の一括発注であったが，生産合理化の観点から，材料を切り離して施工だけを発注する分離発注の範囲が増えている。代表的な専門工事業を表14・1に示す。

(3)　プレカット

　プレカットとは，下小屋で行われてきた軸組部材の継手仕口の墨付け・きざみ（手刻み）を，ライン化されたコンピューター制御の機械で加工することである。プレカット工場は1ラインあたり1日で40～120坪分の加工能力があ

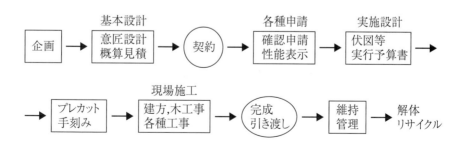

図14・1　木造住宅の生産プロセス

212 第14章 木造住宅の生産

表 14·1　主な専門工事業とその工事内容

下拵え	• 大工　• プレカット工場
仮設工事	• リース業
地業・基礎工事	• とび　• 土工　• 基礎工事業
躯体工事	• とび(建方)　• 大工(建方・木工事)
板金工事・屋根工事	• 板金工事業　• 屋根工事業
外部建具工事	• 建具工事業(アルミサッシ, ガラス)
内部建具工事	• 建具工事業(木製建具)
外部仕上工事	• サイディング工事業　• 左官工事業 • タイル工事業　• 塗装吹付工事業 • 板金工事業
内部仕上工事	• 内装工事業(クロス)　• 左官工事業 • 塗装工事業　• 畳工事業
電気工事	• 電気工事業
給排水衛生工事	• 水道工事業
各種設備工事	• ガス工事業
その他	• 産業廃棄物処理業者 • ホームエレベーター工事業者

り, 平成14年12月の時点で, 全国に554工場の733ラインと, 新設木造住宅の約60%にあたる約30万棟がプレカット加工であると推定される(宮川工機(株)調べ)。

伏図を加工情報として入力し, 加工情報に基づき自動的に加工される全自動ラインのプレカット工場も少なくない。継手仕口の形状は伝統的なものを基本としてルーター加工に適した形状にしたものがほとんどであるが, 接合金物に対応したスリット型の形状のものもみられる。

プレカット工場では, 構造材加工のみならず造作材加工も行うところが増えており, 木材の品質管理を始めとした合理化の拠点となっている。また, 伏図作成も加工図作成という形で実質的にはプレカット工場側で行っており, 軸組としての品質確保の大きな部分をプレカット工場が担っている。

14·1·2　発注から引き渡しまで

住宅を建てようとする人(施主)は, 雑誌・展示場・広告・知人やその住宅, 施工現場などから得られるさまざまな情報をもとに, まず, 自分の建てたい住宅と頼みたい会社を決める。

設計者, 工務店, あるいは住宅メーカーと話し合いながら, 平面図・立面図・パース等の意匠設計図と概算見積書をもとに, 理想の住宅を検討することになる。

施主と元請会社との間で契約が取り交わされると, 確認申請や性能表示に関する各種申請と同時に, 伏図(あるいは加工図), 実行予算書, 工程表, 品質管理チェックリスト等の施工関連図書を作成していく。これらの施工計画に基づき, 各資材の発注や工事の管理が行われる。現場での敷地調査や仮設・基礎工事の間に, 構造材のプレカット加工(あるいは手刻み)がなされる。柱や梁などの軸組材を組み立てる建方は, 関係者が集う上棟式で1段落となる。

上棟式後は, 大工を始めとした各専門工事業が協力して工事を進めていく。住宅の完成引き渡し後も, 住宅はメンテナンスを適宜行いながら維持管理する必要がある。最近では, 10年保証を実施する会社も出始めた。

14・2 工事の手順

ここでは，各専門工事業が関わる具体的な工事の内容について，その手順に留意しながら解説を行っている。なお，ここでの工事区分は，主に職種に従って分類している。

(1) 仮設工事

敷地の残材処理や整地を行い，平坦にしておく。その後，敷地上に建物の平面をひもなどを用いて実物大に描き出し，建物の位置を決める地縄張りを行う。その際，設計図書に従い，敷地境界に対する建物位置を施主に直接確認することが重要となる。敷地境界との関係で，軒先位置，ドア位置，浄化槽やガレージ等の外回りの位置等の確認を行う。施主をはじめとした工事関係者と一緒に，工事の安全を祈願して地鎮祭をとり行う。

平面図や基礎伏図に示されている内容に基づき基礎工事が実施できるように，建物の位置と高さを設定する水盛り遣方を行う。具体的には，まず，地縄の外側約1mの位置に，約1間ピッチで水杭を打ち込む。ベンチマーク等を基準に，トランシットやレベルなどの測量機器を用いて水杭に水平墨をうち基準高さを設定する。基準高さは，基礎の天端より10cm上にとるなどわかりやすい位置とする。次に，各水杭の水平墨に水貫天端を合わせて，水貫を水杭に打ち付ける。水貫には通り心墨を打つ。建物外周の通り心墨に合わせて水糸を張り，直角や対角線の長さを測り，確認作業を行う。

仮設水道，仮設電気，仮設便所は現場作業に欠かせないので，早い時期に設置する。

(2) 地業工事

スウェーデン式サウンディング試験等による地盤調査を実施し，地盤の地耐力を確認する。地耐力に応じて，地盤改良や杭打ちの実施，基礎杭，べた基礎，布基礎の選択を行う。一般的な布基礎の場合について，以下に解説する。

最初に，基礎を設ける部分の土を取り除く根切り作業を行う。基礎位置に合わせて張られた水糸を定規にして，必要な根切り幅と根切り深さを確保する。適切な根切り底を得るための床付けは，特に慎重に行う。根切り底に砕石を敷き詰め適切に突き固める砕石地業の後に，その上に薄くコンクリートを流す。この捨コンクリートにより平面が確保され，型枠位置決めのための墨出しをはじめとしたその後の作業が可能となる。

(3) 基礎工事

次に，捨コンクリート面に，水貫の墨を定規にして水糸と下げ振りを用い，基礎フーチング部分と立上り部分の外側に合わせて墨出しを行う。型枠工事と鉄筋工事は，その墨に合わせて行う。鉄筋工事では，被り厚さや継手等に関する基準が設定されており，その基準を守りながら配筋工事（図14・2）を行う。次いでアンカー

図14・2 べた基礎の配筋工事

ボルト，ホールダウン金物，換気口用金物，配管や配線用スリーブ等を設置した後に，コンクリート打設を行う。これら一連の工事は，フーチング部分と立上り部分で，2回に分けて実施される。コンクリート打設前には，配筋検査と各金物のチェックを行う。コンクリート工事に関しては，コンクリートの品質を確保するために，設計強度の確保，適切な打設計画とその実施，適切な養生方法と養生期間の確保等に留意する。

図 14・3　型枠脱型後の布基礎

　型枠の脱型後（図 14・3）に，布基礎周辺を埋め戻し，敷地全体の整地を行う。次に，基礎の天端均しを行う。基礎天端とは基礎立上り部最上面のことで，基礎天端の高さを正確に揃えることが，建物の水平や垂直の精度確保の上で重要である。天端均しには，脱型後にモルタルで均す方法と，セルフレベリング剤（流動性に富むモルタル系材料で，流し込むことにより自然に水平面ができる）をコンクリート打設直後に流す方法とがある。また，床下防湿のために，防湿フィルム敷き込みや押えコンクリート打設を行うことも多い。

図 14・4　手刻みによる下拵え

(4) 構造材の墨付け・刻み（プレカット加工）

　プレーナー等の電動工具や手工具，角のみ盤や丸鋸盤等の木工機械を使用しながら，木拾いに基づいて，下小屋で墨付けや刻み（図 14・4）等の下拵えを数週間かけて行うのが伝統的な方法である。

　棟梁は，建物ごとに板図や尺杖（しゃくづえ）を作成する。一方で，年間約 30 万棟程度がプレカット加工（図 14・5）されており，すでにプレカット加工が一般的になっているといえる。

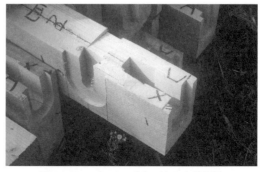

図 14・5　プレカット加工された軸組材

(5) 建方

　土台敷きは，建方の前日までに行う。墨やアンカーボルト等の金物に合わせて位置決めや穴あけを行った土台を，アンカーボルトで基礎に緊結する。最近は，ねこ土台といって，柱下にプラスチック製のかいものを敷き込み，かいもの間の細い隙間を換気口とするものが増加している。外部足場は，作業の安全性確保のために先行足場として建方前日までに設置しておく。他の軸組材は，敷地奥から建てるなど，翌日の建方手順を考慮して敷地内に配置しておくか，あるいは，トラックに積み込んでおく。

　建方当日（図14・6）は，番付に従って，柱，梁，小屋組の順に組み上げていく。棟木を取り付けて仕舞とするため，上棟あるいは建前ともいい，1日で作業を終了する。最後に，施主，設計者，工事関係者等が集まり，上棟式を行う。

　建方作業はトラッククレーンなどの重機を用い1階・2階・小屋組へと進み，各階ごとに建て入れ（垂直になっているかどうか）を確認し，ゆがみを直す建て入れ直しを行い，仮筋かいで固定する。その後，仮締めしておいた羽子板ボルト等の補強金物の本締めを行う。

　筋かいや構造用面材を，定められた基準に従い取り付ける。特に，筋かいの場合には，端部の接合金物やホールダウン金物等との納まりに注意する必要がある。

図14・6　建方

(6) 下地工事

　建方後，なるべく早い時期に垂木・鼻隠し・広小舞・屋根野地等の屋根下地を施工し，雨から資材や道具を守り作業性を確保する。軒先は吹き上げに対処するため，ひねり金物等で軒桁に緊結する。壁下地として，間柱・窓台・まぐさを適切に施工し，サッシ取付け，防水紙，外壁下地の準備を行う。床下地として，根太・下地合板等を施工する。最近では，床梁等に構造用合板を直接くぎ打ちして剛性を高めた剛床や，床材に厚板を使用して根太を省略する施工法もみられる。

　施工手順としては，屋根の雨仕舞を最優先して，屋根下地を最初に，次に壁下地の施工を行うのが一般的であるが，作業性・安全性・資材置き場の確保のために，建方時に2階床を先に施工する先行床の例が増えている。

(7) 板金工事

　屋根を金属板ふきとしない場合でも，棟やけらば等の納まりに，また，谷部分，外壁と屋根の取合い部分，ひさし部分，換気扇フード，バルコニー回り等の雨仕舞上必要な部分には，板金工事を行う。開口部の下部や外壁の下端部にも，雨水が内部に浸入しないように水切りを設けることが重要である。樋工事は外壁が仕上がってから行うのが一般的であるが，他の板金工事と一緒に施工することもある。

(8) 屋根ふき工事

　一般的には，屋根野地の上に防水用のアスファルトルーフィングを敷き込み，瓦（図14・7），スレート，金属板等をふいていく。必要屋根勾

配や納まりはふき材料により異なるので，それぞれの仕様に留意して施工していく。雨漏りが起きない，地震で落ちない，強風で飛ばされないことが要求される。平部分の施工より，軒先，けらば，棟部分，谷部分，壁などの他部位との納まり部分に，特に注意する必要がある。

バルコニーは，適切な水勾配と排水ドレンの配置，十分な立上りを確保した室内との納まり等を考慮して，防水材料に対応した適切な防水工事を行う。

(9) 建具工事

雨戸・網戸付きのアルミサッシは，垂直水平の建て付けを調整しながら，柱・間柱・窓台・まぐさ等の外部開口部枠に取り付ける。木製建具は，現場で大工が施工した開口部枠に対しての現場での採寸（図14・8），建具店での製作（あるいは，建具団地等への発注製作），現場での調整つり込みという工程で施工される。一方で，玄関ドアや木製サッシのように，枠付きで建具と一体となったもの（枠付き建具）を調整しながら取り付けるものもある。

(10) 断熱工事

室内空間を取り囲むように，屋根あるいは天井，外壁（図14・9），床の各部位に断熱材を配置していく。省エネルギー住宅工事の仕様に従い施工することになる。断熱材の継目や各部位との納まり部分，開口部，コンセントや換気扇等にヒートブリッジができないように施工する。また，断熱材内での結露を防ぐために，室内側に防湿層を設けるなどの工夫が必要となる場合もある。気密材や気密テープの使用により気密性能も高めた高気密高断熱住宅の例も，北海道や東北を中心に増加している。

図14・7　引掛桟瓦の施工

図14・8　木製建具の採寸

図14・9　外壁の断熱材

14・2 工事の手順　217

図 14・10　内壁の左官工事

図 14・11　玄関のタイル工事

図 14・12　クロス工事

なお，部位や断熱仕様により施工の手順が異なる。一般的には，外壁の防水シートやアルミサッシ施工後に断熱材の施工を行う。

(11)　仕上げ工事

外壁左官工事では，ラスモルタル仕上げが最も多い。ラスモルタル仕上げでは，柱や間柱に10cm程度の小幅板を打ち付けて下地とし，その上にアスファルトフェルト等の防水紙およびワイヤラスかメタルラスをタッカーくぎで止め付け，モルタルを下塗・中塗・上塗と何層かに分けて塗り付けていく。上塗には，吹付けや刷毛引きなどさまざまな仕上げがある。外壁面にクラックが入らないようにていねいな施工を行うのが重要である。

内壁左官工事（図14・10）では，胴縁上のラスボードにプラスター塗仕上げ，伝統的な竹小舞土壁下地漆喰仕上げ，モルタル下地に漆喰仕上げやモルタル塗仕上げ等がある。下地ボードの継目やコーナー部分，および，散り回りの処理が重要である。また，モルタル仕上げは，玄関・勝手口・犬走り等の床仕上げにも多く使用される。

タイル工事（図14・11）は，タイルの割付けに特に留意し，仕様に応じて適切に施工する。

左官工事のような湿式工法に対して，乾式工法では，窯業系サイディングがその代表例としてあげられる。

サイディング工事では，サイディングを防水紙上の胴縁に止め付け，シーリング処理を行うのが基本である。最近では，柱や間柱に張られた透湿防水シート上の縦胴縁にサイディングを止め付けて外壁内通気工法とし，壁体内の結露を防ぐ工夫がしてある例が増加している。間柱

に合板やシージングボード等の面材を打ち付けて下地とする例も多い。

クロス工事（図14·12）では，胴縁上のプラスターボードを下地としてクロスを貼り込んでいく。幅木・回り縁との納まり，プラスターボード同士の目地やコーナー部分の下地処理が重要である。

塗装工事は，仕上げ工事の最後のほうで行われる。養生と下地処理に留意し，適切な塗料の選定を行い仕上げていく。

床仕上げ工事では，フローリング等の木質材料のもの（図14·13）を除いて，プラスチック系床シート，カーペット，畳等は一番最後に施工を行う。畳工事は，木製建具と同じように，現場採寸，畳工事店での畳製作，畳敷き込みという施工手順になる。

(12) 造作工事・雑工事

和室造作とは，敷居，かもい，なげし，回り縁，敷目板天井，床の間等の和室に特有の造作工事のことである。傷や汚れが付かないように細心の注意による施工とともに，その納まり等には高い大工技能が要求される。和室造作は，独立して施工される場合が多い。

洋室造作には，かまち，出入口枠や額縁，見切り縁，幅木，回り縁等の，洋室や廊下に関わるさまざまな造作が含まれる。一般的には，フローリング等の床仕上げ材を最初に施工してフローリングの上端を高さ方向の基準とする。

階段も，1階と2階のフローリングを決めてから施工することになる。床下地に合板を使用する場合には，下地工事と仕上げ工事を分離させるという考え方のもとに，養生の省略も兼ねてフローリングを最後に施工する例もある。ま

図14·13　フローリングの施工

図14·14　階段造作

た，階段造作（図14·14）では，現場や下小屋で階段を製作することよりも，側桁や段板等があらかじめ工場でプレカットされているユニット階段を購入し，現場で調整して施工する例が多い。

内部雑工事とは，造付け収納，キッチン関係をはじめとした住設機器，バスユニット，下駄箱等の住宅部品を設置する工事のことで，施工は大工以外にも，さまざまな職種が担当することがある。

外部造作とは，破風，鼻隠し，霧よけ，ぬれ縁，バルコニー等の大工工事のことであるが，木以外の材料による製品の例も多い。その他の外部雑工事には，大工以外が施工するバルコニー工事，サンデッキ工事，ブロック工事等があげられる。

(13) 電気工事

各種配線工事やコンセントボックス等の取り付けは，下地ボード等が取り付けられる前に行う。仕上げ工事の後に，コンセントやブレーカー等の各種機器を設置する。照明器具設置に関しては，取付け用下地の位置に留意する。

(14) 給排水衛生工事

給排水衛生工事には，給水設備，給湯設備，排水設備，ガス設備等があげられる。それぞれ，配管工事（図14・15）と器具取付工事に分けられる。配管工事には，基礎工事の段階で行うスリーブ設置等の外部配管工事と，下地ボードが取り付けられる前に行う内部配管工事がある。洗面化粧台や便器等の衛生器具は，仕上げ工事が終了してから最後に行う。他の設備工事としては，浄化槽設置，冷暖房設備等がある。

図14・15 配管工事

14・3 工程計画

14・3・1 工程管理の必要性

住宅の施工には，専門工事業を始め資材店など数多くの関係者が関わっており，円滑に工事を進めるには適切な工程管理が重要である。伝統的には，大工棟梁が全体を把握して段取りを行ってきたが，新しい材料・部品・設備の普及や工期短縮の要求に伴ない，経験に基づく管理だけでは合理的な工事の施工には不適切な場合が多くなっている。

さまざまな工事の施工や資材等の適切な時期の納入等を円滑に行うためには，あらかじめ各工事の施工時期や手順等を適切に検討した工程計画の立案と，その工程計画に基づいた工程管理が必要となってきている。

14・3・2 工程計画の立案方法とその適用

工程は，施主への引き渡しの日から逆算して決められることが多い。契約の後に，事前の準備や各種申請業務を考慮し，着工日と引き渡し日程が確定し，その範囲の中で工程表が作成される。現場施工開始から完成までは，3ヶ月〜4ヶ月の工期が一般的である。工程表にはバーチャート工程表（図14・16は，バーチャート型に準じた実例）が多く使用されているが，最近は，サークル型ネットワーク工程表（図14・17）による工程計画を立案し，施工現場の詳細な把握と工程管理を行い，工期短縮を実現しようとする意欲的な工務店も見られる。いずれにしても，無理なく無駄なく円滑に一つの工事から次の工事へと進捗するように，各専門工事業への

220　第14章　木造住宅の生産

指示や適切な資材納入の手配が重要である。

　工程表作成には，①各工事の施工日数，②各工事の前後関係（手順），③各資材等の納入時期，が最低限必要な情報となる。さらに，着工日と引き渡し日に加え，建方・上棟式や公的な検査日等の節目となる日を考慮して計画を立案していく。

工事工程表

工事番号　0300133
お客様氏名　　　　様

基礎配筋検査 H15.05.27　　　屋根完了時検査 H15.07.04

工事種別	内容（節目・日付）
地縄位置決め	地縄 H15.05.20
着工遣り方	遣方日 H15.05.22
基礎工事	基礎着工日 H15.05.22／基礎完了日 H15.06.03
基礎補強工事	基礎補強日 H15.05.23
木工事	建方日 H15.06.21
屋根工事	屋根着工日 H15.06.24／屋根完了日 H15.07.01
サッシ工事	サッシ納品日 H15.06.27／サッシ取付 H15.07.04
左官工事	
給排水工事	仮設水道 H15.05.19／基礎逃配管 H15.05.26／外先行配管 H15.06.04／内部配管 H15.06.29
内装工事	
畳工事	
板金工事	屋根板金 H15.06.23／土台水切 H15.06.29／外部板金 H15.07.03
木製建具工事	
設備工事	空調隠配管 H15.07.02
住設搬入	
タイル工事	
電気工事	仮設電気 H15.05.19／内部電気 H15.07.16
足場工事	先行足場 H15.06.18／足場本架け H15.06.23
塗装工事	外部木部塗
バルコニー/ベランダ	笠木手すり
防水工事	防水工事 H15.07.08
外釜取付工事	
防腐・防蟻	防腐防蟻1 H15.06.27／防腐防蟻2 H15.07.11
クリーニング	
仮設工事	仮設トイレ H15.05.18
建方クレーン	クレーン利用 H15.06.21
サイディング工事	外サイデ着 H15.07.08／外サイデ完 H15.07.22
ガス工事	ガス内部配管 H15.07.01
材料搬入	材搬入基礎 H15.05.25／材料搬入1 H15.06.04／材料搬入2 H15.06.20／材料搬入3 H15.06.25／材料搬入4 H15.07.04／材料搬入5 H15.07.16／材料搬入6 H15.07.29

基礎完了日 H15.06.03　建方日 H15.06.21　木工中間打 H15.07.16

図14・16　バーチャート型に準じた工事工程表の例（三栄ハウス株式会社）

14・3・3　労務量と労務歩掛かり

バーチャート工程表を使用して工程管理を行う場合には，大工の出面（でづら，延べ施工日数）や各専門工事業の施工日数程度の情報をもとにしている。各作業の具体的な手順は，大工を始めとした各職人に任せることになる。例えば，住宅により施工手順や労務量（施工時間）等が大きく異なったり，手間や手戻りが多かったりすることは，より正確な施工や詳細な管理を目指す会社にとっては好ましくない。

工事別に作業時間を記入する工事日報を作成することにより，工事別労務量が把握できる。作業時間は，1時間単位での記入が現実的である。この日報を集計することにより，対象工事における工程と労務量が，情報として蓄積される。あらかじめ作業項目を設定しておくことが工事日報作成の要点である。ちなみに，サークル型ネットワーク工程表では現場作業は100項

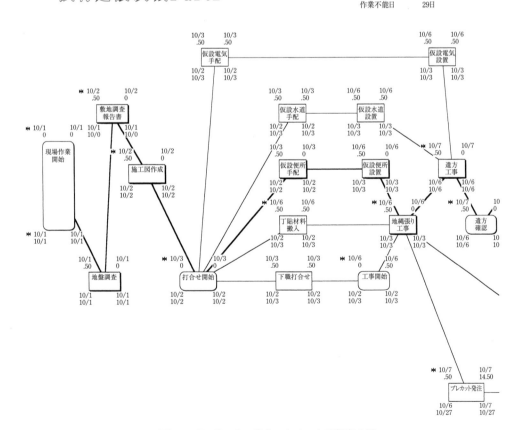

図14・17　サークル型ネットワーク工程表の例

222 第14章 木造住宅の生産

目程度に細分化され，この分類は日報作成上の適切な作業項目ともなる。

把握された労務量を施工数量（壁面積等の該当工事に関係する数量）で割ると，労務歩掛かり（ろうむぶがかり）が求められる。蓄積された情報をもとに標準的な労務歩掛かりが設定さ

れると，計画段階で労務量や施工日数（表14·2）の予測が可能となり，より正確な工程表が作成できる。また，労務歩掛かりをもとに，より正確な材工分離積算や部位別積算も行うことができ，施主や専門工事業・資材業との関係や交渉の質が大きく変わることになる。

表14·2　労務量や施工日数の計算例

作業項目	①労務歩掛かり	②施工数量	③延べ施工時間 (①×②)	④延べ作業日数(③÷8)	⑤施工人数	⑥歩掛かりを使って算出した作業日数
●基礎工事						
地縄張り	0.33人分／㎡	60.45㎡ (1階床面積)	1.8人時	0.2人日	2人	0.5日
水盛り遣り方	0.10人分／㎡	60.45㎡ (1階床面積)	6.0人時	0.8人日	2人	0.5日
遣り方確認	0.01人分／㎡	60.45㎡ (1階床面積)	0.6人時	0.1人日	1人	0.5日
根切り	0.35人分／㎡	60.45㎡ (1階床面積)	21.2人時	2.6人日	3人	1.0日
砕石地業	0.35人分／㎡	60.45㎡ (1階床面積)	21.2人時	2.6人日	3人	1.0日
鉄筋組立	0.34人分／㎡	60.45㎡ (1階床面積)	20.6人時	2.6人日	3人	1.0日
基礎ベース型枠組立	0.15人分／㎡	60.45㎡ (1階床面積)	9.1人時	1.1人日	3人	0.5日
基礎ベースコンクリート打設	0.15人分／㎡	60.45㎡ (1階床面積)	9.1人時	1.1人日	3人	0.5日
配管スリーブ埋設	0.03人分／㎡	60.45㎡ (1階床面積)	1.8人時	0.2人日	2人	0.5日
土間逃げ	0.18人分／㎡	60.45㎡ (1階床面積)	10.9人時	1.4人日	2人	1.0日
基礎立ち上がりコンクリート型枠組立	0.36人時／㎡	60.45㎡ (1階床面積)	21.8人時	2.7人日	3人	1.0日
基礎立ち上がりコンクリート打設 アンカーボルト取付	0.23人時／㎡	60.45㎡ (1階床面積)	13.9人時	1.7人日	3人	1.0日
型枠解体、墨出し	0.34人時／㎡	60.45㎡ (1階床面積)	20.6人時	2.6人日	3人	1.0日
土間コンクリート打設、埋め戻し	0.34人時／㎡	60.45㎡ (1階床面積)	20.6人時	2.6人日	3人	1.0日
防湿フィルム敷き、床下換気口取付、整地	0.31人時／㎡	60.45㎡ (1階床面積)	18.7人時	2.3人日	3人	1.0日
基礎天端ならし	0.03人時／㎡	60.45㎡ (1階床面積)	18.7人時	0.2人日	1人	0.5日
●大工工事(建て方工事)						
土台敷き(建て方準備を含む)	0.05人時／㎡	110.13㎡ (延床面積)	5.5人時	0.7人日	2人	0.5日
上棟工事、構造金物取付、屋根始末	1.01人時／㎡	60.45㎡ (1階床面積)	61.1人時	7.6人日	3人	2.5日
屋根合板	0.16人時／㎡	86.20㎡ (屋根面積)	13.8人時	1.7人日	3人	1.0日
1階内外部筋交い	0.18人時／㎡	60.45㎡ (1階床面積)	10.9人時	1.4人日	2人	1.0日
2階内外部筋交い	0.16人時／㎡	0.16㎡ (2階床面積)	7.9人時	1.0人日	2人	0.5日
1階補強金物	0.02人時／㎡	60.45㎡ (1階床面積)	1.2人時	0.2人日	1人	0.5日
2階補強金物	0.03人時／㎡	49.68㎡ (2階床面積)	1.5人時	0.2人日	1人	0.5日
●大工工事(軸組み工事)						
1階根太組み(床束、大引き含む)	0.23人時／㎡	60.45㎡ (1階床面積)	13.9人時	1.7人日	2人	1.0日
2階根太組み	0.14人時／㎡	49.68㎡ (2階床面積)	7.0人時	0.9人日	1人	1.0日
1階窓台、まぐさ	0.92人時／個	7個 (1階窓数)	6.4人時	0.8人日	1人	1.0日
2階窓台、まぐさ	0.75人時／個	8個 (2階窓数)	6.0人時	0.8人日	1人	1.0日
2階内外部間柱 (室内隅部ボード受け材取付含む)	0.06人時／㎡	127.08㎡ (2階壁面積)	7.6人時	1.0人日	1人	1.0日
1階内外部間柱 (室内隅部ボード受け材取付含む)	0.06人時／㎡	144.69㎡ (1階壁面積)	8.7人時	1.1人日	1人	1.5日
1階荒板(荒床)	0.10人時／㎡	11.59㎡ (和室床面積)	1.2人時	0.1人日	1人	0.5日
●大工工事(造作工事)						
外部造作	0.27人時／m	61.88㎡ (全外周壁長)	16.7人時	2.1人日	2人	1.0日
バルコニー造作、ドレン取付	0.43人時／㎡	3.31㎡ (バルコニー面積)	1.4人時	0.2人日	1人	0.5日

14·4　品質管理

14·4·1　品質管理の重要性とその方法

　地震にも壊れない安全な家に住みたい，あるいは，夏は涼しく冬は暖かい家に住みたいと望むのは，施主に共通の思いであろう。これらの安全で快適な生活を保障するのが，安全性・居住性・耐久性等の住宅性能の十分な実現である。

　ホールダウン金物に代表される補強金物の普及，高気密高断熱住宅の普及，構造材に対する10年保証等々の例にもみられるように，住宅の性能を重視する時代になっている。施主が要求する性能をもつ住宅の仕様等を具体的に表すのが設計図書である。また，設計図書どおりの性能を実現する住宅になっているかどうかは，各工事における施工が適切であるかどうかに大きく影響される。

　設計図書どおりの性能を発揮する住宅になるように，工事途中で確認して必要に応じて技術指導を行う行為を品質管理という。品質管理では，適切な時期に各種検査が実施される。この検査は，大きく，①公的検査，②自主検査，③施主立会い検査，の3つに分類される。いずれにしても，設計図書どおりの仕様になっているかどうかを確認するために行う検査である。

14·4·2　各種検査とチェックリスト

　公的検査は，建築基準法で定められている工事の工程が「特定工程」に達したときの中間検査（ただし，条件により省略可能）をはじめとして，住宅性能表示制度，住宅金融支援機構融資制度，住宅性能保証制度上の検査，各地域における制度等に基づいて行われる。それらの検査には検査方法と報告の書式が定められており，第3者が実施する。それぞれの検査の具体的な内容は，上棟・屋根ふき工事終了後に実施される構造強度に関する検査など，重複しているものが多い。

　自主検査とは，設計図書どおりの仕様になっているかどうかを，適切な時期に，施工を行う工務店・ビルダー・住宅メーカーの施工管理者が行う検査のことである。住宅の性能が確保されるかどうかをチェックする最も重要で基本的な業務であり，自主検査に裏付けられた適切な品質管理が行われていれば，前述の公的検査はまず問題ない。自主検査を実施するにあたっては，検査の時期と検査の内容が重要である。

　自主検査は，各工事の終了時に実施することが基本であり，その例をあげると以下のようになる。①地盤検査，②地業検査，③基礎配筋検査，④基礎完了検査，⑤上棟後の構造検査，⑥外壁検査，⑦断熱材検査，⑧電気配線完了検査，⑨プラスターボード完了検査，⑩大工工事完了検査，等々。これらの検査項目は工程計画の中に盛り込むことことにより，工程の進捗状況を管理するための重点管理項目（マイルストーン）として活用することが可能となる。また，自主検査の具体的な内容は，品質管理用チェックリストとしてビルダーや住宅メーカーが整備しているのが一般的である。図14·18に，（一社）日本木造住宅産業協会の自主検査マニュアルの一部を例示する。

　施主立会い検査は，住宅の竣工後に行うものがその代表例である。一般的には，主な工事の完了時や設計変更時に，施主の確認を求める意味で施主立会い検査を実施する場合が少なくない。

224　第14章　木造住宅の生産

検査シート　2（構造・躯体）

物件名　　　　　　　　　　　　　　　　邸　　検査担当者：

実施日時：平成　　年　　月　　日　　　：　　～　　　：　　工事担当者：

確認方法　A：目視　B：計測　C：書類　適〇否×

項　　　目	確認方法	適否	備　　考
1.　構造図との照合			
① 使用材の材質・仕様の確認	A・B・C		
② 柱・梁の位置確認	A・B・C		
③ 間仕切、開口部の位置	A・B・C		
④ 軒の出、軒高、階高（立面図との照合）	A・B・C		
⑤ 小屋裏換気の確認（棟換気・穴あきタル木等）	A・B・C		
⑥ 下地補強の位置	A・B・C		
2.建て方（構造材種別及び金物位置と種類、本数、ピッチ等）			
・軸組み			
① 土台の断面・継ぎ手位置、アンカーボルト締めの確認	A・B・C		
② 通し柱・管柱の位置・寸法、欠き込みの有無の確認	A・B・C		通し柱　　　㎜　　　　　管柱　　　㎜
③ 柱脚・柱頭の接合方法確認	A・B・C		
④ 梁・胴差の寸法・位置、欠き込みの有無確認	A・B・C		
⑤ 梁・胴差の・継ぎ手位置・接合方法確認	A・B・C		
・耐力壁			釘の種類
① 耐力壁の種別・配置位置・部材寸法の確認	A・B・C		種別　木筋かい　寸法　　㎜×　　㎜
② 筋かい耐力壁の筋かいプレート種類・釘打ち確認	A・B・C		プレート
③ 面材耐力壁の釘打ち間隔と留め付け方法の確認	A・B・C		釘　　　　　　　@
・床組			
① 大引き断面、床束の取り付け方、火打ち土台の位置確認	A・B・C		釘の種類
② 各階床根太の寸法・ピッチの確認	A・B・C		@
③ 各階床合板の厚さ・釘打ちピッチの確認	A・B・C		厚さ　　㎜釘　　　　@
④ 床火打ち梁の位置・設置状況の確認・剛床採用の有無	A・B・C		剛床　　有　・　無
・小屋組			
① 小屋梁・桁の位置・寸法確認	A・B・C		
② 火打ち梁の位置・設置状況の確認	A・B・C		
③ 母屋・小屋束の取り付け、振れ止め設置の確認	A・B・C		
④ 垂木寸法・継ぎ手・軒先部の留め付け方法確認	A・B・C		

検　査　記　録　欄		再確認
指摘事項・指導事項　　　　　　　　□指摘なし		

特記事項：	検査担当者	工事担当者

図14・18　自主検査マニュアルの例（（一社）日本木造住宅産業協会）

索　引

【あ行】

ＩＳＯ（国際標準機構）………11
相欠き ……………………44
上げ下げ窓 ……………121
校倉構法 ……………………9
厚型スレート …………140
圧密沈下 …………………17
雨戸 ……………………125
アルミサッシ ………108，129
アルミ製サッシ ………108
合せ梁 …………………90
アンカーボルト ……22，27，47
イエシロアリ …………39
異形鉄筋（異形棒鋼）…………25
いすか継ぎ ……………44
板壁 ……………………145
板戸 ……………………125
板目 ……………………33
板床 ……………………150
１次設計 ………………180
１階床伏図 ……………68
一括発注 ………………211
いぶし瓦 ………………139
入母屋屋根 ……………71
インシュレーションボード …42
内法貫（うちのりぬき）…………63
内壁 ……………………153
衛生機器 ………………175
液状化 …………………17
Ｎ値 ……………………18

【か行】

縁側 ……………………171
延焼のおそれのある部分 ……186
ＯＳＢ …………………42
大壁 ……………………51
大梁 ……………………91
大引 ……………………84
置床 ……………………168
押入 ……………………170
押縁下見板張り ………146
追掛け大栓継ぎ ………44
落し掛け ………………169
踊り場 …………………104
折置組（おりおきぐみ）………75
織部床 …………………167
温熱環境 ………………196

カーペット敷き床 …………151
開口部 …………………106
回転戸 …………………120
回転窓 …………………120
外部足場 ………………215
外部雑工事 ……………218
外部造作 ………………218
外壁 ……………………145
外壁左官工事 …………217
額なげし ………………155
加工図 …………………212
火災危険温度 …………39
荷重・外力 ……………178
かすがい（鎹）…………47

ガス機器 ………………176
ガス設備 ………………176
仮設工事 ………………213
加速度 …………………179
かたぎ大入れほぞ差し …………45
型枠工事 ………………213
合掌 ……………………79
かなばかり図 …………166
金輪継ぎ ………………44
壁式構法 ……………5，7
壁内結露 ………………200
壁量計算 ………………180
かもい …………………111
ガラス戸 ………………125
唐戸 ……………………123
がらり戸 ………………125
側桁階段 ………………98
側土台（がわどだい）…………52
瓦 ………………………139
瓦棒ぶき ………………142
換気口 …………………26
換気設備 ………………177
乾式工法 ………………217
含水率 ………………36，38
乾燥収縮 ………………37
乾裂 ……………………37
木裏（きうら）…………32
木表（きおもて）………32
機械加工 ………………45
木杭 ……………………21
刻み ……………………214
既製コンクリート杭 …………21

基礎 ················16, 22
基礎工事 ···············213
基礎スラブ ··············23
基礎伏図 ················29
給排水・衛生設備 ·········175
給排水衛生工事 ··········219
京呂組（きょうろぐみ） ······75
局所換気 ···············177
居室の換気 ·············177
許容応力度 ···············38
許容応力度計算 ··········180
切妻屋根 ···········71, 131
切土 ···················23
霧よけひさし ············138
キングポストトラス ·········79
金属サイディング ·········146
金属板ぶき ·············141
クィーンポストトラス ·······80
杭地業 ··················21
杭の支持力 ···············21
区画梁 ··················69
くぎ接合 ················46
くさび（楔） ··············43
管柱（くだばしら） ··········55
組床 ···················91
クロス工事 ·············218
けあげ（蹴上げ） ···········97
けこみ板 ················99
けこみ床 ···············167
化粧ひさし ·············138
桁（けた） ···········57, 72
桁行方向 ················72
建築基準法 ··············11
建築用合板 ··············40
建築用ボード ·············42
検査 ··················215

固化剤 ··················22
硬質木片セメント板 ·········43
硬質繊維板 ··············42
格子戸 ················125
洪積層 ··················17
構造計画 ···············179
構造計算 ················38
構造用合板 ···············8
構造用集成材 ·············41
工程管理 ···············219
工程計画 ···············219
工程表 ················219
公的検査 ···············223
格天井 ················164
勾配 ··················206
合板 ···················40
広葉樹材 ············31, 34
木口（こぐち） ············32
腰掛けあり ···············45
腰掛けあり継ぎ ············44
腰掛けかま継ぎ ············44
こねほぞ ················43
小梁 ···················92
小屋裏換気 ·············192
小屋組 ··················71
小屋束 ··················74
小屋梁 ··················73
小屋梁断面 ··············82
小屋方杖 ················79
転ばし床 ················86
コンセント ·············174

【さ行】

サークル型ネットワーク工程表
 ····················219

砕石地業 ···············213
サイディング工事 ·········217
在来軸組構法 ·············7
木材の強度 ··············38
サウンディング ···········17
さお縁天井 ·············163
座金 ···················47
左官工事 ···············217
下げかま ················45
ささら桁階段 ············100
雑工事 ················218
皿敷居 ················115
桟戸 ··················123
仕上げ工事 ·············217
シアーコネクター ··········47
仕上塗材仕上げ ··········147
シージングボード ··········42
塩焼瓦 ················139
直張り仕様 ·············181
敷居 ··················111
地業（じぎょう） ·······16, 19
地業工事 ···············213
仕口 ···················44
自主検査 ···············223
支持力 ··················16
地震動 ················179
地震力 ············179, 180
自然乾燥法 ··············37
下地工事 ···············215
下ぶき ············140, 141
七五三ひさし ············138
地鎮祭 ················213
しっくい壁 ·············158
シックハウス対策 ·········200
湿式工法 ···············217
地縄張り ···············213

地貫 ……63	心去り材 ……32	**【た行】**
地盤 ……16	心墨 ……20	
地盤改良 ……22	新耐震設計法 ……180	耐蟻性 ……193
地盤調査 ……17, 213	真束 ……79	耐久性 ……3, 189
ジプサムボード ……43	真束小屋組 ……79	第三紀層 ……17
ジベル ……47	心持ち材 ……32	耐震・耐風設計 ……179
弱電設備 ……175	針葉樹材 ……31, 33	耐震性 ……2
砂利地業 ……21	スイッチ ……175	耐震設計 ……180
秋材（しゅうざい） ……32	水平抵抗力 ……180	大スパン構造 ……9
十字目違い継ぎ ……44	スウェーデン式サウンディング …18	大断面の集成材 ……9
集成材 ……41	筋かい ……60	耐風性 ……3
集成材アーチ構造 ……9	砂 ……16	耐風設計 ……180
集成材構造 ……9	隅木 ……76	耐風設計法 ……180
住宅金融支援機構	墨付け ……214	耐腐朽性 ……193
木造住宅工事仕様書 ……11	スライスド単板 ……40	台持継ぎ ……44
住宅屋根用化粧スレートぶき…143	性能規定化 ……179	耐力壁 ……180
充填断熱工法 ……197	積層接着 ……9	耐力壁の倍率 ……181
自由戸 ……120	施主立会い検査 ……223	タイル張り ……147
軸組 ……51	絶乾状態 ……36	タイル床 ……152
軸組構法 ……4, 6	接合金物 ……48	たすき掛け ……60
軸組式 ……4	せっこうボード ……43	畳敷き床 ……151
軸組図 ……69	Ｚマーク表示金物 ……48	畳寄せ ……156
樹脂 ……35	ゼロエネルギー ……196	建入れ直し ……215
春材（しゅんざい） ……32	背割り ……37, 56	建方 ……215
準防火構造 ……186	栓（せん） ……43	建具金物 ……127
書院 ……170	繊維飽和点 ……36	建具工事 ……216
省エネルギー ……196	全乾状態 ……36	立樋 ……144
障子 ……126	先行足場 ……215	建前 ……215
上棟 ……215	先行床 ……215	谷 ……72
照明器具 ……174	専門工事業 ……211	垂木 ……75
シルト ……16	造作 ……153	垂木欠き ……74
シロアリ ……39	造作用集成材 ……41	単一梁 ……90
真壁 ……6, 51	そぎ継ぎ ……44	単床（たんしょう） ……87
真壁造 ……110	外張り断熱工法 ……197	弾性 ……38
人工乾燥 ……37		断熱工事 ……216
心材 ……32		

断熱構造 …………………197	天井貫 ……………………63	2階小屋伏図 ……………82
断熱材 ……………………198	天井骨組 …………………161	2階床伏図 ………………95
断熱性能 …………………198	天井回り縁 …………155, 157	2次設計 …………………180
単板 ………………………40	伝統構法 …………………6	日射遮蔽 …………………196
段ぶき ……………………142	天端均し …………………214	日本瓦ぶき ………………140
短ほぞ ……………………43	樋 …………………………144	日本工業規格 ……………10
暖房・冷房設備 …………177	導管 ………………………36	日本農林規格 ……………10
地域区分 …………………197	峠墨線 ……………………74	貫(ぬき) …………………63
力板ひさし ………………137	胴差 ………………………59	布基礎 …………………22, 25
地耐力 ……………………16	胴貫 ………………………63	布掘り ……………………20
中性化 ……………………24	胴縁仕様 …………………181	塗壁 …………………147, 158
沖積層 ……………………17	通し柱 ……………………55	塗込貫 ……………………63
対束小屋組 ………………80	独立基礎 ………22, 23, 28	塗天井 ……………………162
通気構造 …………………190	床板 ………………………168	塗床 ………………………152
ツーバイフォー構法 ……7	床がまち …………………168	ぬれ縁 ……………………172
束石(つかいし) …………16	床の間 ……………………167	根がらみ貫 ………………84
束石基礎 …………………23	床柱 ………………………168	根切り ……………………20
束立て小屋組 ……………73	床脇 ………………………169	根切り作業 ………………213
束立て床組 ………………84	土壌処理 …………………194	ねこ土台 …………………192
継手(つぎて) ……………44	塗装工事 …………………218	ねじれ ……………………183
つき板 ……………………9	土蔵造り …………………186	根太 ………………………84
付けかもい ………………156	土台 ………………………52	根太掛け …………………84
土塗壁 ……………………160	土台敷き …………………215	根太床 ……………………87
つなぎ梁 …………………82	飛び梁 ……………………76	粘土 ………………………16
つぼ掘り …………………20	戸袋 ………………………123	年輪 …………………32, 36
妻梁 ………………………57	トラス ……………………78	軒桁 ………………………57
つり束 ……………………79	トラスひさし ……………137	軒天井 ……………………132
つり床 ……………………168		軒樋 ………………………144
鉄筋 ………………………25	【な行】	
鉄筋工事 …………………213		【は行】
鉄丸くぎ …………………46	内部雑工事 ………………218	
出窓 ………………………122	内壁左官工事 ……………217	バーチャート工程表 ……219
テラス ……………………28	長ほぞ …………………43, 45	パーティクルボード ……42
電気工事 …………………219	なげし(長押) ……………156	ハードボード ……………42
電気設備 …………………173	縄張り ……………………19	配管工事 …………………219
天井 ………………………160	軟質繊維板 ………………42	はい樋 ……………………144

倍率 ……………………179	品質確保法 ……………11	防湿フィルム ……………23
羽子板(はごいた)ボルト ……47	品質管理 ………………223	防水工事 ………………216
箱階段 …………………101	風圧力 …………………180	方立 ……………………66
箱ひさし ………………137	フーチング ……………22	防腐・防蟻措置 …………193
箱目地下見板張り ………145	腐朽菌 ………………39, 189	防腐・防虫処理 …………3
はさみ束 ………………79	複合フローリング張り ……151	防腐処理 ………………39
柱 ………………………55	複床 ……………………88	防露対策 ………………198
鼻隠し …………………133	袋床 ……………………167	ポーチ ………………28, 172
鼻母屋(はなもや) ………132	節(ふし) ………………32	ボーリング ……………17
パネル式 ………………8	ふすま …………………125	補強金物 ………………44
幅木 ……………………152	縁甲板張り ……………150	ほぞ ……………………43
破風板 …………………133	太め鉄丸くぎ …………46	ほぞ差し込栓止め ………45
羽目 ……………………154	踏板 ……………………99	保有水平耐力計算 ………180
羽目板張り ……………146	踏込床 …………………167	ほら床 …………………167
バリアフリー住宅 ………205	踏面 ……………………97	ボルト …………………47
張り壁 …………………160	プラスターボード ………43	ホルムアルデヒド発散建築材料
張付仕上床 ……………151	フラッシュ戸 …………123	………………………202
張り天井 ………………162	プラットフォーム ………8	本床 ……………………167
梁間方向 ………………72	プレカット …………45, 211	
梁床 ……………………88	プレカット加工 …………212	【ま行】
バルコニー ……………148	振れ止め ………………82	
板金工事 ………………215	プレハブ住宅 …………8	舞良戸(まいらど) ………125
火打土台 ………………52	フローリングボード張り ……150	間仕切土台 ……………52
火打梁 …………………75	分離発注 ………………203	間仕切梁 ………………57
引戸 ……………………120	平衡含水率 ……………36	窓台 ……………………66
引窓 ……………………120	べた基礎 ………………23	窓まぐさ ………………66
ひさし(庇) ……………136	べた掘り ………………20	間柱 ……………………64
必要壁量 ………………179	ベニヤ …………………40	丸鋼 ……………………25
一筋かもい ……………114	辺材 ……………………32	丸太組 …………………9
一筋敷居 ………………114	偏心率 …………………183	回り縁 …………………162
標準貫入試験 …………17	防・耐火性 ……………3	水杭 ……………………20
平板ぶき ………………142	防・耐火対策 …………185	水貫 ……………………20
開き戸 …………………118	防火構造 ………………186	水盛り遣方 …………19, 213
開き窓 …………………118	防火材料 ………………186	見付け面積 ……………183
ヒラタキクイムシ ………39	防蟻・防虫処理 …………39	無双四分一 ……………169
干割れ(ひわれ) …………37	棒鋼 ……………………25	棟木 ……………………74

230 索引

棟 ……………………………71
目板張りひさし …………138
目違い継ぎ ………………44
目透し張り天井 …………165
燃えしろ設計 ………………9
もく(杢) …………………32
木工事標準仕様書 …………11
木材の乾燥 ………………36
木材の強度 ………………38
木材の腐朽 ………………39
木質系パネル式プレハブ構法…8
木質構造設計規準 …………11
木質材料 …………………40
木製建具 …………………216
木目(もくめ) ……………32
木毛セメント板 ……………42
持ち出し梁 ………………94
母屋 ………………………74
盛土 ………………………23

【や行】

屋根 ………………………131

屋根勾配 ………………71, 73
屋根ふき工事 ……………215
ヤマトシロアリ ……………39
ヤング係数 ………………38
ゆう薬瓦 …………………139
床 …………………………149
床組 ………………………83
床仕上げ工事 ……………218
床下換気 …………………191
床下防湿 …………………191
床束 ………………………84
床梁断面寸法 ………………88
ユニット(プレカット)階段…101
窯業系サイディング ………146
洋室造作 …………………218
洋風小屋組 ………………78
横ぶき …………………142
寄木張り …………………150
寄棟屋根 ………………71, 131
呼樋 ………………………144
よろい下見板張り …………145
4分割法 …………………183

【ら行】

欄間 ………………………115
礫 …………………………16
労務歩掛かり ……………222
労務量 …………………221
ロータリー式ボーリング ……17
ロータリー単板 ……………40
陸谷(ろく谷) ……………72
ログハウス …………………9
陸梁(ろくばり) …………79

【わ行】

枠組壁工法 …………………8
枠付き建具 ………………216
和室造作 …………………218
渡りあご …………………45
和風小屋組 ………………73
和風ひさし ………………138
割ぐり(栗)石 …………16, 20
割ぐり地業 ………………20
湾曲集成材 …………………9

［編著者］

坂本　功　Sakamoto Isao
　　　1966年東京大学工学部建築学科卒業
　　　工学博士・一級建築士
　　　東京大学名誉教授

［著　者］

松留愼一郎　Mastudome Shinichiro
　　　1975年東京大学工学部建築学科卒業
　　　工学博士・一級建築士
　　　職業能力開発総合大学校建築工学科名誉教授

片岡泰子　Kataoka Yasuko
　　　1966年日本女子大学家政学部住居学科卒業
　　　一級建築士，インテリアプランナー
　　　木造建築環境設計所主宰

［旧版著者］　　飯塚五郎蔵・山室　滋

木造住宅構法（第3版）

2003年10月15日　新　版　発　行
2018年10月15日　第 3 版 印 刷
2018年10月22日　第 3 版 発 行

編著者　坂本　功
著　者　松留愼一郎　片岡泰子
発行者　澤崎明治
　　印刷／㈱廣済堂　　製本／三省堂印刷㈱

発行所　株式会社　市ヶ谷出版社
　　　　東京都千代田区五番町5
　　　　　　　電話　03-3265-3711（代）
　　　　　　　FAX　03-3265-4008

© 2018　■無断掲載複製を禁ずる　　ISBN978-4-87071-195-2